21世纪海上丝绸之路与东盟区域旅游合作丛书

21世纪海上丝绸之路
与宗教文化之旅

21Shiji Haishang Sichouzhilu
Yu Zongjiao Wenhua Zhilü

李琼英／著

广东旅游出版社

中国·广州

图书在版编目（CIP）数据

21世纪海上丝绸之路与宗教文化之旅/李琼英著. —广州：广东旅游出版社，2019.7
ISBN 978-7-5570-1852-8

Ⅰ.①2… Ⅱ.①李… Ⅲ.①海上运输—丝绸之路—宗教文化—研究 Ⅳ.①B920

中国版本图书馆CIP数据核字（2019）第104880号

出 版 人：刘志松
策划编辑：官 顺
责任编辑：官 顺 彭素芬
封面设计：邓传志
责任技编：冼志良
责任校对：李瑞苑

21世纪海上丝绸之路与宗教文化之旅
21 Shi Ji Hai Shang Si Chou Zhi Lu Yu Zong Jiao Wen Hua Zhi Lü

广东旅游出版社出版发行
（广州市越秀区环市东路338号银政大厦西楼12楼）
邮编：510180
电话：020-87348243
印刷：广州家联印刷有限公司
（广州天河吉山村坑尾路自编3-2号）
开本：787mm×1092mm 16开
字数：150千字
印张：12
印次：2019年7月第1版第1次印刷
印数：2200册
定价：50.00元

【版权所有 侵权必究】
本书如有错页倒装等质量问题，请直接与印刷厂联系换书。

丛书编委会：

主　任：朱　竑

副主任：吴智刚、司徒尚纪（中山大学）、吴必虎（北京大学）

委　员：赵耀龙、蔡晓梅、方远平、瞿　华、李琼英、林德荣、李　爽、
　　　　宋一兵、朱定局、熊　伟、吴　颖、毕斗斗

丛书国际交流委员会：

主 任 委 员：Lily kong 教授（新加坡管理大学）

副主任委员：林初升　教授（香港大学）
　　　　　　苏晓波　副教授（美国俄勒冈大学）

总策划：朱　竑

主　编：刘志松

副主编：江丽芝　周向辰

编辑组：官　顺　厉颖卿　赵瑞艳　彭素芬　江　南　李政融

封面设计：邓传志

民心相通，和谐共建

——《21世纪海上丝绸之路与东盟区域旅游合作》丛书总序

2013年9月，习近平总书记在访问中亚四国期间首次提出了共同建设"丝绸之路经济带"的构想。2013年10月，习近平总书记在访问东盟期间再次提出了共建21世纪"海上丝绸之路"的构想。自此，"一带一路"成为了中国国家层面乃至世界层面的大战略，影响深远，意义巨大。

《21世纪海上丝绸之路与沿线国家区域旅游合作》丛书即是上述背景下的产物，是广东旅游出版社与华南师范大学旅游管理学院共同合作，积极响应国家战略而进行的主题出版，是从旅游的视角出发，服务于国家战略，为丝绸之路经济带的旅游发展提供创新理论和实践指导的一种尝试。本套丛书共分三辑，目前出版的是第一辑，聚焦于21世纪海上丝绸之路上中国与东盟区域旅游合作研究，包括吴智刚教授的《21世纪海上丝绸之路与妈祖文化》，李琼英教授的《21世纪海上丝绸之路与宗教文化之旅》，宋一兵、郭华、何向教授的《21世纪海上丝绸之路—中国与东盟区域旅游合作研究》，瞿华教授的《21世纪海上丝绸之路与精品旅游》，李爽、林德荣教授的《21世纪海上丝绸之路与东南亚国家文化旅游》共五本。

《21世纪海上丝绸之路与妈祖文化》从妈祖文化的渊源谈起，探讨妈祖文化对于建设21世纪海上丝绸之路的积极作用，东盟沿线国家所存在的妈祖文化遗址及认同，以及如何通过妈祖文化实现"一带一路"的重要战略目标：民心相通。并提出了妈祖文化的道德内涵、信仰内涵和多学科文化内涵；认为妈祖文化是寻根文化、和平文化、爱国文化、美德文化和海洋文化的集合。

《21世纪海上丝绸之路与宗教文化之旅》以广州为起点，以海上丝绸之路为线索，介绍世界三大主要宗教在广州、东南亚及南亚沿海地区的传播，及其在长期历史发展中遗存下来的著名宗教景观，以期寻找出中国与东盟国家宗教文化的同宗同源，找出人们之间信仰的共通点，从而为中国与东盟区域旅游合作找出共通之处。

《21世纪海上丝绸之路—中国与东盟区域旅游合作研究》以中国重要的区域旅游市场广东省为例，从旅游的视角研究海上丝绸之路上中国与东南亚地区的旅游交流活动，对于厘清广东等区域在海上丝绸之路中的文化旅游活动地位与作用、深入探讨中国与东南亚地区在旅游文化交流中的发展、特点与走向，提供可资借鉴的研究视角与方向，从旅游的视角重新审视其与东南亚地区的交流，不仅对双边的旅游业发展，同时更对双边的文化交流具有重要意义。

《21世纪海上丝绸之路与精品旅游》以东盟精品旅游线路与营销策略为主线，分别对东盟精品旅游线路及营销策略进行研究与探讨，并对中国改革开放以来与东盟旅游合作进行了深入研究，提出了东盟精品旅游线路设计与营销的策略，从而为国内旅游部门和相关旅游者提供了决策参考。

《21世纪海上丝绸之路与东南亚国家文化旅游》研究赴东南亚旅游的中国游客的行为特征及旅游体验，对于促进双方旅游业的发展，加强与东南亚的旅游合作，深化中国与东南亚各国的人文交流与务实合作具有重要意义。中国与东南亚很多国家历史上就以"海上丝绸之路"为途径，通过人口迁徙、贸易往来、文化交流和族群互动保持密切的社会交往，形成了复杂多元的社会网络体系，是当今中国与东南亚国家文化旅游合作的雄厚基础，在区域旅游合作过程中，中国与东南亚国家互为重要的客源地和旅游目的地。

建设21世纪海上丝绸之路，实现"民心相通"，达到"共商、共建、共享"之目标，是各行各业研究者当前学术建设的当务之急。作为旅游领域的研究者，本人非常荣幸成为此套丛书的总策划，也非常乐意为此套丛书的出版写几句话。

是为序。

2017年5月

目录

第一章　绪论 / 001

第一节　缘起 / 001
一、21世纪海上丝绸之路倡议构想与文化交流 / 001
二、广东文化强省目标与弘扬宗教优秀文化 / 002
三、中国与东盟区域旅游合作 / 003

第二节　相关研究基础 / 004
一、宗教旅游：关系与概念 / 004
二、海上丝绸之路与宗教文化的历史及现状 / 006
三、本书撰写思路 / 009

第二章　海上丝路与佛教文化之旅 / 010

第一节　佛教概述 / 010
一、佛教的产生和发展 / 010
二、佛教基本教义 / 012
三、南传上座部佛教巴利文经典教义及其与大乘佛教的区别 / 014

第二节　历史时期海上丝路与佛教文化传播之旅 / 017
一、历史时期佛教文化在东南亚各国的传播之旅 / 017
二、南传佛教文化圈的形成 / 025

三、佛教在东南亚地区传播的特点 / 027

四、历史时期广州与东南亚各国的佛教文化交流 / 028

第三节 当代海上丝路沿岸佛教文化之旅 / 032

一、当代中国与东南亚地区的佛教文化交流之旅 / 032

二、东南亚地区的佛教文化旅游 / 039

三、区域联合开展佛教文化旅游 / 044

第三章 海上丝路与伊斯兰文化之旅 / 046

第一节 伊斯兰教概述 / 046

一、伊斯兰教的产生与发展 / 046

二、伊斯兰教的经典教义与教派 / 049

三、伊斯兰教文化艺术 / 052

第二节 历史时期海上丝路与伊斯兰文化传播之旅 / 054

一、概述 / 054

二、阿拉伯人通过经商、传教、通婚等方式传播伊斯兰教 / 054

三、郑和下西洋与伊斯兰教在东南亚地区的传播 / 057

四、伊斯兰教在东南亚地区和平传播的原因 / 058

五、东南亚地区伊斯兰教的特点 / 060

六、伊斯兰教在广州的传播和发展 / 062

第三节 当代海上丝路与伊斯兰文化之旅 / 064

一、东南亚国家伊斯兰教分布概况 / 064

二、东南亚国家伊斯兰教旅游资源 / 065

三、当代海上丝路沿线伊斯兰文化之旅 / 069

第四章　海上丝路与基督教文化之旅 / 077

　　第一节　基督教概述 / 077
　　　　一、基督教发展源流 / 077
　　　　二、基督教的经典与基本教义 / 081
　　　　三、基督教的礼仪节日与教堂建筑 / 083
　　第二节　历史时期海上丝路与基督教文化传播之旅 / 086
　　　　一、基督教在东南亚地区的传播 / 086
　　　　二、菲律宾的基督教文化传入与发展 / 088
　　　　三、基督教在东南亚各国现状 / 091
　　　　四、海上丝路与基督教在广州的传播 / 092
　　第三节　当代海上丝路沿岸基督教文化之旅 / 095
　　　　一、东南亚地区基督教文化旅游资源概述 / 095
　　　　二、菲律宾基督教文化之旅 / 096
　　　　三、越南基督教文化之旅 / 102
　　　　四、当代广州与东南亚地区基督教文化之旅 / 104

第五章　海上丝路与道教文化之旅 / 106

　　第一节　道教概述 / 106
　　　　一、道教的起源 / 106

二、道教的发展 / 108

三、道教的基本信仰 / 109

四、道教的文化艺术 / 111

第二节 历史时期海上丝路与道教文化的传播之旅 / 113

一、历史时期道教文化的东南亚之旅 / 113

二、道教文化在东南亚地区的本土化 / 117

三、道教在东南亚地区的发展趋势 / 121

第三节 当代海上丝路沿岸道教文化之旅 / 125

一、道教在东南亚地区的分布 / 125

二、当代东南亚道教文化之旅 / 129

第六章 海上丝路与印度教文化之旅 / 137

第一节 印度教概述 / 137

一、印度教的形成和发展 / 137

二、印度教的主要派别 / 139

三、印度教的经典与基本教义 / 140

第二节 历史时期海上丝路与印度教文化之旅 / 144

一、印度教在东南亚地区的传播途径与时间 / 144

二、印度教文化在东南亚地区各国的传播之旅 / 148

三、印度教文化在中国的传播之旅 / 154

第三节 当代海上丝路与印度教文化之旅 / 157

一、当代东南亚地区印度教文化概况 / 157

二、柬埔寨吴哥式印度教建筑文化之旅／163

三、越南占婆式印度教建筑文化之旅／166

四、印度尼西亚爪哇式、巴厘式印度教建筑文化之旅／168

五、印度教泰米尔式建筑文化之旅／172

参考文献／174

后记／180

第一章 绪 论

第一节 缘起

一、21世纪海上丝绸之路倡议构想与文化交流

中国与东南亚关系源远流长。秦汉时期设置的象郡、交趾郡，其管辖范围已经到了今天越南中北部地区。长期以来，东南亚诸国一直扮演着中原政权属国以及睦邻角色，与中国有着密切的交往。始于汉武帝开辟经东南亚至印度的海上通道，丝绸交易成为主要的贸易活动。在唐朝以前，来中国的航海者一般都是以东京湾（即现在河内附近地区）作为停泊的港口。唐朝建立后，阿拉伯和东印度群岛的商人纷纷将他们的商船驶向广州，使广州成为中国南方最大最繁荣的海港。频繁的商船贸易，导致在东南亚海岸和从长江口到广东地区的中国港口中形成了大型外国人移民聚落。广东和附近的中国航海家，马来人、苏门答腊人和爪哇人，不同种族、不同地域的人在这里生活交往。这种交往在宋明时期达到顶峰。由于两宋时期以及明朝初期发达的航海技术，中国与东南亚在此时的交往达到了最密切的时候，其代表便是郑和七下西洋。

在当代，区域间合作是国际化的必然结果。为进一步深化中国与东盟的合作，2013年10月3日，国家主席习近平在印尼国会的演讲中提出建设"21世纪海上丝绸之路"的构想。2015年3月由国家发改委、外交部、商务部联合发布《推动共建丝绸之路经济带和21世纪海上丝绸之路的愿景与行动》，"一带一路"成为中国中长期发展最为重要的倡议构想。"一带一路"倡议的首要合作伙伴是周边国家，首要受益对象也是周边国家。在合作过程中，中国将与

"一带一路"国家深化政治互信、增进经济一体化、推进基础产业合作、加强互联互通、密切人文交流、加强海上安全合作等。

海上丝绸之路自秦汉时期开通以来,一直是沟通东西方经济文化交流的重要桥梁,而东南亚地区自古就是海上丝绸之路的重要枢纽和组成部分。21世纪海上丝绸之路的倡议构想,将作为重要的推力和载体,从规模和内涵上进一步提升中国与东南亚国家的经济文化交流。特别是在当代,文化已经越来越成为经济社会的重要支撑,成为国家核心竞争力的重要因素,沿着中国与东南亚国家源远流长的文化交流之路,密切人文交流,意义重大。

二、广东文化强省目标与弘扬宗教优秀文化

改革开放30多年来,得益于良好的区位和先试先行的开放政策,广东经济取得了举世瞩目的成绩。在经济迅速发展的同时,广东也充分意识到文化的引领作用。2002年,广东省委、省政府提出了建设文化大省目标;2003年,广东列入全国文化体制改革综合试点省;2009年,广东在《关于加快提升文化软实力的实施意见》中首次提出建设文化强省;2010年,出台《广东省建设文化强省规划纲要(2011—2020年)》,描绘了广东未来10年文化发展的愿景。《纲要》所指的文化建设,主要包括公共文化服务、文化产业以及对外文化交流等,文化强省战略的重要一环是传承和弘扬优秀的岭南文化,并特别提出要建立包括禅宗文化在内的若干文化生态保护区。

宗教文化是岭南文化的重要内容之一。岭南地区濒临南海,从汉代开始,海上交通就十分发达。广州一直是中国重要的一个对外通商口岸。即使是明清海禁时期,广州仍保留着"一口通商"的特殊地位。这就使得包括宗教在内的外国文化得以较早进入岭南。除中国本土的道教由北往南传入广东并继续外传,佛教、伊斯兰教、天主教、基督教大多由海路经广东传入中国。在较长的历史时期内,岭南地区成为全国外来宗教势力最为强盛的地区之一。佛教虽然通过陆上丝路传入中国内地,但经由海路传入广州并继续北传是另一条非常重要的途径。三国吴五凤二年(255年),西域人支疆梁接在广州译出《法华三昧经》,是目前所知佛经传入广东的最早记载。西晋光熙元年(306年),道教理论家葛洪

南来广州从事道学研究和修炼，道教得以在岭南绵延流传。现有史料证明，伊斯兰教传入中国始于盛唐时期的广州，唐宋两代，由于大量的阿拉伯商人前来经商，广州的伊斯兰教之盛居于全国之冠。天主教以澳门为基地，基督教以香港为基地，首先进入岭南，通过岭南向中国北方广为传播。第一个在中国传播天主教的传教士利玛窦，就是先在岭南活动，然后北上传教的，后来不少西方传教士经岭南向中国北方地区传播天主教和基督教。岭南为外来宗教传入中国的重要站点，历史上先后传播了佛教、伊斯兰教、基督教、印度教等宗教，在中国宗教史上占据着重要的地位，是中外宗教文化交流的重要桥梁。

历史上海外宗教文化借助海上丝路传入广州进而传向中国内地，中国道教也从岭南通过海上丝路传入东南亚地区，并留下众多的历史足迹。挖掘整理佛教、道教、伊斯兰教、天主教、基督教、印度教等宗教文化资源与思想智慧，培育文化旅游品牌，弘扬岭南宗教优秀文化，不断提升广州市宗教文化知名度，有助于实现广东建设文化强省、促进社会和谐的目标。

三、中国与东盟区域旅游合作

中国和东盟国家互为重要的旅游目的地。东南亚地区作为国际旅游市场的重要组成部分，是中国主要的出入境旅游市场之一。旅游是传播文明、交流文化、增进友谊的桥梁，东南亚的热带海洋风情、历史遗迹、民俗风情、宗教文化等旅游产品受到中国游客的青睐，了解和体验东南亚地区复杂多样的文化越来越成为中国游客的目标。中国文化也由于历史时期和东南亚文化相互传播交流而始终吸引东南亚的游客。就双方而言，中国拥有众多邻邦，重视邻邦旅游是发展国际旅游的必然选择；对东南亚国家来说，中国庞大的市场以及与中国的近邻性，也是提升旅游业的相对经济贡献率不可或缺的。

东盟国家非常重视区域旅游合作。从 1995 年开始，东盟国家每年举办一次非正式旅游部长会议，分析旅游发展的形势，制定共同的发展对策。从 1998 年开始，非正式部长会议升格为东盟旅游部长会议，每年在东盟国家轮流举办，会议期间还专门组织一次东盟旅游论坛；针对旅游业的发展，东盟国家专门建立了区域旅游合作机构，包括东盟旅游委员会、东盟旅游协会与东盟旅游信息中心等，在推进地区旅游合作中发挥着积极的作用。与此同时，中国也在着力推进与东盟国家的旅游合作。基于多边经贸合作交流，中国与东盟国家在东盟10+1贸易平台就旅游发展协商合作，加强区域旅游投资。2009年11月19日，中国与东盟国家就旅游合作议程创办了首届中国—东盟旅游合作论坛，以开发旅游产品、加强旅游宣传与促销等。

21世纪海上丝绸之路建设愿景是中国在政治、外交、经济、社会发展全局上做出的重大倡议构想，是实施新一轮扩大开放、营造有利周边环境的重要举措。2014年8月，国务院印发《关于促进旅游业改革发展的若干意见》，其中指出："推动区域旅游一体化，进一步深化对外合资合作，支持有条件的旅游企业'走出去'，积极开拓国际市场。完善国内国际区域旅游合作机制，建立互联互通的旅游交通、信息和服务网络，加强区域性客源互送，构建务实高效、互惠互利的区域旅游合作体。围绕丝绸之路经济带和21世纪海上丝绸之路建设，在东盟—湄公河流域开发合作、大湄公河次区域经济合作、中亚区域经济合作、图们江地区开发合作以及孟中印缅经济走廊、中巴经济走廊等区域次区域合作机制框架下，采取有利于边境旅游的出入境政策，推动中国同东南亚、南亚、中亚、东北亚、中东欧的区域旅游合作。积极推动中非旅游合作。加强旅游双边合作，办好与相关国家的旅游年活动。"国家旅游局将2015年确定为"美丽中国——2015丝绸之路旅游年"。2016年中国—东盟峰会上确定2017年为中国—东盟旅游合作年，以此为契机，在市场宣传、产品开发、旅游投资、人才培训、服务质量、互联互通等方面进一步加强合作，高质量地实现"2020年，中国—东盟双向交流达3000万人次"的宏伟目标。中国将着力推动与东盟国家开展国际旅游合作。

第二节　相关研究基础

一、宗教旅游：关系与概念

1. 宗教与旅游的关系

关于宗教与旅游的关系，学者们从多个角度进行了研究，普遍认为宗教与旅游的关系自古就有。

一方面，宗教文化是一种人文旅游资源。按其存在形式，可分为物质文化、非物质文化。物质文化如建筑、雕刻、石窟等，非物质文化如绘画、音乐、舞蹈、礼仪仪式、节日、习俗、传说等等。宗教以其建筑、雕刻等物化形式以及节日、仪式、音乐、舞蹈等非物质的形式对人们产生着吸引力。以中国来说，作为一个多宗教国家，境内既有土生土长的崇拜多神信仰的道教，也有外来并与中国文化相结合的佛教，还有伊斯兰教、基督教。许多宗教活动场所，已成为宗教名胜古迹、旅游景点；相当一部分国家级风景名胜区都以宗教景观知名或存在着宗教景观。

另一方面，早期旅游源自宗教。自宗教产生以来，宗教朝圣一直是促使古代中外人们旅行的重要因素之一，古代旅游活动以宗教朝圣、探险考察为主，观光旅游较少。庙会、游春、进香等或多或少都蕴藏着宗教与游玩的成分。奴隶制时代的古埃及人举办过各种宗教节庆活动，吸引许多人前来观赏；古代希腊宗教旅行最为突出，其中提洛岛、奥林匹克山是当时世界著名的宗教圣地，建有宙斯神庙的奥林匹亚，在宙斯大祭之日，参观者络绎不绝，节日期间举行赛马、赛跑、角斗等活动，发展成今天的奥林匹克运动。历史上有名的旅行，不少是与宗教的僧道云游有关。汉唐时代佛教徒如法显、玄奘、鉴真等取经弘法，动辄路途遥远、历经十数年。直到今天，数量众多、规模盛大的旅行活动仍与宗教有关。世界上著名的宗教圣地，如：麦加（伊斯兰教第一大圣地，城内有著名的克尔白圣殿）、耶路撒冷（被基督教、伊斯兰教、犹太教奉为圣地，城内有基督教耶稣圣墓教堂、伊斯兰教阿克萨清真寺、犹太教所罗门圣殿）、罗马、梵蒂冈（世界天主教中心），都成为国际旅游业发达之地。

宗教景观异于世俗的神异性，使旅游者求新求异的旅游动机能够得到充分表现。广泛意义上的宗教旅游越来越成为现代旅游业的重要组成部分，并引起宗教界和旅游学界的广泛关注。旅游作为一种典型的文化型经济，文化是其中至关重要的因素，而宗教是历史文化的载体，宗教文化成为旅游文化中最具魅力的部分。随着当代世界各国旅游业迅猛发展，保护和开发宗教旅游资源已成为各个国家和地区长期面临的重要任务。

2. 宗教旅游的概念

关于宗教旅游的概念，主要有广义和狭义两种。

狭义的宗教旅游，是指宗教信徒以信仰为目的的旅游活动。有学者根据旅游的基本概念和基本观点来定义，认为宗教旅游是宗教信徒和民间信众以宗教或民间信仰为主要目的而从事的旅游活动，既包括到宗教祖庭、名山圣迹去的长途旅游活动，也包括到地方宫庙去的短距离旅游活动。与此相近，也可以认为宗教旅游是指宗教信仰者或宗教研究者以朝觐、朝拜、传教、宗教交流或宗教考察为主要目的的旅游活动，其中宗教信徒的以朝觐、朝拜为主要目的的宗教旅游占有较大比例，并因此区分出宗教观光旅游和宗教文化旅游。从狭义的角度出发，有学者认为目前所谓的宗教旅游，作为烧香拜佛的旅游者，除少部分虔诚的宗教信徒以外，大多是在旅游活动中与宗教景观不期而遇，宗教景观往往是被当作目的地的一个普通景观或景区来对待，在中国还没有形成严格意义上的特殊项目、具有规模的宗教旅游。

广义的宗教旅游，是指包括宗教信徒与旅游者在内的朝拜或游览活动。虽然严格意义上的宗教旅游是以朝拜、求法为目的的旅游活动，但在现实中，宗教旅游的意义已经广泛化，它还包括不以朝拜、求法为目的的游览观光。

为了站在更为广阔的视野探讨宗教旅游问题，本书采用广义范围的宗教旅游概念。

3. 宗教旅游的特点

根据研究，学者们普遍认为，宗教旅游具有明显的特点，包括客源市场稳定、吸引范围等级系列分明、重游率高、生命周期长等。同时，宗教旅游也具有一定的柔韧性，不易受到经济等外界因素的影响；对旅游者的文化修养素质要求较高；并且宗教圣地及胜地的地位不可代替，宗教旅游资源具有不可模仿性。

二、海上丝绸之路与宗教文化的历史及现状

海上丝绸之路所涉及的宗教问题包括两大层面，一是宗教文化与海上丝路的历史关系，二是当代海上丝路沿线国家和地区的宗教现状，特别是真实处境。

1. 海上丝绸之路与历史上宗教文化的传播

海上丝路是一条双向的商贸之路。两千多年来，在这条商路上，往来着西方人、阿拉伯人、印度人、东南亚人、中国人等，彼此进行着物质交流。早在西汉时，中国人就已经从广东徐闻、广西合浦出海，在南海和印度洋上同外国通商。唐以后更是发展成为东西交流的主要通道。同时，海上丝路也不仅是商贸之路，它更是一条文化交流之路。往来的商旅们将中国的文化技术西传，中国的纺织、造纸、印刷、火药、指南针、制瓷等工艺技术，绘画等艺术手法以及儒家、道家思想，通过海上丝绸之路传播到海外，对周边国家和地区的发展产生不同程度的影响。与此同时，佛教、伊斯兰教、基督教也纷纷通过这条商路传入中国，并对中国文化产生深远影响。可以说，自丝绸之路开通，就一直进行着沿线各国人民的物质交流和文化交流。商人、使节、僧侣和旅行家等络绎不绝，促进了国家之间各个方面的交流，增进了相互间的了解。

就宗教文化传播而言，不少宗教的传播者是往来于各国之间的商人，最初多在有长期商业往来的商人中传播，之后在学者、僧侣和传教士等的宣讲劝化下，扩大传播范围。宗教的传播路线与当时商人的足迹高度吻合。佛教的早期传播主要靠僧人，有不少僧人为了安全的考虑，弘法路径大多沿着商人的贸易途径，很多商人也渐渐接受佛教而成为忠实的传教士。基督教、伊斯兰教和摩尼教等宗教的传播，传教士大都搭乘商人的海船前来，有时还受到商人的资助，甚至商人本身就是传教士。15—16世纪基督教的传入，目的之一是打开中国的大门，使中国加入到当时的世界贸易体系之中，传教士的使命和贸易是有关联的。在丝绸之路的历史上，不同信仰的商人在丝绸之路上相遇，不因为信仰不同而拒绝交往，从而促进了贸易的发展和文明的交融，提供了不同宗教和谐共处与合作的范例。宗教在丝绸之路上的双向流动，带来了不同民族之间在信仰层面的相互交往，丰富了相关地域人们的精神生活，也为中外民众在社会经济生活等多层面的相遇营造出更融洽的气氛，提供了彼此深入了解的可能。宗教使海上丝路的历史不只是社会经济史，而是蕴意更深、涵盖更广的思想文化史。从这方面来说，海上丝绸之路的形成和发展不仅促进了宗教文化的双向传播和交流，而且也间接地促进了民族、国家间的交流和了解，它是东西方文化之间的桥梁和纽带。

岭南一直是中国对外贸易和中西文化交流融合的主要地区。广州在其中占有重要地位。在海上丝绸之路两千多年的历史中，相对其他沿海港口，广州是唯一长期不衰的港口。唐宋时期，广州成为中国第一大港，是世界著名的东方港市，由广州经南海、印度洋到达东非和欧洲，航线途经100多个国家和地区，是当时世界上最长的国际航线；元代时，广州的"中国第一大港"的位置被泉州替代，成为中国第二大港；明初、清初海禁，广州长时间处于"一口通商"局面。在九城联合对海上丝路的申遗中，广州定位为永不关闭的对外窗口。在宗教文化传播中，广州是佛教禅宗的"西来初地"，伊斯兰教、基督教、印度教等来华的第一站和桥头堡，留下了众多历史遗迹和一长串铭刻历史的名字：光孝寺、怀圣寺与光塔、清真先贤古墓、石室圣心大教堂、达摩初祖、宛葛素、鄂多立克、沙勿略、利玛窦、马礼逊，等等。

2. 海上丝路沿线国家和地区宗教现状

历史上海上丝路的宗教文化传播交流，为当地留下了丰富的宗教文化遗产。当代海上丝路沿线国家大都有着悠久的宗教文化历史和浓厚的宗教信仰氛围。在东南亚地区，人们主要信仰上座部佛教和伊斯兰教，同时也保持着一定程度的其他宗教信仰，如：印度教、道教、基督教，等等。

海上丝路沿线的东南亚国家和地区，有着从历史中走来的复杂政教关系，一些国家是政教合一或以某种宗教为国教，如：马来西亚、文莱以伊斯兰教为国教，菲律宾以天主教为国教，泰国以佛教为国教；缅甸、老挝、柬埔寨等国的居民绝大多数信仰上座部佛教；印度尼西亚多数国民信仰伊斯兰教，但巴厘岛居民则主要信仰印度教。

在东南亚地区，一些国家的政教冲突、不同宗教之间的冲突，以及教派之间的冲突，往往影响当地政局稳定、经济发展。在缅甸、泰国的局部地区，存在着佛教徒与伊斯兰教徒之间的冲突；在菲律宾南部，也存在天主教徒与伊斯兰教徒之间的冲突，并与政府长期对抗，引发分离主义。实现21世纪海上丝路的倡议构想，需要深入了解当地的宗教国情及其宗教信仰传统、风俗习惯，了解相关国家的宗教政策、政教关系、教际关系的情况，避免因为不了解其复杂的宗教状况而贸然投入经济带来的损失。

当代海上丝路国家和地区的宗教现状，既是历史的延续，也是当代国际形势引起的全新发展，建设21世纪海上丝绸之路是一个非常复杂的系统工程，既包括政治经济领域，也包括文化领域。透彻了解当地关涉的宗教问题，有利于调动相关宗教的积极因素、避免其消极作用，充分利用有效资源，发挥宗教文化在海上丝路建设中的积极作用。

三、本书撰写思路

基于21世纪海上丝绸之路的倡议构想，以及中国与东盟间区域旅游合作的现实，结合广东文化强省的战略目标，本书以广州为起点，以海上丝路为线索，以历史和当代为脉落走向，分别展现对东南亚社会产生重要影响的佛教、伊斯兰教、基督教、道教、印度教等主要宗教概况，在历史时期的东南亚传播之旅以及当代作为旅游资源的宗教文化之旅，以期为广州与东南亚国家的宗教旅游紧密合作尽绵薄之力。

第二章 海上丝路与佛教文化之旅

佛教产生于公元前 6 世纪的古印度，经过发展和向外传播，逐渐成为世界性的宗教。作为一种文化现象，佛教的宗教教义与宗教信仰实践，丰富多彩的文化艺术，发展与传播的路径，都构成了具有重要意义的旅游资源。

第一节 佛教概述

一、佛教的产生和发展

佛教是在反对古印度婆罗门教的基础上产生的。在公元前三四千年，中亚细亚的放牧民族"雅利安人"，一支向西北进入欧洲，另一支向东南进入伊朗高原，创造了丰富灿烂的波斯文化与宗教。大约在公元前两千年，居住在伊朗高原的雅利安人中的一支，继续向东南迁徙，进入印度。他们自称"雅利安人"（高贵者），征服了当地的土著居民，称之为"蔑戾车"（野蛮人）或"达萨"（奴隶）。实际上，当时的印度土著民族达罗毗荼人已经进入阶级社会，过着定居的农业生活，其文明程度高于游牧的雅利安人。

随着雅利安人对达罗毗荼人的征服，以及雅利安人内部贫富的分化，婆罗门教逐渐占据统治地位，成为当时的国教。婆罗门教以《吠陀》为经典，以吠陀天启、祭祀万能、婆罗门至上为三大纲领，以奉梵天（宇宙创造神）、毗湿奴（宇宙护持神）、湿婆（宇宙毁灭神）为三大主神。婆罗门教的基本特征是实行等级森严的种姓制度。在种姓制度下，古代印度人被分为 4 个种姓：婆罗门、刹帝利、吠舍和首陀罗。公元前 6 世纪，随着雅利安人战争的不断胜利，从事征战的第二等级刹帝利权威大为增强，他们在新占据的土地上割据称雄，建立起一批国家。在当时的恒河流域，由于刹帝利统治占主导地位，婆罗门教的精神控制相对薄弱，新的宗教观念和社会思潮不断滋生。佛教正是在反婆罗门教的沙门运动中产生的。

佛教创始人释迦牟尼，成道后被尊称为佛陀（梵语意为"觉者"）。有关释迦牟尼一生的事迹，在早期佛教经典中没有专门记述。随着佛教的发展，部派佛教中出现了对教祖的崇拜，把佛陀描述为神通广大、威力无穷、大智大慧，具有"三十二相"、八十种好、手长过膝、面颊如满月、梵音深远、胸表卍字等，出现了专门记载释迦牟尼生世行业，被称为"本生""本起""本行"的一类经典。此外，根据印度保存的不完整史料和中国高僧法显《佛国记》、玄奘《大唐西域记》的记载，以及在佛陀的诞生、成道、初转法轮、涅槃处等陆续发掘出一些古建筑的遗址和文物，基本可以证明佛陀是一个真实的历史人物。释迦牟尼本名乔达摩·悉达多，大约生活在公元前6世纪—公元前5世纪，基本与中国儒学圣人孔子（前551—前479年）属于同一时代。他是迦毗罗卫国（今尼泊尔境内）释迦部族的国王之子，天资聪慧，深感人生的许多困惑，后出家修行，最后在菩提伽耶的毕钵罗树下悟道。释迦牟尼35岁成道，并传道45年，使佛教在南亚被大多数人所接受，各地均建立寺庙，出家和在家信徒倍增，信徒中既有国君、刹帝利贵族和富商大贾，也有奴隶、乞丐等下层群众，并形成由教徒组成的会社，称为"僧伽"。

佛教在印度境内的发展，一般分为4个时期，即：原始佛教（公元前6世纪—公元前4世纪中叶，释迦牟尼创教及其弟子传教时期）、部派佛教（公元前4世纪中叶—公元1世纪，佛教教团分裂加剧，形成上座部和大众部，两部又各自分裂成许多教派，佛教开始走出印度国门）、大乘佛教（1—7世纪，出现印度佛教史上最大的一次分裂，追求普度众生的大乘佛教流行）、密教（7—12世纪，主张身、语、意三密相行，以求得出世的果报）。

佛教自产生后，在印度经过1000多年的发展，并向境外传播。随着伊斯兰教传入印度，至13世纪，佛教在印度基本绝迹。直到19世纪末，佛教才从斯里兰卡重新传入，出现所谓的复兴运动。由于锡克教、佛教、耆那教等与印度教有某种程度上的渊源关系，不少人把它们当作印度教大家族中的成员，与印度教一起构成印度文化的基石和主体。

作为世界性的宗教，佛教在印度境内有长时间的发展，同时，它在印度境外也获得空前发展。佛教在印度境外的发展，主要分为南传和北传。北传佛教，主要分为两支：一支是指经印度西北部和西域诸古国，沿陆上丝绸之路往东传入中国、朝鲜、日本等地的汉地大乘佛教；另一支是由印度传至尼泊尔、中国西藏、蒙古一带的密教（即藏传佛教），北传佛教流行梵文佛典及其翻译经典。传入汉地的大乘佛教，在隋唐时期形成颇具中国特色的八大宗派（天台宗、三论宗、法相宗、华严宗、律宗、密宗、净土宗、禅宗）。传入藏地的藏传佛教也与当地苯教相结合，形成宁玛派、噶当派、噶举派、萨迦派和格鲁派等五大宗派。元明清时期，为了加强对西藏地区的统治，各朝中央政府都对藏传佛教采取积极扶持的政策，藏传佛教由此而传播到蒙古、中原等更广阔的地区，进而发展为中国佛教的一个有机组成部分。南传佛教，指佛教南传至斯里兰卡并再传至东南亚地区的派别。

二、佛教基本教义

释迦牟尼的佛教学说，主要包括四圣谛、十二因缘、业报轮回、三法印。这些学说相互交织、密切联系，其中主要内容是四圣谛和三法印，以此阐发了佛教的人生观。

1. 四圣谛

也称四真谛，即四种神圣的真理，包括苦、集、灭、道。主要讲述人生的本质是苦、苦的原因、消除苦的方法和达到涅槃的最终目的。

苦谛，是指包括人在内的众生的生命就是苦。苦有很多种，常见的有二苦、三苦、四苦、八苦乃至110种苦。佛教所指的苦，在时间上，过去、现在、未来，三世皆苦；在空间上，欲界、色界、无色界，三界无安。苦谛是佛教人生观的理论基石，并以此为出发点，展开论述。

集谛，集合的意思。集谛的核心是向世人阐述人生诸苦的因果关系。世上一切事物和现象都是各种原因和条件相互依存、相互变化的结果，"苦"也是由众多条件集合而成。集谛说的展开主要与十二因缘、业报轮回相联系，与此直接关联的缘起（指一切现象都是由一定的因缘相生相灭）、染净因果（自心的污染与净化），被认为是总摄全部佛法的根本点。

灭谛。灭，指人生苦难的灭寂、解脱，是佛教教人追求的方向、目标。它通过启发人们从自己的内心止息造成诸多"苦"的烦恼，学会从生老病死等诸多"苦"中获得解脱。灭谛的核心"涅槃"（梵文音译，意为烦恼止灭、诸苦永灭）是佛教的重要概念。在早期佛教里，涅槃就是熄灭烦恼，从而超越时空，进入与现实世界对立的、属于彼岸世界的一种境界。

道谛。道，指道路、途径、方法。道谛是指把众生引向灭除痛苦、证得涅槃的正道，最主要的途径和方法有八种，即八正道：正见、正思维、正语、正业、正命、正精进、正念、正定。佛教认为，这是达到最高理想境地——涅槃的八种方法和途径。八正道可以归结为戒、定、慧三学，其中，正语、正业、正命属于戒，正念、正定属于定，正见、正思属于慧。

2. 十二因缘

佛教的重要理论基础之一。认为人的过去、现在、未来三世中，包含了从"无明"到"老死"的十二个环节。一切事物都是因缘和合而成，众生的苦，自己造因，自己受果。佛教将人生分成若干个连续的部分，以此阐明人生的痛苦及其根源。这十二个环节即十二因缘，包括：无明（愚痴无知，特指不明四谛说和缘起法）、行（行为意图、意志活动）、识（由于无知而有种种世俗的意志活动生起）、名色（名，指心、精神；色，指肉体。名色指胎中的精神与形体）、六入（指感觉器官眼、耳、鼻、舌、身、意）、触（触觉，指胎儿出生后，各种认识器官与外界事物相接触而产生视、听、嗅、尝、摸等触觉）、受（认识器官与外界接触，产生感受）、爱（人的渴望、贪爱、贪欲）、取（执著追求）、有（身心活动所产生的当作来果的善恶业）、生、老死。它包含了三世两重因果关系：由前世的无明、行、识指引着投胎进入今生的名色、六入、触、受、爱、取、有，这是两世一重的因果关系，并直接导致来世的另一重因果关系：生、老死。它们互为条件，因果相随，三世相续而无间断，众生流转于生死轮回大海，彼此环环相扣，既可顺观，也可逆推，前后相续、无始无终，众生的生死也是无始无终。

3. 业报轮回

释迦牟尼时代，在印度思想界就有轮回与反轮回之说，二者尖锐对立。所谓轮回，轮就是车的轮盘，回指车轮的转动。轮回就是譬喻众生的生死流转，永无终期，犹如车轮旋转不停一般。释迦牟尼认为，业力是众生所受果报的前因，是众生生死流转的动力。所谓业，本意是指身心的活动。人由于无明，所以会产生种种行为。因此，业力的影响是不会消除的，而众生所作的善业、恶业都会引起相应的果报。比如，当一个人的生命终结的时候，其一生的动作或行为的总和，就会作为一个整体产生效果，并且决定其转生的状况。由于业的性质不同，所得到的报应也不同，来世就会在不同的境界中轮回。要消灭轮回，就要消灭业，就要认识到无我。佛教认为，根据众生生前的善恶不同而有六道轮回。这六道是：地狱、鬼、畜生、阿修罗、人、天。其中前三道是"三恶道"，后三道是"三善道"。只有皈依佛教，弃恶从善，虔诚修持，才能跳出六道轮回，求得超出生死的解脱。释迦牟尼把十二因缘和轮回、业力思想相统一、联系，提出业报轮回学说，说明众生的不同命运。

4. 三法印

三法印是指三种印证是否真正佛法的标准或标记。凡是符合这三条标准，就是真正的佛法，否则就不是。这三条标准是：（1）诸行无常。世间一切事物都是因缘和合而生，没有永恒不变的事物和现象。（2）诸法无我。世界上没有单一独立、自我存在、自我决定的永恒事物，一切事物都是因缘和合而生，是相对的、暂时的。（3）涅槃寂静。远离烦恼，断绝患累，寂然常住，就称为涅槃寂静。

三、南传上座部佛教巴利文经典教义及其与大乘佛教的区别

传到东南亚的佛教主要是上座部。上座部是释迦牟尼寂灭后佛教分裂出现的一个派别，与大众部相对。1世纪大乘佛教形成，把原始佛教和部派佛教中的一些思想流派主要是指上座部系统的佛教流派称为小乘，认为小乘佛教只是自度自利，而大乘则是自度度人、普度众生等。上座部佛教从印度传入斯里兰

卡，并由斯里兰卡传入东南亚地区，又在东南亚各国得到广泛传播，在缅甸、泰国、柬埔寨、老挝和越南南部地区逐渐成为占主导地位的宗教。由于它传诵的三藏经典使用巴利语，故又称为南传佛教、巴利语系佛教。南传上座部佛教本身并不接受"小乘佛教"的说法。

南传上座部佛教以巴利文三藏经典为圣典。巴利语与梵语同属古印度语，但梵语属于贵族的雅语，巴利语是民众的俗语。梵语是婆罗门教—印度教的标准语，巴利语则是佛陀及弟子们的用语（南传上座部佛教相信巴利语是佛陀当年讲经说法时所使用的口语）。巴利语属于印欧语系，并没有自己独立的文字，在印度早已失传。当这种语言作为"佛语"和"圣典语"传到斯里兰卡、缅甸、泰国等地时，当地的僧众皆用本国（民族）的字母来拼写巴利语，因而现存巴利语就有使用僧伽罗文、缅文、泰文、高棉文等字母拼写的版本。这些版本的巴利语发音大致相同，只是各国各民族的文字书写不同而已。当上座部佛教传到西方，又出现了以罗马字母书写的巴利语。19世纪以来，西方学者首先用巴利语指称南传上座部佛教使用的语言，后来为各国学者沿用。

巴利三藏包括律藏、经藏和论藏，保持了佛教原始时期的面貌。巴利三藏中的许多经文，如经藏《相应部》《长部》中的一些经，《小部》中《法句》《经集》中的一些经，律藏中的"戒条"（又称"学处"）等，都是在佛陀在世的时代广为传诵、极为古老的经典。公元前3世纪，阿育王在华氏城举行佛教史上所称的"第三次结集"，驱除"异邪"，确立了上座系及其所传经典的独尊地位。结集后，以阿育王的儿子摩晒陀为首的使团被派往斯里兰卡，摩晒陀将巴利语的三藏圣典带到了斯里兰卡。公元前1世纪，斯里兰卡的大寺派长老五百余人在玛德勒镇举行结集（南传佛教称之为第四次结集），用3年多的时间，将一向由师徒口口相传的巴利三藏及其注疏记录在贝多罗叶（俗称贝叶）上，完成卷帙浩繁的巴利圣典。4世纪时，梵语在印度盛行，许多佛教经典也改为梵语。但斯里兰卡的大寺派并没有跟随印度大陆"梵语化"潮流，而是继续保持所传三藏经内的巴利原语。5世纪中期，印度佛学大师觉音来斯里兰卡学习巴利三藏，翻译、注释了大量巴利文典籍，综成19部，撰写《清净道论》等。斯里兰卡的巴利三藏自公元前后的几个世纪集成，到公元5世纪在斯里兰卡定型，此后未曾变更，充分反映出其古老性、原始性和保守性。

从宗教教义上看，南传上座部佛教较为严格地遵循了原始佛教的教义，其基本思想和教义相互紧密联系，包括了因缘论（十二因缘）、轮回业报、四谛五蕴、八正道、三法印、四念处（八正道正念的修行方法）等。南传上座部佛教与大乘佛教的主要不同点在于：南传佛教认为佛陀是人类的导师或顶多是个超人而已；而大乘佛教把佛陀尊为导师，并加以神圣化。南传佛教主张人在宇宙中只能靠自己，没有超人的神或力量能帮上忙；大乘佛教则认为有他力之救济。南传佛教认为人的解脱是个人的事；大乘佛教认为人类的命运是一体的，个人的命运就是全体人类的命运，因此要普度众生。南传佛教的中心放在出家，寺院是悟道的中心；大乘佛教则是出家、在家并重，因为人人具有佛性。南传佛教认为完美的圣者是（阿）罗汉多；大乘佛教认为菩萨才具有大智大慧。南传佛教强调智慧是美德；大乘佛教认为慈悲精神才是美德。南传佛教尽可能避免繁琐的修道程序；大乘佛教则有复杂的仪轨和修道方式。南传佛教比较倾向保守；大乘佛教比较开放。在南传佛教的影响下，佛教徒趋向于虔诚，严峻，专修自度；大乘佛教的立场，又往往使佛教徒悲天悯人，热心于救拔苦难。

在宗教实践中，南传上座部佛教更接近原始佛教，更重视独善其身，以修行证得阿罗汉果为目的，更多地坚持原始佛教的传统，遵循巴利文三藏，保持原始佛教的戒律（如托钵化缘、过午不食、雨季安居等）。比丘需遵守的事项非常繁多，除了持227项比丘戒外，也遵守其他许多规定，包括对比丘生活中的琐事的规定（例如，饮食方面钵具的材质、形状、水壶；穿着方面的坐卧具、缝衣服的工具、腰带；居所方面的行堂、浴室、厕所的规格；行为方面的扇子和伞盖的使用、指甲和头发的修剪、打喷嚏、吃蒜等）；重视做功德，功德观念构成了东南亚南传上座部佛教国家普遍的意识形态；崇拜佛牙、佛塔和菩提树。对个人尤其是僧侣而言，恪守清规戒律、艰苦的禁欲生活方式和以受长期艰苦的磨难作为修炼、解脱的途径和方式，这种修行方式适应当地的热带村社生活。

第二节 历史时期海上丝路与佛教文化传播之旅

一、历史时期佛教文化在东南亚各国的传播之旅

佛教的南传，借助了当时较为发达的航海业，先从印度本土传至斯里兰卡，再由这里经海路传入东南亚各国，甚至传入中国，丰富了海上传播的内容。历史上，东南亚的缅甸、泰国、柬埔寨和老挝，均先后接受了来自斯里兰卡大寺派法统的上座部佛教并奉为国教；越南佛教则是受到来自中国汉传佛教以及南传上座部佛教影响。至于马来西亚、爪哇、苏门答腊等则始终是婆罗门教与大乘佛教、上座部佛教并行，13世纪以后随着阿拉伯伊斯兰教文化传入而逐渐式微。现择要概述如下。

1. 缅甸

佛教传入缅甸已有2000多年，在缅甸历史上占有重要的地位，曾被尊崇为国教，对缅甸的政治文化和社会生活产生着重要影响。缅甸曾经是世界南传上座部佛教复兴的三大主力之一。佛教在缅甸的传播与发展，离不开作为桥梁与通道的海上丝路的传播与交流。

根据《岛史》记载，公元前3世纪，印度阿育王举行了佛教第3次结集，其后阿育王派出9个使团到国外弘法。在这些弘法使团中，高僧苏那迦、郁陀罗二位长老被派至金地传教。缅甸和欧美一些学者根据卡里亚尼等碑文记载，认为金地就是缅甸南部萨尔温江口附近的直通。根据已有史料，公元前后，从东南印度经过印度洋到达缅甸的航路已经开通，以东南印度为中心的斯里兰卡与缅甸的交通发展起来，斯里兰卡的上座部佛教也因之传入缅甸。3—8世纪，斯里兰卡的一些比丘为逃避国内僧团之间激烈的派系斗争和外族迫害，来到下缅甸直通地区。5世纪中叶，佛育长老在斯里兰卡编纂三藏经典之后，从斯里兰卡带巴利三藏全部经典来缅甸直通弘宣佛教，上座部佛教开始传入直通地区。近代在上、下缅甸出土文物中，有梵文、巴利文佛经残本和3世纪前后铸造的佛像，也印证了5世纪以前佛教已传入缅甸。上座部佛教传入后，取代了

流行的婆罗门教，并得到统治阶级的支持而广泛流传。《新唐书·骠国传》记载，7—8世纪时，其国城"有十二门，田隅作浮图"，"明天文，喜佛法"。义净《南海寄归内法传》记其国"极尊三宝。多有持戒之人"。可见唐代缅甸佛教已很兴盛。8世纪时，密教经孟加拉传入蒲甘地区，同缅甸民间信仰结合成为阿利教，并盛极一时。

蒲甘王朝（1044—1287年）时期，历代国王都十分重视佛教的发展与交流，使首都蒲甘成为遐迩瞩目的宗教中心。阿奴律陀从直通请入比丘、三藏圣典、佛舍利、宝物等；阿隆悉都率领军队前往中国寻求佛牙，派遣使节到印度佛陀伽耶（也译作菩提伽耶）地区访问，与各国的佛教交流频繁。在掸族人统治时期（1287—1531年），南方的白古王朝国王达摩悉提，曾于1475年派遣高僧22名前往斯里兰卡，为了向摩诃毗诃罗古刹求得佛法，他们布施当地众僧衣物，献呈国王各种红宝石、蓝宝石、中国丝绸、细席及金叶表，等等；学成归国后，在白古郊外建立传戒道场，并遵照国王命令，从全国10万僧众中精选出长老800，比丘14000多人，重新受戒入团，整顿佛教。其后的历代王朝统治者都对佛教情有独钟，使缅甸佛教获得长足发展。雍籍牙王朝（又叫贡榜王朝）的历代君王也都大力扶植佛教，特别是1802年和1812年，斯里兰卡使节前来传教，更加促进缅甸佛教发展。1871年，曼同王在曼德勒举行有2400名各地高僧参加的佛教第5次结集，历时5个月，到会僧侣讨论毗那耶等经典各版之不同点，重编缅文巴利三藏，并将全部经典刻在鸠婆陶浮屠附近的729块大理石碑上，以垂永久。曼同王因此获得"第五次佛教结集之护法者"的尊号。

1886年，英国吞并缅甸后，破坏缅甸的佛教寺院，恣意穿着鞋子进入佛寺，剥夺佛教僧侣的司法权，分化佛教僧侣阶层，打击和限制佛寺对教育的传统垄断地位，佛教地位迅速下降。随着20世纪民族解放运动的发展，缅甸僧侣建立佛教组织，参与反英殖民主义的斗争。1948年缅甸独立后，佛教重新受到重视。1950年缅甸政府延请英国巡洋舰到斯里兰卡，将珍藏在那里的佛教圣物——佛牙迎回国内瞻拜。1952年，缅甸大兴土木，建造寺窟。政府拨款在首都仰光城东的吉祥山修建"世界和平塔"、大圣窟，以及有600余间房屋的亚巴拉高耶那大寺,这是世界佛教大学所在地,并配有规模宏大的图书馆,它们与塔窟组成了一个现代缅甸佛教建筑群,是现代缅甸佛教的中心地。为纪念释迦牟尼涅槃2500年,1954—1956年缅甸召开上座部佛教第6次结集,参加者有印度、斯里兰卡、尼泊尔、柬埔寨、泰国、老挝、巴基斯坦等国的比丘共2500人,校勘上座部缅文巴利三藏,印行结集版藏经51卷本,这是目前最完善的巴利文大藏经版本。

1961年,缅甸宣布佛教为国教,次年取消国教的地位,实行宗教信仰自由的政策。从1962年至今,佛教界基本上实行闭关自守政策,当局强调僧侣要遵守戒律,脱离政治。比丘到国外去弘扬佛法的活动基本停止,外国学者和僧侣到缅甸学习修禅与研究佛学也受到限制。但由于传统的佛教及其影响的根深蒂固,佛教在缅甸社会仍有着不可忽视的作用和影响。目前缅甸佛教徒约占总人口的80%以上。

2. 泰国

泰国主要居民泰族,原住中国云南西南部,后迁徙到湄南河、湄公河沿岸,直到1238年建立素可泰王朝（1238—1438年）,开始形成较为统一的国家。其后经历大城王朝（1350—1767年）、吞武里王朝（1769—1782年）、曼谷王朝（1782—至今）。

历史上,泰国佛教与海上丝路沿线的斯里兰卡、缅甸有着密切联系。据研究,泰国佛教的传入和发展,早于泰国建立统一国家。泰族人立国前的佛教大约可分为上座部佛教（公元前3世纪）、大乘佛教（8世纪）、蒲甘佛教（11世纪）、斯里兰卡佛教（14世纪）等四个时期。根据从曼谷以西58公里处的佛统府发掘出的佛教文物和寺塔遗址判断,早在公元前,泰国已有上座部佛教传入。其后,婆罗门教和大乘佛教由印度传入南暹罗及其沿海邻国。11世纪,缅甸阿奴律陀建立蒲甘王朝,势力扩展到暹罗北部和中部,由于阿奴律陀王笃信上座部佛教,并大力支持其发展传播,上座部佛教一度又在暹罗特别是北部地区流行。13世纪中叶,素可泰王朝势力向南扩张,将南暹罗地区纳入统治范围,并接受流行于这个地区的大乘佛教教义及其带有婆罗门教色彩的宗教仪式。因此,素可泰王朝初期的佛教兼扬上座部与大乘。

与此同时，斯里兰卡佛教教派势力也扩展到暹罗。斯里兰卡曾于12世纪整顿僧团组织，严肃戒律，使上座部佛教臻于隆盛；当时北暹罗地区的部族国家，纷纷派遣比丘前往学习，并传入具足戒仪式。素可泰王朝初期，斯里兰卡教派势力已经扩展到南暹罗地区，并在那坤室利塔玛罗陀建立斯里兰卡派传教中心；素可泰王朝第三代君主拉马康亨，曾迎奉斯里兰卡僧团到都城弘扬教义，使斯里兰卡教派得以流行，而大乘佛教却退居次要地位。此后，佛教在封建君主的护持下，逐渐形成僧王制度，佛教几成全民信仰，渗透到日常生活习俗之中。素可泰王朝第四位君主黎汰王是一位虔诚的佛教徒，于1361年迎请斯里兰卡高僧，用上座部佛教统一本国的宗教；他曾一度出家为僧，开创了泰国国王必须在一定时期内出家为僧的先例。第五代的立泰王精通内外典，著作《三界论》，详细论述佛教的宇宙观与人生观，又领导铸造佛像，现供奉在彭世洛府大舍利寺的清那叻铜佛、曼谷善见寺的大铜佛，都是在那时铸造的。

其后建立的大城王朝、吞武里王朝在发展佛教方面颇有建树。曼谷王朝建立后，对佛教进行改革，整理编写三藏典籍，创建佛教研究机构，发行佛教刊物，着力于佛教文化的发展与交流，拉玛四世（1851—1868年在位）提倡严格持戒，创立法宗派，原有的众多僧侣被归到大宗派，泰国僧团自此分成两派，流传至今。

3. 老挝

由于历史的原因，老挝佛教与泰国、柬埔寨、越南多有交流促进。据考证，老挝族原是中国历史上称为西南夷的一支哀牢夷，早期居于永昌郡（今云南省内），以保山一带为中心。后来哀牢民族沿湄公河南下，居于现在的泰国、缅甸、老挝地区。这些地区既深受中国文化影响，同时也受到东南亚印度文化的影响（1世纪初期，大乘佛教和婆罗门教曾一度流行于南部地区）。从信仰来看，是一种混合中印文化兼含着地区民族色彩的信仰。从民俗来说，古代老挝民族多数是奉祀鬼神，祭拜祖先，崇拜精灵和自然，佛教仅属少数人的信仰。随着历史的发展，崇山峻岭的阻隔，老挝与中国文化的接触日渐减少，并在政治、文化、宗教方面直接或间接地受泰国、柬埔寨等国的影响。

1353年，流亡在柬埔寨吴哥的芒斯瓦王子法昂在柬埔寨国王的支持下，脱离泰国素可泰王朝控制，建立独立统一的国家——南掌国（意为"万象之邦"，因老挝出产大象而得名），定都琅勃拉邦。领土范围包括今日老挝中部和北部、泰国的清迈和缅甸东部，以湄公河与泰国为界。法昂王自幼生长在柬埔寨，娶吴哥王之女娘乔乐为妻，娘乔乐是一位虔诚的南传上座部佛教徒。在其影响下，法昂王以重礼请柬埔寨王派遣有德高僧摩诃波沙曼多和摩诃提婆楞伽两位长老、20位比丘、3位通达三藏学者、三藏圣典、菩提树芽枝，以及1尊珍贵金铸佛像"琅勃拉邦"（佛像迎至首都龙蟠，被尊为"护国佛"和"镇国之宝"，首都因之更名"琅勃拉邦"。琅或銮，老挝文"王家的、伟大的"之意）到老挝；同行还有铸造佛像技师、金匠、铁工、建筑寺塔雕刻艺师等，4个村落5000人护送佛像、经典、高僧、学者至老挝并成为王后、学者的侍从。为供养从吴哥前来弘法的高僧，南掌王还建造了著名的波沙罗寺。至此，南传上座部佛教引入老挝，逐步发展成为国教。

15—19世纪，老挝与周边明朝、越南、泰国、缅甸或为属国或发生战争，内忧外患，但上座部佛教始终稳定发展，甚至16—17世纪一度成为东南亚的佛教中心。16世纪的维苏王（1501—1520年在位）将佛经三藏译成老挝文；塞塔提拉王（1548—1571年在位）曾由清迈迎来原出于斯里兰卡的翡翠玉佛像，于万象玉佛寺供养；又在万象造大舍利塔，占地百亩，塔身通体镀金，亦称"塔銮"，成为老挝佛教文化的象征。17世纪的苏里亚旺萨王（1637—1690年）把佛教统一在王权的管辖之下，任命僧王，制定僧阶，创办佛教学校，提倡佛典研究，使老挝成为东南亚佛教的重要基地。泰国和柬埔寨有不少出家人前往万象学习。

20世纪初，老挝佛教在反法国殖民过程中逐步复兴，与整个东南亚的佛教形势相呼应。1947年的宪法规定佛教是国教；1959年颁布"僧伽法令"，又作了许多细则规定。老挝僧伽分大宗派和法宗派。大宗派源自柬埔寨，人数占压倒性优势，首都万象主要是大宗派寺庙。法宗派源自泰国，邻近泰国的两国僧团保持密切往来。老挝佛教僧团组织，仿泰国僧伽制度，由僧王至省、县、村、寺各级僧官，都加以制度化，便于统一管理。作为全国僧伽领袖的僧王，属于大宗派，对法宗派负有同样指导责任。僧王以下由5位上座高僧组成宗教会议，领导全部僧伽。

除上座部佛教外，老挝也有大乘佛教流行，多半是华裔和越南裔信仰。其中有名的寺院是越南人在万象的庞龙寺，寺内比丘或沙弥经常被派往越南学习。其仪轨制度与中国汉地佛寺无甚区别。

4. 柬埔寨

学术界比较一致地认为，早在公元前，上座部佛教就和婆罗门教一同传入柬埔寨，但直到14世纪，婆罗门教和大乘佛教一直是柬埔寨的主要宗教。14世纪以后，由于泰国不断入侵，摧毁吴哥寺等宗教建筑，推行上座部佛教，从此上座部佛教才成为柬埔寨的国教。也就是说，柬埔寨的上座部佛教是由泰国传入的。

柬埔寨历史悠久，早在1世纪就建立了统一王国。历经扶南、真腊、吴哥等时期。1世纪时印度婆罗门教和大乘佛教、上座部佛教先后传入柬埔寨，并逐渐改变了当地人早期的原始拜物教和精灵崇拜。特别是在吴哥时期（802—1432年），王朝历代统治者都推崇佛教、婆罗门教，在9世纪末创建、12世纪完成的吴哥城以及以后建立的吴哥窟大伽蓝，即为两教混合在寺庙建筑上的反映。由于几位国王如耶输跋摩（889—900年在位）、苏利耶跋摩一世（1002—1050年在位）、阁耶跋摩七世（约1125—约1220年在位）等大力推崇佛教，使吴哥一度成为东南亚佛教中心。1296年，中国元朝周达观随使节至柬埔寨，将所见所闻撰成《真腊风土记》。从中可知当时柬埔寨宗教虽以婆罗门教、佛教为主，但佛教更为盛行，深入民间乡村。其中所记僧人只供释迦佛像，不供其他诸佛菩萨像，可见这时柬埔寨佛教已从大乘佛教转为南传佛教。此后由于受到外族的影响，大乘佛教和印度教趋于衰微。

14世纪以后，柬埔寨大部国土沦陷，被置于素可泰王国的统治之下。此时，素可泰已盛行上座部佛教，并通过与斯里兰卡的直接联系而建立起斯里兰卡大寺派上座部佛教。在对柬埔寨大部地区进行的持续3个世纪的统治中，泰人大力推行上座部佛教，从而使绝大多数高棉人改信了上座部佛教。

其后，柬埔寨由于内忧外患，国力逐渐走向衰落，佛教也是如此。至于近代，由于深受法国殖民统治，佛教自然难以重振。但作为国民传统信仰，佛教仍然普遍流行于全国各地，20世纪初叶，很多僧侣参加反殖民的斗争，创办巴利语学校、西哈努克大学和佛教研究所，出版高棉字母的巴利语三藏典籍和高棉文译文的部分上座部经论。

柬埔寨上座部佛教分为两派：一派是大宗派，14世纪初由泰国传入，在普通平民中流传甚广，其僧侣人数占柬埔寨僧侣总数的90%，寺院数占总数的94%，总部设在金边的乌那隆寺。另一派是法宗派，19世纪下半叶从泰国传入，属泰国拉玛四世时期改革运动的系统，认为自己比大宗派更正统更严格；该派严格奉守上座部佛教正统教派的规矩，戒律森严，主要在王室、贵族和高级官员中流传，尽管僧侣人数只占全国僧侣总数的10%，由于得到王室和高官显贵的支持，其势力不小，且地位重要，总部设在金边的宝东华德寺。两派的基本教义并无根本区别，都认为勾心斗角和争权夺利是违背佛教教旨的行为，因此两大派别之间并行不悖，互不打扰，都设有全国佛教会，各有自己的僧职系统和寺院，僧王均由国王任命。

5. 越南

由于地处海上丝路要冲，越南佛教受到来自中国和印度两方面的影响，其中受中国汉地大乘佛教影响更甚。历史上，越南中北部长期为中国领土，秦时属象郡，汉武帝时为交趾郡，西晋时称交州，唐代设安南都护府。968年正式脱离中国独立建国，其后越南历经多个封建王朝并不断向南扩张，但历代均为中国藩国。正因如此，越南文化多受中国文化影响。与东南亚诸国的佛教源于斯里兰卡的上座部佛教不同，大约在2世纪，中国汉地大乘佛教传入越南。

2—3世纪，佛教已经由南北两个方向传入越南：一是由于中国中原战乱，不少士民流寓交州，将佛教带入；二是南亚、西亚移民及僧侣从海路进入交州，或经由缅甸、云南进入红河谷地。据越南《禅苑集英》记载，195年，东汉苍梧（今广西梧州）学者牟子奉母流寓交趾（指今越南北部），他"锐志于佛道"，著有《牟子理惑论》。这是佛教传入越南北部的开始。约在255—256年间，月氏僧侣支疆梁接（疆良娄至）到达交州。3世纪末，印度僧人摩罗耆域经扶南至交州，同时到达的还有僧人丘陀罗；在交州北宁建有法云、法雨、法雷、法电四所寺宇。史载三国东吴所属交州太守士燮，"出入鸣钟磬，备具威仪，笳箫鼓吹，车骑满道，胡人夹毂焚烧香者常有数十"。这些夹毂焚香的胡人即来自南亚、西亚或西域的僧人。6世纪后，越南僧团逐渐形成。574年印度僧人毗尼多流支到达长安，580年至交州，弘传禅宗，为越南佛教禅宗始祖。7—9世纪，越南佛教传播更广，寺庙遍及各地。据义净的《大唐西域求法高僧传》记载，唐代中国僧人到达交州弘传佛教，或与越南僧人同往印度或南海求法取经者颇多，书中记载了运期、解脱天、窥冲、慧琰、智行、大乘灯六位越南僧侣求法取经的事迹。

10—14世纪越南佛教进入兴盛时期，佛教成为维护封建制度的重要精神支柱。本时期越南佛教深受中国大乘佛教的南宗禅学影响，并先后创立灭喜禅派、无言通禅派、草堂禅派、竹林禅派等。14世纪以后，由于儒学的发展，儒士阶层势力上升，僧侣集团开始失去在国家政治生活中的巨大作用。从1500年起，黎氏朝廷下令只许庶民信奉佛教，越南佛教由皇室庇护的贵族化宗教转化为以平民信仰为主的民间宗教。近代以来，越南国内出现主张佛道儒三教合一，甚至主张佛道儒天主教四教一源的现象，越南南方出现高台教、和好教等糅合佛教、道教、基督教和儒教教义的新宗教。

6. 马来西亚

佛教传入马来西亚，可追溯到公元2世纪以前。由于马六甲海峡自古是海上丝绸之路的交通要道，因此苏门答腊、爪哇、马来半岛等沿岸地区成为贸易中心，容易受外来文化影响。公元2—15世纪，在印度文化、宗教、艺术、政治的输入和影响下，马来西亚陆续建立许多邦国，并且信奉婆罗门教或佛教。根据历史记载，第一个在马来西亚建立的佛教国家是狼牙修，又称狼士须。狼牙修的建国大约是在公元2世纪，兴盛时，领土有吉打与吉兰丹二州，以吉打城作为贸易港，直至13世纪，狼牙修一直是受印度文化影响的佛教王国。在15世纪以前，马来半岛各邦国的宗教信仰普遍是以佛教或婆罗门教为主。

从14世纪开始，伊斯兰教传入马来西亚。15世纪初叶，马六甲王朝兴起，太子伊斯干达沙迎娶伊斯兰教国家巴散的公主为妻，下令全国人民改信伊斯兰教。早期佛教趋向衰亡。直到17世纪以来，随着大批华人渡海到南洋谋生，佛教才再度传入马来西亚，但信众数量在国内并不占优势。

7. 印度尼西亚

印度尼西亚地处海上交通要冲，早期历史受印度文化影响较深。公元前后主要信奉印度婆罗门教。5世纪初中国高僧法显去耶婆提（今苏门答腊及爪哇）时，据他所著《佛国记》记载，当地盛行婆罗门教，但也有少量的佛教。据中国史籍《宋书》《梁书》《南史》的记载，5世纪中叶至6世纪上半叶，苏门答腊、爪哇和巴厘等地已广信佛法，崇仰三宝。7世纪末，在苏门答腊地区建立了室利佛逝王国，大乘佛教、上座部佛教以及密教在此都普遍有信仰。13世纪以后，随着伊斯兰教的传入，佛教渐渐走向衰落。

二、南传佛教文化圈的形成

东南亚地处海上丝路交通要冲，古代较多地受到中国及印度两个文明古国影响。随着印度人的商业活动以及僧人传教活动的发展，沿岸各国在宗教、语言、艺术、政治、哲学等方面深受印度文化影响，特别是宗教文化的影响。而南传佛教正是借助海上丝路进行传播，自成一体，具有明显的共性。

地理位置上，缅甸、泰国、柬埔寨、老挝等东南亚国家相互毗邻或接近。其传播路线，首先由印度传入斯里兰卡，再由此传入缅甸、泰国、柬埔寨、老挝、马来西亚、印度尼西亚等国，以及越南中、南部的部分地区；并经缅甸传入中国云南的傣、崩龙、布朗等少数民族地区。由于地理位置的因素，缅甸佛教与海上丝路各国如印度、斯里兰卡、泰国等长期保持交流与联系。由于越南自古受中国文化、尤其受传汉地大乘佛教的熏陶；而马来西亚、爪哇、苏门答腊则始终是婆罗门教、大乘佛教、上座部佛教并行。

从传播时间来看，公元前后，上座部佛教已经在东南亚流行；其后佛教的发展，逐渐融合、取代了更早传入的婆罗门教，如婆罗浮屠、吴哥寺、蒲甘王朝的塔寺以及其他一些寺庙建筑、佛像雕塑和佛事仪式，仅带有一定的婆罗门教色彩。11世纪以后，缅、泰、老、柬等国所在地区，先后由分裂、割据走上统一，或从众多部落、酋邦、早期国家向以某一个民族（如缅族或泰族）为主导的多民族中央集权式封建国家过渡，即使信奉印度教和大乘佛教，11—

12世纪盛极一时的吴哥王朝在13世纪以后也面临危机，转向衰弱。处于"历史上的伟大转折点"的这些国家，南传上座部佛教的政治作用得到发挥。先是缅甸的蒲甘王朝，接着是摆脱吴哥王朝统治的泰人国家（包括兰那、素可泰和阿瑜陀耶）都从弱到强。此外，南传佛教虽也兴寺建塔，相对说来却较为简朴，与大乘佛教和印度教的巨型陵庙建筑形成鲜明对比。于是，在以各国国王为首的封建统治者的大力提倡和支持下，上座部佛教发展成为这些国家的占统治地位的宗教。各国的宗教中心基本上都在该国首都，例如缅甸蒲甘王朝时期的首都蒲甘，阿瓦王朝、东吁王朝后期和雍籍牙王朝时期的阿瓦（今以曼德勒为中心的地区），泰国素可泰王朝时期的首都素可泰，阿瑜陀耶王朝时期的首都阿瑜陀耶等。这些国家通过海上丝路，加强与斯里兰卡的联系，互派僧侣留学，根据巴利语音序创立本民族文字，用以写定音译巴利三藏典籍，确定了大宗派和法宗派两派僧王制度，佛教被尊为国教，在大众中产生了深刻影响。18世纪到现代，泰文、缅文、高棉文、老挝文的巴利三藏音译编纂工作逐渐完成，并进一步将部分经卷译为本民族文字，使上座部佛教得以更加广泛地流传。

南传佛教还通过海上丝绸之路把大量直接来自印度巴利文原本的佛教经典传播到中国，打破了中国佛教以北传佛教为主的模式，为中国佛教注入了上座部佛教的经典，使中国佛教走上南传与北传兼备的发展道路，并使中国与周边国家的佛教交流更加频繁、通畅。这种交流是双向的，早期中国佛教在吸取印度佛教的思想后，与中国传统文化结合，形成各种宗派，这些佛教宗派又影响到其他国家，如日本、朝鲜、越南等国，例如中国的天台宗、华严宗、禅宗对日本、朝鲜的影响巨大。公元804年日本僧人最澄和空海都随第18次遣唐使船来中国，最澄等搭乘的第二艘船在宁波靠岸，空海搭乘的第一艘船则漂泊到福州长溪县，他们在中国系统地学习了佛教经典，回国后，最澄创立了日本天台宗，空海则开创了真言宗，确立了日本大乘佛教思想。同样，日本禅宗两大流派临济禅和曹洞禅的创立者荣西和道元与宁波也有着不解之缘，至今日本曹洞禅的大本山永平寺仍将宁波的天童寺视为祖庭。高丽僧义通被尊为宁波天台宗第16祖。高丽王子义天（1055—1101年）率弟子寿介搭乘海船入华求法，回国后大力宣扬天台宗的教义，创立了高丽天台宗。他收集了 4000 余卷佛经，编出了《新编诸宗教藏总录》，并按这个总录刊行《高丽大藏经续藏》。

三、佛教在东南亚地区传播的特点

首先，南传上座部佛教在传入东南亚地区的过程中，不同程度地接受、融合了大乘佛教和婆罗门教的一些思想、教义和礼仪，以及当地的一些原始宗教。因此，这些国家盛行的南传上座部佛教中，仍保留了一些婆罗门教和大乘佛教中的思想、教义和礼仪，尤其是王室、宫廷中盛行婆罗门教礼仪。虽然泰国自从素可泰王朝以后一直以南传上座部佛教为国教，但是泰国人也认可大乘佛教的"如来"，把婆罗门教三大主神即梵天、湿婆和毗湿奴奉为至高无上的神。毗湿奴的坐骑金翅鸟"迦楼罗"被用作泰国国徽和国王旗帜图案。国家机关各部的部徽也大都是婆罗门教中的一些神物。泰国、老挝、柬埔寨等国一年一度的春耕节等传统节日的典礼，也沿用婆罗门教礼仪，由婆罗门祭司主持。

其次，在 19 世纪西方殖民主义势力侵入中南半岛之前，南传上座部佛教在这些国家或地区一直保持主导甚至"独尊"地位，并实现了南传上座部佛教的本土化、民族化，全面、深刻影响了这些国家和地区的文化。南传上座部佛教信仰逐渐成为人们的自觉行为，渗透到这些民族广大居民的理想信念、思维模式、价值观念、审美趣味、道德规范、性格习俗、行为方式的深层结构中，成为他们内在的文化心理和精神支柱。南传上座部佛教也成为这些国家古代哲学、文学、教育、法律、制度、美术、建筑等文化特质的核心内容，使这些国家的民族文化获得长足发展。

第三，南传上座部佛教成为该地区缅甸、泰国、老挝、柬埔寨等国的民族宗教，是同南传上座部佛教经典在这些国家的传播，尤其是与这些国家以民族语文翻译注释佛教经典密切相联的。随着民族语文翻译注释佛教经典的传播，南传上座部佛教经典得到广泛流传，成为遍布这些国家中无数佛教寺院、佛塔中僧人必须学习的经典，并通过僧人的活动又传播到民众中间，南传上座部佛教的教义逐渐深入人心。

正因如此，南传佛教在缅、泰、老、柬等国家的文化方面具有许多共性，在传统文化的宗教性、伦理思想、语言文字、传统教育、文学、艺术（绘画、雕刻、音乐、舞蹈）、风俗节日等方面都有许多共同点和相似之处，它们既不同于深受中国传统文化影响的越南以及深受伊斯兰文化影响的海岛东南亚国家，也不同于深受基督教（天主教派）影响的菲律宾文化。

在传统生活的宗教性和伦理思想方面，南传上座部佛教深深地浸透到广大人民的生活习俗和思想意识当中，贯穿了这些国家的居民尤其是缅族、孟族、泰族、掸族、老族等主体民族居民的一生，他们从出生、成长到死都离不开佛教。从满月礼、婚礼到葬礼均要请僧侣来诵经，每天都要拜佛、施斋；从国家庆典到众多的民俗节日、重大活动都要举行宗教仪式和布施；修佛寺、建佛塔、积德行善成为人们的自觉行为和追求目标。

在语言文字方面，这些国家的文字虽然不尽相同，但是都属于印度字母系统，语言文字都深受梵文、巴利文的影响。在文化教育方面，这些国家的佛寺不仅是礼佛的宗教场所，还是文化教育中心，是学校，是诵经识字、学习文化的地方。在文学艺术方面，印度的《罗摩衍那》和《佛本生经》为这些国家的居民所熟悉，深刻地影响了他们的文学创作和再创作；在建筑、雕刻、壁画、音乐、舞蹈等方面，大量表现和反映佛教的内容和影响，而且互相学习、借鉴。

在宗教节日、民间节庆活动方面，有着共同的佛教节日，如维莎迦节（吠舍佉节、卫塞节）、阿沙荼节、万佛节、守夏节（名称有所不同，泰国称为坐守居节、入夏节、入雨节，缅甸称为雨安居节，老挝称为入腊节）、出夏节（泰国、缅甸称为安居节，老挝称为出腊节，柬埔寨称为出雨节）；重要的民间节庆活动如宋干节（泼水节，泰国称为宋干节，缅甸称为泼水节，老挝称为泼水节，柬埔寨称为沙塔节）也相同。泼水节的重要活动也都是浴佛、洒水、堆沙塔和放生等。

四、历史时期广州与东南亚各国的佛教文化交流

历史上，中国与东南亚的商业贸易、文化交流密切频繁。佛教文化交流是其中重要的一部分。早期佛教在中国的传播，有不少外国或中国僧人取道海上

丝绸之路，其中最著名的有昙摩耶舍、菩提达摩、法显、义净等；也有不少天竺僧人取道东南亚地区来到中国。佛教文化成为中国与东南亚各国交流的重要媒介。

一方面，南传上座部佛教约7世纪前后经缅甸传入中国云南西双版纳傣族地区，至14世纪以后得到广泛发展。15世纪以后，逐渐为与傣族毗邻而居的布朗族、阿昌族、德昂族及部分佤族所信仰。南传上座部佛教在中国云南傣族地区长期的传播发展过程中，逐渐形成了若干地方民族宗教的特点，例如男儿僧侣化与僧侣还俗制。云南傣族地区的南传上座部佛教虽然在教义、教理等方面发生了粗陋性的变化，但却保持着上座部佛教的基本原则，即严格按照佛陀的言教修习，并融合了傣族的许多民间神话故事，使之佛教化，使云南傣族地区的南传上座部佛教的故事有强烈的宗教魅力和浓郁的民族色彩。中国云南傣族与斯里兰卡、泰国、缅甸、老挝等国的民众信奉同一宗教，沟通了彼此之间的宗教感情，融合了民族文化艺术，创造了相同的宗教生活环境，这对促进和稳定双方的经济交流、协作、发展也具有重要的作用。

另一方面，广州自古以来就是我国与海外的连接口岸，是海上丝绸之路的起点和终点。佛教虽然被认为最早于汉代通过西域由陆路传入中国，但海上丝路仍是佛教传入中国最早的途径之一，而且影响更大。早在秦汉之际的南越国时期已经打通从中国经南海到印度洋的海上航路。据《汉书·地理志》记载，汉武帝元鼎六年（前111年）派译长"与应募者俱入海，市明珠、璧、流离、奇石、异物，赍黄金、杂缯而往，所至国皆禀食为耦，蛮夷贾船，转送致之"，最远到达今天印度南部的波杜克和斯里兰卡，标志着连接中国与印度洋的海洋航路正式对接。据《牟子理惑论》所记，东汉末年岭南的佛教已经相当兴盛。三国吴五凤二年（255年），西域人支疆梁接到广州翻译佛经，是目前所知佛教传入广州的最早记载。

六朝时期，阿拉伯人、波斯人、印度人、中国人频繁经营着从波斯湾、印度洋到南中国海的远洋贸易，南海—印度洋海上交通空前畅达。岭南的广州、交州成为南海贸易的主要港口。《隋书》卷31《地理志》称："南海、交趾，各一都会也，并所处近海，多犀、象、玳瑁、珠玑，奇异珍玮，故商贾至者，多取富焉。"往来于南海的佛教僧人从另一个角度也充当着各国的使节，颂扬佛祖如来、阐述佛教经义成为各自国书中的重要内容，经文佛像及佛祖遗物的相互赠送，构成了彼此间邦交往来中的一项主要礼仪活动。许多西域及南海的僧人也纷纷搭乘商舶东来译经和布道，商业贸易的兴旺与南海交通的发达，为中外僧人的来往提供了方便，无论是东晋高僧法显的东归、西域高僧求那跋摩的东来，抑或是取道南海而来的天竺僧侣以及扶南等南海诸国的沙门硕学的来华，无不藉由频繁往来于中国与南海诸国之间的商舶。取道南海往来于中国与印度的中外僧侣以及南海诸国的僧人所带来的大量佛教典籍与译经活动，极大地促进了佛教在中国的传播和推广。而佛教在广州早期传播被人广为熟知的，则是本时期印度名僧达摩来中国传教，在广州上岸的一段经历。据清代道光年间的《南海县志》记载："……地曰西来初地。乃萧梁大通元年达摩尊者自西域航海而来，登岸于此，故名。至今三摩地、西来古岸遗迹犹存。"达摩是天竺香至国王第三子，他经过3年的艰苦航行，于南朝梁武帝大通元年（527年）到达中国，最早在广州上岸，在此开坛讲经、弘法度人，之后辗转中原传教，为中国佛教禅宗的创立起了重要的作用，被人尊为中国佛教禅宗的始祖。

隋唐时期，随着国家统一，中国与东南亚之间交往更加密切，佛教在中国得到迅速发展。贞观初年，唐朝与近20个国家有往来。开元、天宝年间，与唐朝有官方往来的国家和地区多达70余个，南海交通更为频繁。《新唐书》卷43下《地理志》记载唐时入四夷之路与关戍走集最要者有7条，其中第7条为"广州通海夷道"，这条道路从广州屯门出发，沿着传统的南海海路，穿越南海、马六甲海峡，进入印度洋、波斯湾，还可进入阿曼湾、亚丁湾和东非海岸，经历90余个国家和地区，航期89天（不计沿途停留时间），是8—9世纪世界最长的远洋航线，也是唐朝最重要的对外贸易海上交通线。阿拉伯、印度、中国及东南亚各国以印度洋—南海为中心，展开波澜壮阔的海上商贸、文化交流活动，东西方进入一个全新的海洋贸易时代。这一时期，广州是中外僧人海道交往的主要口岸，中西土僧人纷至沓来，成为南方佛教传播和翻译的重镇。也有不少中国僧人前往西天礼佛求法，如高僧玄奘、义净历游西土，据义净《大唐西域求法高僧传》卷上说："时有昙光律师，荆州江陵人，游行到达诃利鸡罗国（今缅甸西部阿拉干）。"该书还提到一个中国僧人，年五十余，携有许多经像，到达诃利鸡罗国，受到国王尊敬，并住持了一所寺院，病故在当地。贞元八年（792年），骠国（即今缅甸）王遣其弟悉利移向唐朝通好，并送来有关佛教的乐歌十曲（《新唐书》说有《佛印》《赞娑罗花》等十二曲）。据统计，唐代由海路西行的僧人可考的有40余人，其中大部分为中国僧人。求法僧人一般从内地来到濒临南海的港口广州、交州或爱州，在那里等候秋冬季风，搭乘商舶出海。航程如：从广州，出珠江口后，经过占婆、室利佛逝、诃陵等南海大国，穿越马六甲海峡，进入印度洋末罗瑜等国，抵达师子、印度等国；从交州，则下北部湾，过占婆海域，进入南海。

当外国僧人或中国僧人取道海路来到中国港口城市后，不可避免地要进行休整，有的在当地修建庙宇或直接去当地佛寺进行研习，宣扬佛法。广州的王园寺（今光孝寺）是由昙摩耶舍创立的，广州的西来寺（今华林寺）是由菩提达摩创立的。同样，当僧人们取道海路前往他国时，由于候船、季风等因素的影响，也不得不在港口等候，港口城市的佛寺和居民也就受到了不同程度的影响。大量外国僧人来到岭南传教和翻译佛经，涌现出不少著名的僧人。由于中国和印度同是以农耕为主的国家，其民族的文化心理性格十分接近，印度佛教的理论极易为中国的主体民族汉族所理解和接受。佛教理论中被赋予的"因果报应""生死轮回"思想，更是适应了以崇鬼尚神而著称的岭南人的心理追求，使得民众对佛教的信仰十分普遍。在较长的历史时期内，广州地区成为全国外来宗教势力最为强盛的地区之一。广州的佛教主要是属于大乘的禅宗和净土宗。现存的广州佛教五大丛林寺院，均属禅宗道场。禅宗和净土宗简化了佛教的教义和修行程序，特别是禅宗，提出人人皆有佛性，一悟即至佛地，而不必苦苦修行，迎合了广州人讲求实惠的民性。这些都是佛教在广州盛行的重要原因和广州佛教发展的特点。

第三节 当代海上丝路沿岸佛教文化之旅

据世界独立民调机构美国皮尤研究中心2012年发布的《2010年世界主要宗教群体规模和分布报告》称，2010年，全球约4.88亿佛教徒，占世界总人口的7%。佛教在现代世界的三个主要分支是大乘佛教、上座部佛教和密教（也称藏传佛教）。虽然没有关于佛教各分支人数的准确统计，但是大乘佛教普遍被认为是人数最多的一支，因为它流行于佛教人口大国，主要在中国、日本、韩国和越南。第二大分支是上座部佛教，主要集中在斯里兰卡、泰国、缅甸、老挝和柬埔寨等国家。佛教徒占国家总人口数最多的7个国家是：柬埔寨、泰国、缅甸、不丹、斯里兰卡、老挝和蒙古国。其中4个国家位于东南亚地区。在信仰上座部佛教的东南亚国家中，浓厚的宗教氛围、众多的寺院佛塔、丰富的节日活动，是开展佛教文化交流与佛教文化旅游不可或缺的资源。

一、当代中国与东南亚地区的佛教文化交流之旅

佛教认为众生皆有佛性，主张众生平等，并且认为宇宙万事万物皆由各种因缘和合而成，一切有情（众生）和无情（大自然）都是相互依存、同体共生、不可分割的整体，这些观点和理论为倡导当代国际社会和平交往、合作共赢、人与自然和谐共处的理念提供了重要的哲学基础和思想来源。从已有的佛教官方交流和民间交流活动看，佛教在增进中国与东南亚国家民众的相互了解和联系过程中发挥独特的作用。各地正在开展多种形式的佛教文化之旅。

1. 佛教圣物巡礼等佛事活动

据典籍记载，释迦牟尼涅槃后，留下佛牙、佛指、佛顶骨等不同类型的遗骨，备受佛教界关注和佛教徒顶礼膜拜。佛牙舍利、佛指舍利均为佛教圣物，世界上仅存两颗佛牙舍利，一颗被保存在中国（北京灵光寺），另一颗在斯里兰卡；佛指舍利仅存一节，现在被保存于中国（陕西法门寺）。此外，世界上唯一一块释迦牟尼顶骨舍利2010年于南京重现人间。

当代中国与东南亚佛教文化交流，影响最大的当数佛牙舍利三次巡礼缅甸、佛指舍利赴泰国供奉。1955年佛牙舍利第一次巡礼缅甸，揭开了新中国"佛牙外交"的序幕。佛牙舍利巡礼缅甸持续8个月，巡礼期间有上百万虔诚的缅甸佛教徒瞻仰朝拜了佛牙。1994年，佛牙舍利第二次巡礼缅甸，共持续45天，除了在仰光和平塔大圣窟供奉，还在缅甸全国巡礼，每天24小时接受信徒朝拜。据不完全统计，仅仰光和曼德勒两地的朝拜总人数就达300多万人。1996年，在缅甸政府请求下，佛牙舍利第三次巡礼缅甸。三次佛牙巡礼缅甸大大增进了中国和缅甸人民之间的相互了解和友谊。特别是第二、三次中国佛牙舍利巡礼缅甸时，正值缅甸军政府受到国际制裁，处境十分困难，中国佛牙舍利巡礼缅甸，缅甸佛教信众得以朝拜心中的圣物，对军政府认同度大大提高。为此，缅甸军政府领导人对中国政府充满感激，认为中国政府把佛牙舍利送到缅甸巡礼，说明了中国政府对缅甸政府的信任与支持，也说明中缅两国是真诚的兄弟。佛指舍利赴泰国供奉是中国政府佛教交流的另一典范。陕西法门寺的佛指舍利一直深藏于法门寺内，1994年，为了庆祝泰国国王登基50周年和中泰建交20周年，应泰国政府邀请，法门寺佛指舍利首次出国赴泰供奉瞻礼。在泰国供奉两个多月中，前往瞻拜的朝野各界人士达300万人次，泰国国王、僧王及王室成员、政府总理、议会议长、军队将领等亲往瞻拜，盛况空前。泰国的媒体也做了大量报道，在泰国民众中产生了重大影响，充分展现了佛教与外交的因缘。

佛顶骨舍利是释迦牟尼的头顶骨，世界上仅存一块，周长35厘米、直径10厘米、颜色黄黑、有清晰发孔的完整头骨，是佛教界至高无上的圣物，现供奉于南京牛首山的佛顶宫中。自2010年6月重现人间以来，吸引了海内外数十万信众前来朝拜。2012年4月还开展了"恭送释迦牟尼佛顶骨舍利赴香港澳门供奉起程法会"，首次出巡港澳地区。

在广东，2006年有"岭南第一圣域"之称的新兴国恩寺出土了7粒乳白色珠状舍利子，据研究，这些舍利子有可能是初祖达摩从印度带到中国，代代相传，传到六祖惠能时被带回国恩寺，六祖为报答父母恩而将舍利子埋在报恩塔基下，作为镇塔之宝；也可能是禅宗二祖到五祖某个祖师的舍利。无论如何,这些舍利子都是珍贵文物。借助舍利子,通过与六祖惠能的活动密切相关的新兴国恩寺、广州光孝寺、韶关南华寺联动,打造南禅寻根之旅,进而加强与东南亚各国佛教界的交流互鉴。

2. 各种佛教文化学术交流活动

随着当代世界文化交流活动的日渐频繁,各种形式的佛教文化交流也在不断开展。

(1)开展佛教界的对话交流活动

世界佛教论坛是2005年中国佛教界发起的,旨在为世界佛教徒搭建一个交流、合作、对话的高层次平台,并于2006年4月在浙江舟山举办首届大会,共有37个国家和地区的佛教界、学术界、企业界、文艺界、政界等代表1000余人出席。这是中国佛教史上的第一次国际性佛教大会,也是新中国成立以来的第一次宗教大会。其后分别在2009年无锡开幕并于台北闭幕,2012年在香港举行,2015年在无锡举行。论坛在宣传中国改革开放的成就,展示中国宗教信仰自由的国家形象方面产生了良好的效果。与会各国代表普遍认为,世界佛教论坛让他们了解了正在崛起的中国,他们也看到了无神论的中国共产党和政府对宗教包容、尊重的宽广胸怀。通过加大对论坛的支持力度和宣传工作,特别是在海外宣传工作,可以让更多的外国民众通过论坛了解中国。此外,中国与泰国也举办了数届中泰佛教论坛。2015年9月,由泰国摩诃朱拉隆功大学佛学院、佛教研究所及中国重庆佛学院共同举办的第三届中泰佛教论坛在曼谷中国文化中心举行,中泰两国佛教界知名专家学者、泰国各地僧侣300人出席此次论坛,两国佛教界人士交流研究心得、探讨共同关心的问题,有益于增进两国人民友谊,为促进两国关系发展作出重要贡献。虽然泰国是上座部佛教国家,但与中国大乘佛教的交流正在进行中。广东正致力于拓展与海上丝绸之路沿线国家和地区的佛教文化交流合作,使广东成为中国与沿线国家佛教文化交流的窗口,谱写与海上丝绸之路沿线国家佛教文化交流的新篇章。实现这一构想的途径之一,可利用广州海上丝路重要枢纽的有利条件,通过举办各种类型的论坛、讲座、朝拜等,推动中外佛教团体和信众的对话交流,促进不同佛教教派之间的交流。

(2) 推动与东南亚的佛学交流活动

泰国当代著名禅师阿姜查创办的巴蓬寺，其分院遍布泰国和欧美各地，总数超过 200 座。缅甸当代著名的禅师马哈希创办的马哈希禅修中心在缅甸境内超过 300 多处，其弟子也在世界各地设立许多教导马哈希方法的禅修中心。它们吸引着越来越多的中国佛教徒到缅甸和泰国修禅学，推动了汉传佛教与南传佛教的交流。中国僧众在东南亚国家弘法、留学、修行，与当地民众交往密切，成为当地民众认识中国、了解中国的重要桥梁。1996 年，应缅甸政府邀请，新中国建国以来首批赴缅甸留学的中国僧人来到首都仰光国立佛教大学接受为期 5 年的上座部佛教传统教育，学习科目主要有戒律、阿毗达摩、吉祥经、法句经、佛教史、佛教常识、巴利文、缅文、缅甸文学、英文，还有原始巴利经典；在通过 8 次考试后获得缅甸政府颁发的高级学业证书。2009 年 3 月，中国佛教协会会长一诚法师凭借其在弘法方面的贡献，被缅甸国家和平与发展委员会授予"弘法功勋奖"。2011 年 9 月，重庆华岩寺在泰国摩诃朱拉隆功大学设立"华岩基金"，用于资助中泰佛学交流项目，并为在摩诃朱拉隆功大学留学的中国学生和法师提供奖学金。这是中国佛教界首度在外国大学设立交流基金项目。少林寺在海外建立的数十个"少林文化中心"，上海玉佛寺也多次组织海外弘法活动，足迹遍及欧美、东南亚和港台地区。

作为与东南亚佛教交流的重要中转地，广东佛教界采取走出去请进来的方式，加强与东南亚佛教界的联系。深圳弘法寺近年来先后组团前往印度、泰国等国参访，僧伽合唱团赴新加坡、马来西亚、泰国、韩国、德国等地演出《神州和乐》，传播中国的佛教文化和音乐。2011 年，广州光孝寺结夏安居佛教知识系列活动中，来自泰国的摩诃朱拉隆功大学达磨·孔莎瞻校长来到光孝寺法堂做佛教教育主题讲座等。2015 年 9—12 月，广州市佛教界围绕"海上丝绸之路与岭南佛教文化"的主题，组织大佛寺、六榕寺等重点佛教场所重走古代海上丝绸之路，持续时间长达 4 个月分 3 批次，共 120 人次，先后赴东南亚和南亚的泰国、印度、尼泊尔、印度尼西亚、斯里兰卡、新加坡和马来西亚等 7 个历史上佛教盛行的国家的 17 个城市，走访 50 多处寺院，举行古迹朝圣、佛法互鉴、文化交流、学术考察以及"千僧斋"等大型法会活动约 60

场,举行"莲开一路——海上丝绸之路佛教与文化之行"等系列交流活动。在印尼世界佛教建筑奇迹婆罗浮屠塔下举行了"丝路中国论坛",在尼泊尔召开"莲开一路——海上丝绸之路佛教与文化"座谈会,在印度与新那烂陀大学开展"文化交流和合作探讨",在印度菩提迦耶举办"千僧斋祈福法会"。通过这些活动,了解当地国家社会民情和佛教界的基本情况,学习当地佛教道场的优秀建制和管理经验,体察到佛教信仰在当地的传承力量,也成为中国佛教文化输出的一次大胆尝试。巡礼团每到一地,都联系和探访当地华侨社团和华人群体,如印度尼西亚的福安宫和大觉寺、马来西亚的陈氏书院等,在当地华人群体中引起热烈反响;斯里兰卡四大僧王更是史无前例联合接见了参访团,并赠送佛门圣物佛舍利给广州大佛寺供奉。这些活动展示了广州佛教的对外形象,打造了广州佛教、岭南佛教与世界文明对话的新平台。

(3) 开办各类培训班,培训适合跨文化交流的人才

通常佛教徒的修行可以分为两种:一种是自己修行、研习佛法;另一种是弘扬佛法。历史上,东晋法显法师、唐朝玄奘法师都曾西去取经、求学。东渡日本的鉴真大师成为中日文化的友好使者。多年来中国沿海地区一些寺院曾广泛开展对外弘法活动,并在海外建有众多廨院;很多福建僧人赴新加坡、马来西亚、印尼等国家,向旅居当地的华侨弘法。随着全球化进程的推进,许多佛教寺院对外开放,僧人出国,国内外游客前来参观,研究佛法。这就要求僧俗间有更多的互动交流,让更多人了解佛教文化。2008年首届"佛学英语培训班"开班典礼在上海外国语大学举行,经过8个月的培训,22名来自中国各个寺院的年轻法师圆满完成英语培训,获得结业证书。这种形式的培训班在中国佛教界尚属首次,因此被誉为佛教界的"黄埔军校"。2010年,广东六祖寺也与暨南大学、尼泊尔佛教大学联合开设了为期半年的佛教英语高级研修班,招收30名学生,开设梵文、佛学原理、世界著名思想家生平及思想、心经英语详讲、禅宗要义、南亚历史文化等课程,由来自国内、美国及尼泊尔的资深佛学专家和高僧大德任教。这些佛学英语培训班是一个良好的开端,有关部门还应该加大力度,多管齐下提高中国僧众的外语水平,以适应全球化跨文化交流时代的到来。

3. 开展节事活动

佛教有很多节日，并且随着佛教在东南亚各国的传播，形成了具有东南亚共性或具有各个国家自身民族特色的节日。通过举办节事活动，可以达到节日庆祝、文化娱乐和市场营销的目的，提高举办地的知名度和美誉度，树立举办地的良好形象，促进当地旅游业的发展，并以此带动区域或经济的发展。

中国和东南亚南传佛教国家每年都会举办许多盛大的佛教节日活动，双方通过互派代表团参加有关佛教活动，推动中外佛教徒的了解和友谊。以卫塞节为例，卫塞节是纪念佛陀出生、成道觉悟、涅槃的节日，在南传佛教各国的推动下，于1999年被联合国定为国际节日，佛教徒可以利用联合国总部及其他联合国办事处举行卫塞节庆祝活动。从2004年起，"联合国卫塞节国际佛教大会"每年定期举行，虽然在2007年的《卫塞节宣言》中，确定每年由各国轮流举办纪念"联合国卫塞节"庆祝活动，但在泰国政府和摩诃朱拉隆功佛教大学的大力支持下，联合国卫塞节庆祝活动主要还是在泰国曼谷举行，其中2008年由越南举办。该节每年都吸引世界数十个国家和地区的佛教组织、佛教徒、专家学者和各国数千名代表参与，中国方面已多次派代表团参加。从数届卫塞节的发展来看，越来越多的国家认同该节并积极参与。"联合国卫塞节国际佛教大会"对于宣传举办国宗教信仰、提升国家形象能够产生非常好的效果。佛教在中国已经成为传统文化的一部分，拥有众多的虔诚信徒，不仅有汉地大乘佛教、藏传佛教信仰，上座部佛教在云南数个少数民族中仍然流行。四月初八佛诞节以及其他佛教节日的观念也被北传佛教所认同。大乘佛教与东南亚上座部佛教的交流沟通也成为历史的必然。1992年泰国华宗大尊长仁德法师访问中国，参加了潮州开元镇国禅寺泰佛殿的解夏活动。2015年4月，由中国福州开元寺与泰国摩诃朱拉隆功佛教大学共建的大乘佛教研究中心在曼谷摩诃朱拉隆功佛教大学隆重举行挂牌揭幕仪式，这有助于中国与泰国佛教的友好交流，深化南传与北传佛教的密切合作，促进中泰的睦邻友好，延伸中国历史上的丝绸之路。因此，中国特别是距离东南亚南传佛教文化圈近距离的云南、广东、福建完全可以借助申办举办卫塞节，加强佛教各宗派的沟通、合作与协调，向世界传播佛陀和平、进步的理念，实现文化与经贸的共同发展。

再如，六祖惠能首创的中国化、平民化的佛教禅宗文化是岭南文化的杰出代表，六祖惠能被评为岭南文化的十大名片之一，至今在日本、韩国、东南亚地区已有深远影响。2008—2010年，广东把弘扬禅宗六祖文化作为发挥宗教界人士和信教群众在经济社会发展中的积极作用的重要着力点，会同当地政府、广东省佛教协会，邀请来自海内外的佛教界人士以及专家学者，先后在云浮市国恩寺、韶关市南华禅寺、广州市光孝寺成功举办了三届"广东禅宗六祖文化节"，通过举办一系列丰富多彩的活动向群众展示禅宗优秀传统文化的内涵和风采，使六祖文化节知名度和影响力不断扩大和提升，不仅产生了良好的社会效益，也产生了显著的文化带动效应。2010年《广东省建设文化强省规划纲要（2011—2020年）》要求将六祖惠能列为广东历史文化名人之一，予以重点研究，并将办好禅宗六祖文化节作为打造群众文化活动品牌、弘扬广东优秀文化、丰富群众文化生活的平台。在此基础上，2011年，"广东禅宗六祖文化节"在四会六祖寺举行，文化节邀请到来自中国、韩国、柬埔寨、越南、泰国、老挝等国的长老法师以及专家学者、社会贤达、居士信众4000余人，通过举办禅宗祖庭参访体验、六祖八塔开光法会、六祖纪念法会、六祖禅文化学术研讨会、为泰国柬埔寨受灾地区捐款等一系列丰富多彩的活动，向大众展示禅宗优秀传统文化的内涵和风采；柬埔寨副首相涅本才，柬埔寨王国佛教法相应派僧王、西哈摩尼国王佛教大学校长，越南佛教僧伽副主席、越南胡志明市佛教僧伽主席、越南佛教大学校长，老挝佛教协会主席等参加了开幕式。2012年，"广东禅宗六祖文化节"在广州举行，主会场设在广州光孝寺，分会场设在佛山南海宝峰寺，活动内容包括万人诵经法会、千僧祈福大典、禅宗六祖文化学术研讨会等，光孝寺还举行了广东佛教学院挂牌仪式。2013年是六祖惠能圆寂1300周年，纪念六祖暨禅宗六祖文化节系列活动第一次由禅宗三大祖庭广州光孝寺、韶关南华寺、云浮新兴国恩寺一起承办，分别设立广州会场、韶关会场、云浮会场。2016年，由广东省佛教协会主办，广州光孝寺承办，肇庆六祖寺、河源燕岩六祖古寺协办的"2016广东禅宗六祖文化节"在广州举行，主题为"六祖惠能与佛教中国化"，旨在通过《六祖坛经》的弘扬与传播推动广东省佛教界的道风建设。可以说，"广东禅宗六祖文化节"通过邀请来自包括东南亚在内的各国法师与专家学者参与，以举办学术研讨、佛教法会及佛教艺术活动为主要内容，以充分挖掘整理禅宗优秀文化为主旨，以积极发挥佛教在当代文化建设中的积极作用为目的，取得了一定的社会效应和丰硕的文化成果，并将禅宗六祖文化游打造成为具有独特魅力的广东文化名片，是辐射东南亚和中国港澳地区的知名文化旅游品牌。

二、东南亚地区的佛教文化旅游

1. 上座部佛教文化氛围体验之旅

东南亚南传佛教文化圈，特别是缅甸、泰国、柬埔寨、老挝等大多数国民信仰佛教的国家，普遍拥有浓厚的佛教氛围。

在这些国家中，佛教对人们的生活发挥着重要作用，它不仅仅被认为是社会的中流砥柱，同时也是维系每个家庭、社会团体的道德规范。通过传播佛教教义，人民普遍信仰佛教，重视生活实践，布施僧人，进寺听僧人说法及受持斋戒，普遍形成崇尚忍让、安宁、爱好和平的精神风范以及良好的道德风尚。行走在这些国家，随时随地能感受到当地人的质朴与善良。同时，生活中的各种礼俗都充满了浓厚的佛教色彩。举凡风俗习惯、文学、艺术和建筑等各方面，几乎都和佛教有着密切关系。人们历来非常尊敬僧侣，黄色的袈裟是庄严、崇高、圣洁、不可侵犯的象征。在泰国、缅甸、老挝、柬埔寨等国家，一般习俗是男子一生至少要削发为僧一次，清晨托钵外出，过午不食，正常是数月，少则三五天，以接受佛教训练，也有终身为僧不还俗者。这种行为被看成是修行积德，并作为衡量人品的重要标准，认为剃度为僧是一种重要的社会资历、受人尊敬，在学习、就业甚至找对象上都要比未出过家的人容易，否则就会受到社会的蔑视。

一般家庭通常设有佛龛，出外常戴佛像项链。在街道、路边和居民的屋门口，到处都供奉着许多佛像。人们路经佛寺，必定恭敬礼拜。佛是人们每天要朝拜、时时要挂念的对象。每日晨间，自动准备食物，供养托钵僧侣。每逢佛寺举办活动，人们便带着各种粮食前往供养，同时听闻佛法。笃信佛教的缅甸人相信有"舍"才有"得"，布施是人们的家常便饭。据统计，缅甸乡村的人会把家庭积蓄的30%到40%用于宗教开支和帮助别人。由于当地有不杀生的习俗，甚至在仰光这样大城市的大街小巷，花间树丛，都常常可以见到各种鸟在追逐嬉戏；他们视乌鸦为"神鸟"，倍加爱护；他们对牛也敬若神明，在闹市遇上"神牛"，行人和车辆都要回避让路。在泰国，佛教是国教，90%以上的国民信仰佛教，三色国旗上的白色代表佛教，被称为"佛教之国""黄袍佛国"；国王每年要为玉佛更衣、祈祷，内阁要在佛祖面前宣誓就职，神权与王权相统一，皇宫和庙寺相映成趣；王室仪式、国民教育及生活种种，都以佛教作为规范。佛教与泰国人的一生息息相关，如新居落成、婴儿出生、生日、结婚等场合，都要邀请法师诵经祈福，尤其重视超荐法会。同时泰国也是世界佛教中心，世界佛教徒联谊会总部就设在首都曼谷，每年都要接待大量来访、求学、交流和朝觐的佛教徒，而且还经常举行国际性的佛教会议和有关的学术活动等。近年来，西方人士亦纷纷来到泰国修习佛法，修行一段时日后，多数请求披剃出家，有些在曼谷的禅坐中心学静坐，大多数则入山林苦修。这使得泰国佛教也超过国境，不断向世界各地传播。柬埔寨拥有特别的高棉文化，较接近泰国，并带有浓厚的上座部佛教文化氛围：大多数居民信仰佛教；国旗以红、蓝及白色为主色，正中间白色殿堂为吴哥窟，被红及蓝条包围着，红色代表民族，白色代表佛教，蓝色象征王室，代表着柬埔寨国家铭言"民族、宗教、国王"。

2. 寺院佛塔之旅

佛教认为，建佛塔可以造福终生，修福来生。在东南亚上座部国家，佛塔数量众多，形成独特的旅游资源。

在缅甸，据统计，全国大小佛塔有10万多座，因此又被誉为"佛塔之国"，拥有世界上非常著名的寺庙，例如，被称为"东南亚三大古迹"之一的位于仰光的瑞光大金塔，佛像身上被贴满厚厚金箔的曼德勒马哈木尼佛塔，佛塔林中金光璀璨的蒲甘瑞喜宫佛塔，供奉五座神秘金佛的水上寺庙茵莱湖区的帕瑞佛塔等，都是每位游客不容错过的佛教圣地。

以佛教为国教的泰国，全国有大约3万座寺庙。寺庙在泰国具有非常特殊的地位，既是供奉僧侣、信徒朝拜、摆设历史文物、接待外宾和游客的地方，也是收受社会上无法生活的鳏寡孤独等穷人养老的机构,是主要的社会教育和慈善机构,还是当地政府和民众互通联络、传播信息以及民众聚集社交的场合。在泰国,佛教寺庙是非去不可的地方。泰国寺院一般分为皇室寺院和民间寺院,皇室寺院又分为特殊寺院、博士寺院、硕士寺院和大寺院。皇室寺院一般是国王或皇室御赐,也有民间特别有名的寺院被皇室赐名。曼谷玉佛寺是泰国唯一一家特殊寺院。泰国寺庙非常漂亮,有的飞檐陡顶,有的尖尖锥塔,上面贴着贝壳、亮片,或涂上金粉,远远看去,巍然壮丽,金碧辉煌。修庙宇最初是为了让僧人诵经修道,后来慢慢地演变成为一种文化。泰庙吸纳了泰式建筑的风格,体现出东南亚一带上座部佛寺的特点,形成了一种鲜明的特色。很多寺院都有精美的壁画,这些壁画反映了泰国经济、文化、风俗、艺术、知识等众多传承。寺院中的佛像,形态多样,或站立,或行走,或坐,或卧,即便站立或打坐也有很多种不同姿势、手势或服饰,含义各自不同。

在老挝,全国有寺庙2000多座,佛塔11万多座,大多集中在万象、琅勃拉邦。佛寺曾经不仅是宗教活动中心,而且也是传播文化教育的主要场所。特别是在农村和边远地区,广大农民主要通过寺庙接受知识。这里可以看到大大小小很多的庙,几乎每个村都有一座庙,人们把逝去亲人的骨灰安葬在庙内,在平日或者特殊的日子里会向寺庙捐赠财物,为自己和家人积累功德,有些老挝人甚至把一生的积蓄献给寺庙,通过观察庙的豪华程度来判断这个村的贫富。寺院的僧人接受民众布施,接受布施者必须赤脚,体现出他们的圣洁,布施者也应该赤脚,不可用剩饭菜布施,走路时不可以踩到僧人的影子,这些都是强调佛的神圣和对佛的尊重。

柬埔寨寺院是佛教对社会产生实质作用的重要地方,历来既是宗教活动的中心,又是文化艺术的中心,并在一定程度上承担着为地方活动提供场地,以及地方教育的责任。僧侣们向人们传播佛教思想,也负责教儿童识字和学文化,还宣传卫生常识,为此僧侣备受敬重。从传统上来说,柬埔寨每个村庄都有一个精神中心,即寺院。寺庙的方丈当地人称其为"梅瓦",由所奉教派的高僧任命,职责是主持寺庙与监督僧侣对教规的执行。在方丈的主持下,寺庙的一切动产与不动产托付给一位在俗教徒管理,这是因为僧侣须遵守"十戒"

教规中的最后一条"禁止蓄金银财宝"。

由于佛教的影响，越南境内形成了不少有名的佛教圣地和一批寺塔，以河内和顺化等地为最。河内是越南首都，著名的寺庙有金莲寺、莲派寺、浪寺（昭禅寺）、石夫人寺（灵光寺）等。顺化是越南古都，有天姥寺、耀帝寺、慈坛寺、灵光寺、祥云寺、保园寺等。此外，南方首府胡志明市有印光寺、舍利寺等。

3. 丰富多彩的上座部佛教节日之旅

佛教有很多节日，其中最为盛大的是佛诞节和盂兰盆节。在东南亚上座部佛教国家，恪守传统教义及其衍生的节日，并与各国实际相结合，形成丰富多彩的节日，深刻影响着民众的生活。

关于佛诞节，东南亚上座部佛教国家同时把它作为佛成道日、佛涅槃日加以纪念，称为卫塞节，被认为是南传佛教传统的节日，泰国、缅甸、新加坡、马来西亚、印度尼西亚等国均在这一年一度的重要节日中举行盛大的庆典活动。

在缅甸，与佛教有关并具有民族性的节日，包括献袈裟节、考经节、原首都仰光的瑞光大金塔佛节等，吸引了众多民众。其中最重要、最壮观的瑞光大金塔佛节，在每年2月到3月之间满月前后的一周左右，是缅甸人一辈子必定会到大金塔参拜一次所选择的时间。节日期间，除了僧人会诵经拜佛以外，普通民众也来此参拜，献花、点灯、捐款，寺庙准备免费的素餐和水果供路人取用，一些全国性的庆典也选在这个时候举行。每年10月的敬老节，则源自众僧侣在雨季守戒3个月后跪请佛祖训示的传说，后人效法，在此期间举行敬老活动。献袈裟节是在10月中下旬至11月中下旬，节日期间，善男信女聚集一起，怀着对佛祖的敬意，向僧侣敬献袈裟、金钱、食物和生活用品，并在月圆日点灯迎神，举办各种娱乐活动。考经节是每年3月举行三藏经文考试的传统节日，缅甸僧侣考试分为初、中、高三级，考试结束后一般都要举行庆祝活动，并授予优胜者各种称号。缅甸的节庆活动很多，其中大多与佛教有关，例如泼水节、浴佛节等。

在泰国，每月有4个佛日（四斋日），各在泰国阴历上半月和下半月的第八日和第十五日,即初八、月望、廿三、月末,全年共 48 个佛日,其中以阴历三月十五日的玛迦普差节、六月十五日的维莎迦普差节、八月十五日的阿莎叻哈普差节为最重要的佛日,佛教徒要去佛寺举行仪式,当日禁止杀生、嫖赌。重大的节日有佛诞节(佛陀诞生、成道、涅槃纪念日)、万佛节(这是泰国的传统佛教节日,每年泰历三月十五日举行,纪念释迦牟尼在摩揭陀国王舍城竹林园大殿,向自动前来集会的 1250 名罗汉首次宣传教义,故称其为四方具备的集会。笃信上座部佛教的泰国佛教徒视该次集会为佛教创建之日,将这一天定为节假日,进行隆重纪念,男女老少带着鲜花、香烛和施舍物品前往附近寺院,进行施斋、焚香、拜佛活动)、三宝佛节(泰国三大节日之一,每年泰历八月十五日,全国佛教徒、各佛寺届时都做仪式,如守戒、听经、诵经、讲道、巡烛等)、守夏节(亦称坐守居节、入夏节、入雨节等,是泰国最重要的佛教传统节日,每年泰历八月十六日举行,全国放假一天,以便人民参加守夏节活动)、解夏节(每年泰历十一月十五日,亦称出夏节、逾雨节、安居竟节等,是泰国重要的佛教传统节日之一)。在法定的佛教节日里,法师们透过电视与广播开示佛法,民众受持八关斋戒。

  因为信仰佛教,老挝的许多节日都与佛教有关。比如:1 月守斋节,僧侣一天一餐,不进肉食;3 月烤糕节,人们将烤好饭团拿去寺庙奉献给僧侣,并在寺庙听经说法;4 月听经节,人们到寺庙布施,并听寺庙僧侣讲述佛祖功德故事;5 月宋干节(泼水节,原为婆罗门节日),主要活动为斋僧行善,沐浴净身,人们互相泼水祝福,敬拜长辈,放生及进行歌舞游戏;6 月高升节,佛教徒认为放高升是为了送走灾难,祈求风调雨顺;8 月入夏节,僧侣们此后三个月内在寺庙中修行,人们一般也不举行婚礼或丧事;11 月出夏节,是传统的龙舟节,庆祝入夏节结束,僧侣们节后可以外出,百姓可以婚配;12 月塔銮节,是盛大的佛教节日,民众拿着鲜花、食物、香烛和钱币前去朝拜埋有佛祖舍利的塔銮。

  柬埔寨佛教主要的节日有:佛陀最后讲道纪念日,在阳历 1 月至 2 月间;柬埔寨元旦,约在阳历 4 月中,是柬埔寨最隆重的传统宗教节日,教徒们都云集到佛寺,举行搬沙堆沙山的宗教仪式,寓意是祈望神明在新的一年里给他们带来像沙山一样多的稻谷；佛陀"诞生"、"成道"和"涅槃"纪念日，在阳历4月至5月间；追荐死者节，在阳历9月至10月间。同时，僧侣在进入"夏安居"及"夏安"完毕亦要举行宗教仪式，该期间在雨季（即从6、7月起到9、10月止）的始末。此外，柬埔寨的迎水节（举行于初夏雨季来临后之望日）和送水节（举行于秋末旱季到来前之望日）也是充满佛教色彩的节日，其盛况有如西方的狂欢节。

三、区域联合开展佛教文化旅游

在东南亚佛教国家，居民国内旅游以佛教古迹观光为主，出境游也多为周边邻近国家。以佛教氛围最为浓厚的缅甸、泰国为例。缅甸是一个佛教的国度，生活中的各种礼俗都充满浓厚的佛教色彩。根据缅甸自身旅游资源特点与当前旅游业开发程度，海外游客在缅主要以宗教古迹观光游为主，这也是目前缅甸所提供的主导产品。缅甸人也更喜欢去有佛教文化的地方游览。缅甸最出名的佛教圣地是洁梯优佛塔、蒲甘古城、仰光大金塔。蒲甘古城是缅甸最早统一的王朝蒲甘王朝的都城，被称作"万塔之城"，集各历史时期的佛塔建筑艺术之大成，这里是缅甸人最喜欢去的佛教圣地之一，外国游客也很多。在出境旅游方面，缅甸居民多选择东盟周边国家以及东亚国家作为出游目的地，如泰国、新加坡、马来西亚、中国、韩国、日本等。旅游业面临着国内旅游市场培育程度较低、基础设施落后等问题。泰国佛教旅游形式多种多样，大致可分为：巡礼活动（日常拜佛、特定节日），佛教节庆旅游（如蜡烛节、万佛节、三宝节等），庙会活动，历史文化旅游观光，寺庙寄宿，与佛教有渊源的其他活动如佛教青年营、国际佛教讨论会等。佛教旅游也面临着佛教旅游资源利用效率较低、游客分布过于集中在部分区域等问题。进行佛教旅游合作发展成为必然选择，例如：为了发展印度——尼泊尔——泰国旅游路线，2004年泰国国家旅游局与尼泊尔的旅游部门进行文化交流，以推进两国佛教旅游的发展。两国通过建立国内佛教旅游路线，将其推销给对方，以作为彼此的旅游目的地和客源。2009年缅甸和泰国国家旅游局宣传教育旅行，其线路包含泰国曼谷——清莱，缅甸的大其力镇——肯东——蒲甘——仰光。

当代大湄公河次区域、东盟区域内的旅游合作日益增强。20世纪90年代中期，在联合国亚太经合组织、亚洲开发银行的倡议下，湄公河次区域五国（缅甸、越南、老挝、柬埔寨、泰国）召开了"湄公河流域国家旅游发展研讨会"，并成立旅游工作组，加强湄公河次区域的旅游合作。1997年缅甸加入东盟，与东盟的旅游合作联系加强。2010年的东盟旅游部长会议上，东盟10国旅游部长签署了《2011—2015年东盟旅游发展战略计划》，旨在加强东盟旅游宣传和东盟旅游产品建设、培养旅游人才、实现航空自由、维护旅游安全，实现东盟区域内各国公民免签证，对其他国家游客实行东盟单一签证等措施，同时大力发展文化和生态旅游，将东盟地区建设成世界一流的旅游目的地。中国的"一带一路"倡议，将有助于区域内佛教文化旅游的联合开展。

第三章 海上丝路与伊斯兰文化之旅

伊斯兰教产生于公元 7 世纪初，与佛教、基督教并称为世界三大宗教，是三大宗教中产生最晚的一种，距今已有 1300 多年的历史。其信徒分布广泛，宗教影响深远。信仰伊斯兰的民族有自己独特的生活方式，这种方式已与宗教信仰融为一体。

第一节 伊斯兰教概述

一、伊斯兰教的产生与发展

1. 伊斯兰教的产生

伊斯兰教产生于 7 世纪初期社会剧烈动荡和重大变革时期的阿拉伯半岛。阿拉伯人的祖先是生活在阿拉伯半岛的古代闪米特人。在公元 5—6 世纪时，这个半岛是一片荒凉、贫瘠的地方，大部分是沙漠，在沙漠里居住着处于原始社会解体时期放牧的阿拉伯人，他们自称为"贝都因"（Bedouins，译为"荒原上的游牧民"），他们以养牧牲畜（主要是骆驼）为主，这里充斥着部族之间的血族复仇。由于阿拉伯半岛地处欧亚非三洲交界之处，历来是东西方交通要道，相当一部分阿拉伯人从事商业。从半岛南部的也门沿着红海东岸北上到巴勒斯坦的一条狭窄通道，称为"汉志商路"，是古代东西交往的重要商路。庞大的商队在茫茫沙漠里行走，需要适当的场所来补充给养和饮水，休息和中转货物。商路上兴起一些城镇，如麦加、雅特里布等。麦加地处汉志商路的中段，城里有泉水满足过往商人饮水的需要，许多商人把这里作为商贸根据地和商品集散地。在泉水旁边有座方形无顶神庙，阿拉伯语称为"克尔白"，意思是"立方体形的房屋"。庙里有一块褐色陨石，被当作神物崇拜。克尔白内同时供奉着各部落崇拜的神灵偶像，以及麦加古来西部落所崇拜的造物主安拉神。每到一定的时期，各部落都要前往麦加朝圣，同时举行定期集市，相互进行商业贸易。麦加城内最有势力的是从事商业的古来西部落，部落贵族还是克尔白神庙的管理者。他们利用每年一度的朝圣活动，从庙会定期集市中获取大量收益，成为商业贵族，而广大城镇居民则相对贫困甚至破产，造成社会矛盾激化。这时，半岛东边的波斯与西边的拜占庭为了争夺商路，都力图控制两国之间的阿拉伯半岛。最后由波斯人控制了汉志地区。波斯人为了增加本国收入，禁止海上来的商品在也门登陆然后通过汉志到巴勒斯坦地区转往欧洲，而是要这些商品进入波斯湾在波斯登陆后穿过波斯本土到叙利亚，以便波斯各地抽取商税。这样就使汉志商路废弃，依靠商路为生的向导、搬运夫、保镖等大量失业，激化了原有的社会矛盾。

商人贵族的剥削、压迫加剧了阿拉伯社会的阶级矛盾，各氏族部落矛盾和民族矛盾，错综交织，十分尖锐；战争和动乱严重破坏生产力和经济的发展，引起阿拉伯人对超越氏族部落之上的权威需要，幻想借助神灵的权威来实现现世的理想生活。伊斯兰教的产生反映了这种需求。伊斯兰教的创始人穆罕默德（570—632年）是一个真实的历史人物。他出身于古来西部落的哈希姆家族。出生前父亲亡故，6岁时母亲病故，先后由祖父和伯父抚养。童年替人放牧，12岁开始随伯父外出经商，曾到过叙利亚、巴勒斯坦等地，对当时阿拉伯半岛的社会状况及多神教、犹太教和基督教等宗教状况有较深的了解。他常到麦加郊区希拉山洞中静思，思索宇宙的奥秘与人类生存的价值。穆罕默德希望通过一神信仰，把阿拉伯各个部落纷繁不一的多神信仰统一起来。610年，穆罕默德在山洞中静修时体验到天使传达的真主启示，真主命他为使者。于是他自称先知，开始传播伊斯兰教。因此，伊斯兰教的开始传播，被公认是610年。"伊斯兰"，阿拉伯语意为"和平"，后来转意为"谦恭""顺服"，即顺服安拉及其使者。穆罕默德号召麦加居民放弃偶像崇拜，归顺并敬畏宇宙唯一的安拉，止恶从善；他主张限制高利贷、买卖公平、施济平民、善待孤儿、解放奴隶、制止血族复仇、实现和平与安宁。这些主张，符合当时社会的需要，因此很快吸引了一批当地人的追随。这些伊斯兰信徒被称为"穆斯林"，意思是信仰安拉、服从先知的人。由于麦加贵族担心一神信仰将导致前来克尔白朝拜者减少从而影响商税收入，他们开始迫害穆罕默德。622年9月，穆罕默德应邀北迁雅特里布，这一事件被称为"先知的迁徙"，伊斯兰教把这一年称为"伟大的迁徙之年"，将其定为伊斯兰教历元年。雅特里布改名麦地那，意思是"先知之城"。

在麦地那，穆罕默德制定了与各部落集团共同遵守的公约，并建立以伊斯兰教信仰为共同基础的政教合一政权。穆罕默德以安拉"启示"的名义，完成了伊斯兰教义体系及各项制度的创建，他自己则成为麦地那宗教、政治、军事和司法的最高领袖。632年，穆罕默德率10万穆斯林到麦加朝拜，并捣毁了克尔白中的360个部落的偶像。当年6月，穆罕默德去世。这时的阿拉伯半岛已基本完成统一。

2. 伊斯兰教的发展

穆罕默德去世后，继任者称为"哈里发"，意思是"安拉使者的代理人"，不仅是最高的行政、司法和军事首脑，也是最高的宗教领袖。最初四任哈里发大肆向外扩张。他们乘波斯、东罗马连年战争，力量削弱之机，指挥骑兵征服了叙利亚、巴勒斯坦、埃及、伊拉克等地，为阿拉伯帝国的形成奠定了基础。到8世纪中，阿拉伯帝国版图东起印度河流域，西临大西洋，北界咸海，南至尼罗河，成为地跨亚非欧三洲的大帝国。在宗教上，鼓励异教徒改奉伊斯兰教；在各地兴建清真寺作为宗教活动和教育的中心；以《古兰经》和《圣训》立法，向各地派出教法官和传教士，主持司法和宗教活动。由于帝国是政教合一的统治体制，随着军事扩张，穆斯林向被征服地区深入传播伊斯兰教。到8世纪初，伊斯兰教已成为中亚、西亚、北非、西班牙等地区绝大多数居民信奉的世界性宗教。即使在阿拉伯帝国解体后，在帝国各地基础上建立的政权也几乎全是穆斯林政权。例如，13世纪初奥斯曼土耳其人在中亚细亚兴起，并建立奥斯曼帝国；15世纪末帝国占领整个小亚细亚及巴尔干半岛，将伊斯兰教传入东南欧。16世纪中期帖木儿六世孙巴布尔在印度建立的莫卧儿帝国，其领土达南亚次大陆的整个北半部，确立了伊斯兰教在该地区的统治地位。

伊斯兰教从单一的阿拉伯人的宗教发展成为世界性的宗教，除了伴随政教合一的阿拉伯帝国向外征服战争来实现，同时也伴随着经商交往、文化交流、向世界各地派出传教士等多种途径，从而将伊斯兰教传到非洲、中亚、南亚、东南亚以及中国。

3. 伊斯兰教在中国的传播

在中国，唐代开放的贸易政策吸引了大批穆斯林商人来华，当时在华穆斯林中，商人占绝大多数，其来华次数之频繁，人数之众都是其他来华穆斯林所不及的。从中国古代名港广州、泉州的伊斯兰遗迹中可略见一斑。广州有著名的怀圣寺、光塔、宛葛素墓等，泉州有艾苏哈卜寺、灵山圣墓和众多的 14 世纪穆斯林墓碑石，扬州有仙鹤寺，杭州有凤凰寺，这些遗迹证实了唐、宋、元时期外国穆斯林商人留居广州、泉州和扬州等港口城市。有的穆斯林还在中国娶妻生子，繁衍后代，甚至担任官职，例如宋末泉州市舶使蒲寿庚。这些穆斯林后裔成为中国沿海地区回族的先民。

二、伊斯兰教的经典教义与教派

1. 经典

伊斯兰教的经典是《古兰经》，是穆罕默德在 23 年的传教过程中陆续宣布的"安拉启示"的汇集。"古兰"一词系阿拉伯语音译，意为"宣读"、"诵读"或"读物"，复述真主话语之意。中国旧译作《古尔阿尼》《可兰经》等。《古兰经》共有 30 卷 114 章 6236 节。为了在斋月诵读方便分为 30 本，故在中国民间俗称"三十本古尔阿尼"。除了第 1 章为祷词外，从第 2 章开始，《古兰经》以篇幅从长到短编撰。《古兰经》并不是按时间顺序编撰的，每一章的内容并没有关联性。《古兰经》通常被分为《麦加章》和《麦地那章》两部分，对应穆罕默德不同时期的口述内容。《麦加章》主要内容是穆罕默德在麦加创教时期提出的教义和信条；《麦地那章》是穆罕默德在麦地那时期传示的内容，穆斯林认为《古兰经》是世界上现存唯一的真主的启示录，非常尊重，没有"大小净"（大净，用净水冲洗全身；小净，用净水冲洗部分肢体、器官）的人不得触摸，没有"大净"的人不得诵读。

除《古兰经》外，伊斯兰教还有《六大圣训集》。《六大圣训集》是中世纪伊斯兰教逊尼派圣训学家辑录汇编的有关穆罕默德言行录的6部权威性经典，分别是：《布哈里圣训实录》《穆斯林圣训实录》《艾卜·达伍德圣训集》《提尔米基圣训集》《奈萨易圣训集》《伊本·马哲圣训集》。千百年来，《六大圣训集》一直被奉为仅次于《古兰经》的重要经典。其中所收圣训既是穆斯林信仰和行为的准则，又是法学家依照时代条件和社会的发展变化而随时创制教法律例的经典依据和第二法源。此外，历代伊斯兰教义学家、经注学家、哲学家、历史学家和伦理学家等，也无不结合各自的专业加以应用和奉行，《六大圣训集》已成为伊斯兰教经学和文化遗产的组成部分。

2. 教义

伊斯兰的教义由基本信仰、宗教义务、善行三部分组成。

基本信仰，即六大信仰：信安拉、信天使、信先知、信经典、信后世、信前定。六种信仰确立了至高无上的安拉的权威，《古兰经》中预言了具体详尽的末日审判和天国的幸福以及恐怖万分的火狱的惩罚，万事万物以及人生遭遇命运都取决于真主的意志。这一切都加强了穆斯林对伊斯兰教和安拉的敬畏感和服从心，由此而外化为各种崇拜行为与活动。伊斯兰教逐渐把这些行为与活动规范化、制度化，最后确定为五项宗教义务和修行功课，这就是所谓的五项功课。

宗教义务，即五项功课：念、礼、斋、课、朝。念功，即信仰的表白，是五功之首。所念的主要内容是："万物非主，唯有真主，穆罕默德是真主的使者。"又称为"清真言"。凡穆斯林都必须经常口诵此言。在重要的宗教活动中，穆斯林都要念诵它们，以表明自己对伊斯兰教信仰的虔诚。穆斯林婴儿刚出生时听到的是这段话，临终时说的或由他人代诵的也是这段话，在每日五次的礼拜中也要念诵。礼功，也叫拜功，是穆斯林对安拉表示归顺、皈依、感恩、赞颂、祈求、忏悔的一种规范化宗教仪式。按伊斯兰教的礼仪制度，穆斯林必须每天朝麦加克尔白方向作五次礼拜，在进行仪式前须作"小净"，并保持衣着整洁。每周五午后在清真寺进行集体礼拜，称为"聚礼"。聚礼前必须作"大净"。每年还有"开斋节"、宰牲节两次会礼。斋功，又称为"封斋"或"把斋"。伊斯兰教认为，穆罕默德在九月开始接受安拉启示，所以规定每年伊斯兰教历九月为斋月，这个月每天从日出到日落，除老弱病残孕外，所有穆斯林要戒食和戒色。通过斋月，达到清心寡欲、磨炼意志、防止犯罪的目的，同时也使富有者体验贫苦，进而使人乐善好施。课功，也称天课。穆斯林应按伊斯兰教的规定，缴纳一定数量的宗教税，用于赈济贫苦的穆斯林，或用于修建清真寺。朝功，即朝觐麦加克尔白神庙的一系列宗教活动。根据《古兰经》规定，每个穆斯林，在身体和经济条件允许的情况下，都应在其一生中去麦加朝觐一次，以示对安拉的虔诚。朝觐分为正朝（大朝）和副朝（小朝），在伊斯兰教历十二月上旬在圣地举行的集体朝觐称为正朝，亲身经历大典的穆斯林可获得"哈吉"（朝觐者）的荣誉称号。

善行，指穆斯林必须遵守、履行《古兰经》和先知穆罕默德为人类制定的行为规范与公益义务。

3. 教派

逊尼派、什叶派和苏菲派是伊斯兰教的三大教派。

逊尼派原意为"遵守逊奈者"（"逊奈"一词专指穆罕默德的言行），全称"逊奈和大众派"，自称"正统派"。该派强调穆斯林社团的历史传统，除《古兰经》外，还重视圣训的宗教权威。他们承认最初的4位哈里发是穆罕默德的合法继承人，称为正统哈里发。信徒人数约占全世界穆斯林的85%以上，中国穆斯林绝大多数属于此派。

什叶派。"什叶"，阿拉伯语意为"党人""派别""教派"。此派以拥护穆罕默德的堂弟、女婿阿里及其后裔担任穆斯林领袖伊玛目为其主要特征。后因内部主张分歧，又相继分化出许多支系。人数约占全世界穆斯林的10%。主要分布在伊朗、伊拉克、黎巴嫩、也门、巴林等地区。

苏菲派。苏菲一词是阿拉伯语音译，指"穿羊毛衣的人"，因为早期的许多神秘主义者一心想着内心修炼，对外在的形象不是十分注重，经常穿着羊毛衣，故人们将着这样特殊的衣装者尊称为苏菲，后来人们把这些注重潜意识、直觉和内心体验的人称为苏菲派。该教派兴起于7世纪末，其初期阶段的主要特征为守贫、苦行和禁欲。它既以《古兰经》的某些经文为依据，又深受波斯神秘论的影响，而波斯神秘论又曾经大受印度神秘论和哲学思想的影响。苏菲派在10—15世纪曾在伊斯兰世界盛行一时。当今的印巴次大陆、北非等地，苏菲派思想仍然影响着穆斯林的宗教及日常生活。

三、伊斯兰教文化艺术

1. 建筑

伊斯兰教建筑的主要类型是清真寺。它在伊斯兰教中的地位相当重要，是信仰伊斯兰教的居民点中必备的建筑。清真寺具有多项职能，既是穆斯林沐浴、礼拜和举行宗教仪式的场所，也是穆斯林获得宗教常识和学习教义、教规之处，肩负着宗教教育的使命。在阿拉伯国家，许多清真寺就是著名大学所在地，既是穆斯林欢庆节日、举办婚丧嫁娶仪式和屠宰牲畜的集会场所、服务场所，又是世俗生活里穆斯林的法庭与医院，起到排解民间纠纷、救治伤病和济贫救困的作用，同时也是接待外地穆斯林的旅客之家。因此，清真寺不仅有宗教用途，而且还用作公众集会大厅、宗教教育场所、政治活动论坛、打官司的法庭。

清真寺建筑礼拜殿内不设偶像，仅以殿后的圣龛为礼拜的对象；清真寺建筑装饰纹样不准用人和动物纹样，只能用植物或文字的图形。清真寺的建筑一般包含几个最基本的要素，即：院子、礼拜堂、讲台、沐浴房、宣礼楼等。从清真寺在国外的产生和发展来看，它吸收了当时各民族的建筑风格，如基督教的拜占庭式、罗马式、哥特式以及古代印度、埃及、波斯等建筑的特色，从而形成了众多的流派。

2. 节日、习俗

伊斯兰教在长期的发展过程中，形成了很多富有特色的宗教节日。重要的节日有开斋节、古尔邦节、圣纪等，此外还有登宵节、阿舒拉节、盖德尔夜（平安之夜）、拜拉特夜（赦免之夜）等。

伊斯兰教在生活习俗方面有不少规定，形成独特的伊斯兰文化。在饮食方面，不食猪和不反刍的猫、狗、马、驴、骡、鸟类、没有鳞的水生动物等；不食自死的动物、动物的血；其他一些禁忌包括：戒赌博，禁止制造偶像和画像，禁止吃利息和投机，禁止谋杀、通奸、偷盗、劫掠、欺诈、诬告，违背者将受到惩罚。伊斯兰教规定左手为净手，是专门用手，与人握手或向亲朋赠送物品忌用左手。接受物品或敬茶要用双手、忌用单手。伊斯兰教讲究衣着规矩，提倡衣着要符合自己的社会地位和身份。男子禁止穿纯丝织品制成的衣服、色彩鲜艳的衣服，戴金银饰物。到清真寺做礼拜或参加葬礼则必须戴弁——弁是上小而尖、下大而圆的帽子。绿色是穆斯林所喜爱的颜色。红、白、黑、绿四种颜色称为泛阿拉伯颜色，分别代表穆罕默德后代的倭马亚、阿巴斯、法蒂玛、哈希姆等四个朝代。

穆斯林每日五次，按规定方式礼拜。在每日五次规定的时间（分别在晨、响、晡、昏、宵五个时间）里，世界上所有的穆斯林都面朝麦加的克尔白祈祷。穆斯林在外出旅行过程中，可将祈祷改为每日早晚两次，或每日一次（午后1:30—8:00之间），但面向麦加是不可改变的。星期五，在阿拉伯叫做聚礼日，是一个星期内穆斯林聚会在一起敬祈真主的日子。这一天，旅行在外的穆斯林一般不乘飞机。每年伊斯兰教历九月，穆斯林要封斋一个月（即斋月），斋月期间，穆斯林在日出到日落这段时间不得喝水、进食等，一般情况下，不外出旅行。在这方面，接待穆斯林旅行团的专项要求是：（1）识别麦加方向。穆斯林在外出旅行早晚祈祷时，要认清麦加方向，东盟地区饭店客房的天花板上均有一个箭头指向麦加。国内接待穆斯林的饭店应给客人提供饭店方位、麦加方向的信息。（2）认准祈祷时间。穆斯林是定时祈祷，中国的北京时间与新、马等国没有时差，但在中国境内，还是有时差，如北京和新疆就差两小时，各地清真寺和接待穆斯林团体的饭店应能提供当地祈祷时间的信息。此外，安排参观清真寺，尤其是星期五，最好放在下午，这样客人可就便在清真寺祈祷。（3）大净与小净。穆斯林每年在两次会礼（开斋节和宰牲节）、星期五聚礼日等重要祈祷前要大净（即沐浴）；平时五次祈祷前要小净（即以勺盛水，部分淋洗），接待穆斯林团队的饭店，应在卫生间备一小勺，以供客人小净之用。

第二节　历史时期海上丝路与伊斯兰文化传播之旅

一、概述

伊斯兰教在东南亚地区的传播过程，海上丝路是不可或缺的通道。

历史上伊斯兰教的传播与阿拉伯帝国的对外征服密切相联，以印度为代表的南亚次大陆的伊斯兰教即是通过这种方式来完成的。然而，在东南亚地区，阿拉伯帝国的征服战争从未涉及，伊斯兰教却成为这里最主要的宗教之一，并在一些国家和地区深刻地影响着人们的政治、经济和文化生活，成为该地区民族、国家和社会发展过程中一个十分重要的因素。人们发现，伊斯兰教在12世纪以后虽深入南亚次大陆，穆斯林统治者在14世纪后还长期统治印度，但在次大陆腹心地区，印度教已深入人心，地位已不可动摇，于是伊斯兰教主要在次大陆的两翼发展：西翼在今巴基斯坦，东翼在毗邻缅甸的孟加拉国稳步发展，逐步推进到缅甸西部的阿拉干（今缅甸若开邦）。由于地处海上丝绸之路的交通要道，东南亚地区一些港口城市很早就受到伊斯兰教的影响，但由于本国多神教势力以及佛教和印度教的影响，伊斯兰教在东南亚国家并未产生太大的影响，直到13世纪后才迅速发展起来。在东南亚海岛地区（主要是印度尼西亚和菲律宾南部）和马来半岛，由于同西亚穆斯林国家和印度南部的海上贸易不断发展，以及西亚和南亚的穆斯林商人大量进入这些国家的沿海地区特别是沿海城市，与当地上层结合，使当地原来信奉佛教或印度教的封建主纷纷改宗伊斯兰教，建立起伊斯兰教王国。13世纪末，西印度古吉拉特的穆斯林商人将伊斯兰教带入印度尼西亚群岛。14—15世纪，伊斯兰教通过商人和传教士传入菲律宾南部。马来半岛及邻近地区的马六甲王国在15世纪时已发展成为一个强大的信奉伊斯兰教的国家。

二、阿拉伯人通过经商、传教、通婚等方式传播伊斯兰教

从7世纪中期直到15世纪葡萄牙人兴起之前，世界海上贸易的主权主要

掌握在穆斯林商人手中。发达的交通和丰厚的利润使阿拉伯、波斯和中亚的穆斯林商人，通过海陆"丝绸之路"将伊斯兰教传到非洲、中亚、南亚、东南亚以及中国。伊斯兰教在东南亚地区发展，在传播形式上没有采取像其他地方那样激烈的征战，而是以一种比较平和的方式，穆斯林商人一手提着货物，一手拿着《古兰经》，乘着海船向东方而来。

在伊斯兰教传入东南亚之前，早在公元 5 世纪佛教和印度教就传入东南亚。9 世纪中叶以后，唐朝与东南亚的来往日益频繁，促进了汉文化在东南亚的传播。从历史来看，伊斯兰教传入东南亚是当时中国与阿拉伯海上交通与贸易繁荣的产物，其传播经历了数百年的历史。阿拉伯穆斯林商人最早与东南亚地区的接触可以追溯到 7 世纪中叶，当时许多阿拉伯穆斯林商人乘船经过东南亚海域来华。随其足迹所至，伊斯兰教在东南亚沿海港口的传播是完全有可能的。有史料表明，在 7 世纪时，在中南半岛的占婆以及在苏门答腊的西海岸，伊斯兰教就已经开始传入。

从 8 世纪中叶到 10 世纪初，由于阿拉伯帝国和唐帝国内部发生的变故，导致大批阿拉伯商人和传教士来到东南亚，形成了多个穆斯林定居点，并且开始出现伊斯兰教在东南亚传播的中心，如马来半岛的吉打，苏门答腊的旧港，以及中南半岛的占婆等地，成为穆斯林商人聚居的主要地区，同时也成为伊斯兰教在东南亚传播的中心。可以说，从 8 世纪中叶到 10 世纪末期是伊斯兰教在东南亚传播的一个转折点，穆斯林商人以上述地区作为基地，逐渐向周围地区扩展。他们不仅成为阿拉伯商人在当地的代理商，而且还不断地涉及当地的贸易，特别是与中国以及其他东南亚港口之间的贸易，如在 10 世纪末期后，穆斯林商人的贸易已经开始远及渤泥（今文莱一带）、爪哇等地。

随着东西方海上贸易的发展，穆斯林商人在东南亚的经济力量日益增长；另一方面由于伊斯兰教的广泛传播，在东南亚当地社会的影响力也与日俱增，并且穆斯林逐渐渗入国家政权，获得政治权力。如一些穆斯林商人在当地政权中担任了重要的职务，参与国家的重大事务。更重要的是，部分地区出现了穆斯林建立的地方政权，或者是当地的统治者皈依了伊斯兰教。如 11 世纪占婆宾瞳龙穆斯林建立了首都在佛逝的地方政权；13 世纪时苏门答腊的巴塞、八儿剌也成为伊斯兰教国家。15世纪初马六甲王国的建立及国王拜里迷苏剌皈依伊斯兰教进一步推动了东南亚地区的"伊斯兰教化"的进程。马六甲海峡是东南亚的交通要冲，也是东西方海上贸易的必经之地，在历史上受到多种宗教和文化的影响。东西方商人和西方殖民主义者将印度教、佛教、汉文化、基督教和伊斯兰教传播到这里，使之成为多种宗教文化的集散地。约在14世纪下半叶，该地区已开始引进伊斯兰教法。伊斯兰教地位的确立使马六甲很快就成为中西贸易的中心和伊斯兰教在东南亚传播的中心，伊斯兰教也随着马六甲王国势力的扩展而传播到马来半岛的其他地区：1456年，彭亨成为马六甲帝国的一部分，吉打从1460年开始皈依伊斯兰教，而丁加奴和北大年则是在1474年左右皈依伊斯兰教。

马六甲的伊斯兰化不仅加速了伊斯兰教在马来半岛的传播，而且也推动伊斯兰教在印尼群岛的传播。自13世纪起，伊斯兰教在苏门答腊西北部地区牢固地建立起自己的统治，并通过经商、传教、通婚、移民等方式，逐步向中部和南部内地传播。15世纪中叶，爪哇居民大多数信奉佛教，信奉伊斯兰教的不多。随着印度和波斯商人的到来、定居、通婚，伊斯兰教开始在爪哇传播开来。1478年，具有华人血统的伊斯兰教贤人拉登·巴达率领伊斯兰教联军打败信仰印度教的满者伯夷王朝，建立了爪哇岛上的第一个伊斯兰教国家——淡目王国。淡目王国是当时印尼群岛最强大的国家，它的势力曾扩张到印尼的各个主要岛屿，使整个印尼群岛都处于伊斯兰教的影响之下。15世纪末，伊斯兰教在爪哇已成为占统治地位的宗教。在15世纪中后期到16世纪初期，在马六甲、苏门答腊、爪哇的影响下，印尼群岛西部婆罗洲的渤泥，东部的班达群岛和安汉以及摩鹿加群岛上的重要国家德那地、蒂多雷的国王，都先后皈依了伊斯兰教。至16世纪，印尼诸岛全面伊斯兰化。

伊斯兰教在东南亚海岛地区的迅速扩张不仅是穆斯林世界政治、经济势力崛起的结果，而且也是对欧洲基督教势力向东扩张的回应。1511年葡萄牙人攻陷马六甲是东南亚历史发展的重要转折点，它标志着欧洲的政治、商业、军事、宗教文化势力开始全面入侵东南亚。葡萄牙人的全面入侵激起了穆斯林的反抗，加速了伊斯兰教的传播。在马六甲沦陷后不久，马来半岛和印尼群岛上的许多小国都相继伊斯兰化，如苏吉丹那、马辰、安汉、万丹、马打兰等。16世纪后伊斯兰教在东南亚地区，特别是在爪哇岛的迅速传播还应归功于伊斯兰教国家亚齐的建立，亚齐自1524年建立后，就成为16乃至17世纪伊斯兰教传播到印尼群岛的一条主要通道，并取代马六甲成为伊斯兰教在东南亚的中心。

在菲律宾，10世纪时已经有穆斯林商人在菲律宾南部群岛出现，但总体上讲，菲律宾南部群岛的伊斯兰化相对滞后于东南亚海岛的其他地区。伊斯兰教最先传入的是菲律宾苏禄群岛的布万沙地区，约在13世纪末或者14世纪初期，在苏禄岛的和乐地区出现了穆斯林的聚居地。1450年，来自苏门答腊的巨商娶当地苏禄女子为妻，建立苏禄苏丹国。得益于与苏禄、渤泥以及德那地等伊斯兰国家的联系，伊斯兰教随后也传入菲律宾南部以马京达瑙为中心的棉兰老岛。1475年，阿拉伯人谢里夫·加本斯旺率众到棉兰老岛传教，并与当地土著联姻，建立苏丹国。总体来看，伊斯兰教的广泛传播与苏丹国家的建立推动了菲律宾南部地区的伊斯兰化。不仅伊斯兰教的风俗习惯得到普遍推广，而且伊斯兰教社会的政治法律、文化教育、经济社会制度在菲律宾南部群岛也逐步建立起来，如他们禁食猪肉，为成年男子施行割礼，允许一夫多妻，学习阿拉伯文，建立伊斯兰教的学校，学习《古兰经》，采用伊斯兰教纪年，使用奴隶劳动制度以及实行伊斯兰教法等。

三、郑和下西洋与伊斯兰教在东南亚地区的传播

伊斯兰教在13世纪末开始传入苏门答腊岛，至15世纪在马来半岛迅速传播并在16世纪逐渐取得统治地位。15世纪的前30年，即1405—1433年间，海上丝绸之路出现了中国乃至世界航海史上的伟大壮举——郑和下西洋。郑和下西洋以前，伊斯兰教在南洋刚开始传播，信奉者很少。出身回族世家、自幼受伊斯兰文化熏陶的郑和及其穆斯林随从所到之处，不仅密切了明朝与东南亚诸国的经贸和外交关系，同时客观上对弘扬和传播伊斯兰教起到了促进作用。

爪哇在13世纪末出现伊斯兰教，但影响较小。根据爪哇岛三保太保公庙

内关于郑和第一次下西洋到爪哇后当地纷纷建立清真寺的大量资料，可以认为爪哇的伊斯兰教是从中国而且主要是通过郑和下西洋传入的。郑和在爪哇的活动对当地文化产生深远影响，爪哇逐渐从佛教占统治地位过渡到伊斯兰教占统治地位。16世纪初信奉伊斯兰教的淡目王国消灭佛教王国满者伯夷，其势力逐渐扩大到井里汶、雅加达和万丹等地，使伊斯兰教的势力扩展到整个爪哇岛。至今爪哇民间仍流传着一些郑和在这里传教的传说。

郑和一行人在南洋留下深刻印记的第二个地方是马六甲，中国史书称之为满剌加。在郑和下西洋之前，满剌加尚未正式立国，没有国王，只有酋长掌管，并受暹罗国（今泰国）的控制与欺凌，每年向暹罗纳贡。1409年郑和第二次航行时来到暹罗和满剌加，一方面对暹罗提出警告，一方面为满剌加酋长拜里迷苏剌举行命名封王仪式，使后者成为满剌加国第一任国王，并接受明朝政府赐予的"双台银印，冠带袍服"，之后暹罗莫敢侵扰。不仅如此，郑和还为其建造具有伊斯兰风格的宫室及从事伊斯兰宗教活动的居所。或许是出于对郑和及明朝的感激，满剌加国王拜里迷苏剌改信伊斯兰教，改称号为伊斯坎达尔·沙，并自上而下推广伊斯兰教，满剌加的伊斯兰化已基本完成。郑和使团翻译马欢看到的"国王、国人皆从回回教门"，反映出满剌加在郑和船队帮助下获得独立后，伊斯兰教在这个南洋国家兴盛起来的情景。强大的满剌加穆斯林王国兴起后，加速了整个东南亚的伊斯兰化。

总之，郑和下西洋，在实现"宣德化、柔远人"的外交目标过程中，借助宗教尤其是伊斯兰教在沿途国家成功实现"软着陆"，最终与30多个亚非国家缔结友好关系。尽管传播伊斯兰文化不是郑和下西洋的外交目的，但"伊斯兰因素"却成为郑和船队成功"软着陆"的重要动因。

四、伊斯兰教在东南亚地区和平传播的原因

早在伊斯兰教传入东南亚之前的10多个世纪，佛教、婆罗门教、道教、儒教等外来宗教早已捷足先登，在东南亚广泛传播，发挥着重要的影响。此外，在东南亚各国的几乎所有边远地区都存在着各种部落原始宗教。13世纪后期，伊斯兰教在来自印度、中东的穆斯林商人和传教士传入苏门答腊岛北部

之后不久，就在马六甲、亚齐、渤泥、淡目、望加锡等地建立了传教中心，并向周围地区扩散。在两个多世纪内，便迅速传播到马来半岛、爪哇岛、香料群岛、加里曼丹岛以及菲律宾群岛南部，基本上使东南亚海岛地区都实现了伊斯兰化，从而大大改变了东南亚的宗教分布格局。

伊斯兰教之所以能迅速传遍东南亚的绝大部分海岛地区，有多种多样的因素。既有外在因素如传播途径和方式的多样化、原先称雄当地的佛教的衰落、新兴的沿海小国对新的外来宗教的开放态度等，也有内在因素即伊斯兰教本身。

第一，当时流行的伊斯兰教苏菲派神秘主义在当地社会引起共鸣。苏菲派的教义和实践中包含着印度文化和原始宗教的成分，它们与东南亚海岛地区原来流行的婆罗门教、佛教及原始宗教有相似或相通之处；同时伊斯兰教基本教义宣扬的今生和来世并重、在安拉面前人人平等等内容，较之婆罗门教和佛教的教义更有吸引力和兼容性。对于早已深受印度婆罗门教和佛教文化熏陶的东南亚海岛地区来说，容易接受原本就不陌生的思想，因而当地社会很快摈弃婆罗门教和佛教，皈依伊斯兰教。

第二，伊斯兰教的基本教义对东南亚本地社会具有广泛的包容性和吸引力。首先，伊斯兰教教义总的出发点和归宿是为了获得理想的、永恒的幸福而归顺安拉。它既讲来世，也讲今生；既论述人间的弊端、世道的不公，探讨摆脱不幸、烦恼与苦难的途径和方法，同时又肯定现实的人生和世界，鼓励人们追求今世的幸福与来世的永恒，或在今世通过自己的行为选择未来的道路和归宿。这种既注重今生也注重来世的教义显然比当地原本只注重来世的佛教和婆罗门教教义更实际，因而更为容易被广泛接受。其次，伊斯兰教提倡以兄弟情谊对待教胞，强调社会的公正、平等和正义。这种思想比婆罗门教所主张的种姓等级制更有包容性，能够把不同阶层、不同职业的人都团结到一种共同的信仰中。

第三，经济和政治利益发挥着根本性的作用。在经济方面，作为受播伊斯兰教的东南亚诸国，主要经济收入来自海上贸易，为了吸引穆斯林商人，他们采取保护伊斯兰教的姿态；加之来自阿拉伯和印度的伊斯兰传教士和学者在当地的活动，到处兴建清真寺和学校，教授当地人念诵《古兰经》，提高和扩大了伊斯兰教的影响，从而导致该地区的伊斯兰化。在政治方面，在伊斯兰教传入东南亚之前，该地区处于分裂或信奉佛教的暹罗国的控制之下。为了摆脱暹罗国和满者伯夷的统治，争取独立，伊斯兰教不自觉地充当了当地人团结起来反抗信佛教的暹罗的一面旗帜，促进了伊斯兰教在东南亚的传播。

五、东南亚地区伊斯兰教的特点

首先，东南亚地区伊斯兰教的分布和发展不均衡。这种状况既存在于整个东南亚地区，也存在于某些国家内部。在印尼，苏门答腊岛和爪哇岛的伊斯兰化程度要比巴厘岛、马鲁古群岛和伊里安岛要强一些；而在同样的岛屿或省份，沿海地区的伊斯兰化程度一般要比内地要强一些。在马来西亚，西马的伊斯兰化程度就要比东马更强一些；但具体到伊斯兰政党活动的地区方面，则又是西马（特别是吉兰丹和吉打州）更为突出。从民族分布上来说，伊斯兰教主要流传于马来人、摩洛人以及外来的穆斯林移民及其后裔上，而其他民族信仰伊斯兰教的人口则相对很少。可以看出，东南亚地区的宗教信仰在某种程度上存在着以民族（种族）来划分的现象。实际上，马来人也将伊斯兰教看作是"自己的宗教"，而将其他宗教看作是"别人的宗教"。从伊斯兰教与国家政治的结合程度来看，东南亚各国也存在差异。对印尼、马来西亚两国来说，无论是从其国家独立进程，还是从其现在国内政治斗争中来看，伊斯兰教都在其中起着重要的作用。伊斯兰教在马来西亚和文莱两个国家享有国教的地位。虽然印尼是世界上穆斯林人口最多的国家，但伊斯兰教并不是其国教。在其他国家，伊斯兰教只是国内多种宗教之一。东南亚伊斯兰教这种分布和发展的不均衡，与伊斯兰教在东南亚地区的传播方式和途径、原有宗教发展状况、国家政策以及社会制度等诸多方面因素有关。

其次，东南亚地区的伊斯兰教除遵循基本的伊斯兰教的教规教义外，还在某些方面保持着某种本地特色。在东南亚，伊斯兰教教规在通常情况下并不像在北非和印度，更不像中东那样为信徒们严格遵守，多数信徒也没有履行严格的"五功"，有不少的人可以说是"名义上的穆斯林"。东南亚地区的一些与伊斯兰教教义相违背的传统，如舞蹈、绘画、雕塑、建筑风格和皮影戏等仍然大量得以保留；抽烟、饮酒、斗鸡等习俗仍然在许多地方不同程度地存在着，只不过这些东西在某种程度上被伊斯兰化了。例如，按照国外学者的观点，印度尼西亚信仰伊斯兰的爪哇人至少可以分为两大宗教团体："阿班甘"（名义上的穆斯林）和"桑特里"（虔诚的穆斯林）。估计前者约占爪哇人的30%，后者约占60%或者更多。很多政府阶层和军队将军都是名义上信仰伊斯兰教。"阿班甘"既崇拜真主，也信奉其他圣灵和魔力，包括一些印度教神。

第三，东南亚的伊斯兰教在印尼、马来西亚、文莱和菲律宾的政治性很强，而在其他国家的政治舞台上则相对较弱。在马来西亚和文莱，作为国教的伊斯兰教已经深深地打上了政治的烙印。马来西亚的回教党已经成为国内最大的反对党，国家元首由苏丹担任，伊斯兰教选民和教界是任何一个政党竞选时必须争取的对象。印尼与马来西亚有共同点，但也有自己的特色。从印尼独立后半个多世纪的发展历程中可以看出，从较早的关于是以伊斯兰教立国还是以"建国五基"立国的争端，到近来亚齐的独立分离运动，无一不与伊斯兰教有着密切的关系。印尼的国家领导人及其领导的政党、集团，从来就没有忽略过伊斯兰教在这个穆斯林人口最多的国家中的作用。根据印尼"建国五基"的原则，印尼政府对待伊斯兰教的态度有一个共同点，即对伊斯兰教既利用又在某种程度上加以约束。伊斯兰教的政治性直接导致了伊斯兰教成为印尼、马、文等国政治经济文化发展过程中的重要因素，这种状况也在一定程度上影响着其他的东南亚国家。

第四，伊斯兰教对东南亚国家的影响具有局部的、有限的和次重要的特点。除去中南半岛的几个国家不说，印尼、马、文和菲等伊斯兰教力量较强的国家的情况也可以说明这一点。从国内来说，印尼、马两国政府对伊斯兰教一贯采取既利用又适当限制的立场，由伊斯兰教引发的矛盾和斗争在通常情况下并非首要的国内矛盾，往往是在宗教的名义下隐含着更深层的政治和经济因素。伊斯兰教权主义的思想在东南亚从来没有产生过较大的影响，即使在印尼、马两国也从来没有实行过政教合一。从整个东南亚伊斯兰圈的角度来说，区域内的伊斯兰教界来往和联系较少，没有形成区域性的伊斯兰组织和活动，没有形成一种跨国的宗教性的力量，对区域内国际关系一般没有造成大的影响。从世界范围内的伊斯兰圈来说，东南亚的伊斯兰教只属于伊斯兰世界的次要区域，虽然近现代伊斯兰复兴运动的浪潮对东南亚地区也有所冲击，但高潮不在这里，只属于复兴运动的辐射区域，也没有泛起大的波澜。印尼、马、文三国都是伊斯兰国家政府组织——"伊斯兰会议组织"的正式成员，但一般都处于次要地位，它们与中东地区伊斯兰核心国家的交往包括经济技术援助、朝觐等宗教活动，以及支持巴勒斯坦解放事业等。总的来说，目前东南亚地区的伊斯兰运动还处于比较温和和有限度的阶段，极端的宗教激进主义在这里并不受欢迎，甚至某些伊斯兰教政党和组织要求实施更为严格的伊斯兰教教规都会引起反对和非议。

六、伊斯兰教在广州的传播和发展

伊斯兰教在中国旧称回教、回回教、回回教门、清真教、天方教等，在唐朝最初由海上丝绸之路传入中国。当时的阿拉伯帝国被中国称为大食，"大食与中国正式通使，确自唐永徽二年（651年）始。广州北门外有斡歌思墓，回教人认为始至中国之人，……此墓当亦为永徽三年所建。"当时两国经济繁荣，商业往来频仍，阿拉伯与波斯商人主要以海上丝绸之路前往中国，故大多聚集在东南沿海的广州、泉州、扬州、杭州等，卖出其运来的香料、象牙、药材、珠宝，带回中国的丝绸、瓷器、茶叶等，故海上丝绸之路亦为海上香料之路。这些来华的商人被称为蕃客、商胡、胡贾，大多成为侨寓的"住唐"，并在华婚娶相通、娶妻生子，形成新的混血民族，并使这些民族以伊斯兰教作为其民族信仰。

伊斯兰教在广州的传播，前期（唐、宋、元时期）主要借助于海上丝路。唐代的广州是海上丝绸之路的主要港口，外商云集，尤以阿拉伯、波斯商人为多。他们当中有不少人是伊斯兰教徒。商泊广州，聚居在古珠江河畔，位于现今光塔路周围。时称该地为"蕃坊"，聚居的外商称"蕃客"。据史载，蕃坊内有清真寺一间，教长一人。唐朝廷在蕃客中选任一人当"蕃长"，负责处理蕃客争讼。唐贞观年间（627—649年），阿拉伯伊斯兰教士阿布·宛葛素携《古兰经》30 册经波斯、印度东行至广州传教，在广州的外国人聚集区建立了中国第一间清真寺——"怀圣寺"，宛葛素也被称为先贤，归真后葬于今越秀区解放北路兰圃附近，其墓被称为"清真先贤墓"。

进入宋代，中国对外贸易更发达，蕃坊一如唐制，蕃客比唐代更多，且更富有。一个阿拉伯巨富名辛押陀罗，久居广州，财力雄厚，曾向知府申请自己出资兴建广州城，未被接纳。蕃客中，既有携同妻女来华定居，或娶华妇为妻，长期居留的；也有在华担任官职的，如蒲玛咕阿一家，南宋时期入居广州，住蕃坊内玳瑁巷，子孙四代，全用阿拉伯语命名。蒲氏家族是当时广州伊斯兰教的名门望族，其第二、四两代子孙，曾为保护维修光塔作出过贡献。

元代中国对外贸易的首要海港，已被泉州所取代。原住广州的阿拉伯、波斯商人大量东迁，蕃坊的蕃客已逐渐减少。至正三年（1343 年），怀圣寺毁于火。至正十年（1350 年），由浙江省官员来穗主持重建。当时有萨都拉等 17 家留在广州，看管怀圣寺及回回坟（今清真先贤古墓）。

综观唐、宋、元三代，广州伊斯兰教的特点是：教徒以外国侨民为主，分布集中在蕃坊。进入明代，情况逐渐转变。北方各省的穆斯林大量南下广州，使广州伊斯兰教从侨民的宗教发展成为回族人民传统信仰的宗教，为广州伊斯兰教发展开创一个新局面。

明代来粤的穆斯林主要是来自北方的将士，因平叛立下战功，奉令留戍广州，分驻大东营（今芳草街）、小东营（今越华路小东营）、西营（今光孝路）、竹筒营（今解放北路）四个据点（时称"四卫"）。清兵进入广州以后，穆斯林择南门临濠一带居住，在现今濠畔街和大南路一带不断集中，重建濠畔寺和南胜寺，使当时广州的清真寺达到 4 座。可以说明代是广州回族社区形成的初创期，有了比较固定的地缘、人口和社区文化活动场所；而清代正式奠定了广州穆斯林社区的大致轮廓，4 座清真寺作为维系广州伊斯兰文化血脉的象征符号，一直延续到今天。

第三节 当代海上丝路与伊斯兰文化之旅

一、东南亚国家伊斯兰教分布概况

伊斯兰教传入东南亚以后，经过几个世纪的发展，当代东南亚10个国家中大约有穆斯林人口超过2亿，约占东南亚地区总人口的40%，约占穆斯林世界人口总数的20%。其中，印度尼西亚的穆斯林最多，约为1.82亿，是世界上穆斯林人口最多的国家。其次是马来西亚，超过1300万。文莱的穆斯林占全国人口比重也近70%。其余国家穆斯林相对比例较小，缅甸、菲律宾和泰国的穆斯林不到各自总人口的10%，但由于全国人口基数相对较大，故穆斯林人口也有200万—300万。详见表1。

表1 东南亚穆斯林人口现状

国家	穆斯林人口（百万）	全国人口（百万）	占全国人口比例（%）
印度尼西亚	182.7	210	87
马来西亚	13.75	22.18	62
缅甸	3.84	48.12	8
菲律宾	3.82	76.4	5
泰国	2.15	61.5	3.5
新加坡	0.48	3.20	14.9
文莱	0.21	0.31	68
柬埔寨	0.21	11.9	1.8
老挝		4.8	
越南		76.9	
合计	207.16	515.31	40.20

资料来源：卢光盛. 东南亚的伊斯兰教：现状与特点 [J]. 南洋问题研究, 2001, (03): 46-52.

总的来说，东南亚地区穆斯林大部分分布在北纬10°以南的地区。这一分布状态与伊斯兰教在本地区的传播路线有密切关系，即在东南亚西部和沿海地区（除越南和菲律宾外）的穆斯林较为集中，中南半岛地区的穆斯林人口却相对较少，其中一个主要原因就是在伊斯兰教传入这个地区时佛教已经占据了绝对优势的地位。印度尼西亚的穆斯林主要分布在苏门答腊岛、爪哇、加里曼丹岛和苏拉威西岛，而巴厘岛、帝汶岛和伊里安岛的穆斯林则较少，马鲁古群岛的穆斯林大约占45%。马来西亚的穆斯林在西马和东马都有较大的分布，相对在东马更为集中。新加坡和文莱的穆斯林遍布全国。菲律宾的穆斯林主要是摩洛人，他们集中在南部的苏禄、拉瑙、哥打巴托、三宝颜和达沃等省。泰国的穆斯林也主要集中在南部的一些省份，在那拉提瓦（陶公府）、北大年、也拉和沙敦四府穆斯林占其人口的70%以上，中部和北部的穆斯林则很少。缅甸的穆斯林人口主要分布在缅孟边境的若开邦和钦邦，在仰光、曼德勒等大城市也有不少穆斯林。少量的柬埔寨穆斯林则主要分布在洞里萨湖南岸、磅湛和沿海地区的占族人聚居地。从信仰的种族来说，印度尼西亚、马来西亚、文莱和新加坡四国的穆斯林绝大部分是马来族。可以说，这四个国家的宗教划分基本是建立在民族（种族）的基础上的。马来人信仰伊斯兰教，华人则信仰佛教、道教、基督教或无宗教信仰，很少有华人信仰伊斯兰教。巴基斯坦人及部分印度人的移民及其后裔也信奉伊斯兰教。泰国和菲律宾的穆斯林也几乎全是马来人。缅甸穆斯林的民族分布较广，缅、孟、克伦和克钦等多个民族都有穆斯林，缅甸的印度人、孟加拉人和巴基斯坦人以及部分中国移民及其后裔也信仰伊斯兰教。东南亚地区的穆斯林绝大部分属于逊尼派，属于什叶派的只占极少数。目前，瓦哈比派学术和伊斯兰现代主义思潮在东南亚地区也有所流传。

二、东南亚国家伊斯兰教旅游资源

在东南亚主要伊斯兰国家中，都拥有包括伊斯兰教活动场所在内的丰富旅游资源。据统计，印度尼西亚全国各岛屿上，有60万座大小清真寺，仅雅加达一地就有清真寺1000多座,小礼拜寺4000多座。马来西亚有数千座清真寺以及著名的马来西亚国家清真寺和马来西亚国际伊斯兰大学。菲律宾有200—300座清真寺,1000多所经文学校。新加坡约有100座清真寺,30所伊斯兰学校。泰国约有清真寺3000多座,200多所伊斯兰学校。柬埔寨的清真寺自20世纪70年代后穆斯林大量的外迁以来,清真寺数量大为减少,目前尚存数十座。缅甸有2500多座清真寺。这里仅以东南亚地区穆斯林占其国内总人口比例最多的印尼、马来西亚、文莱为例。

印度尼西亚无国教,全国约87%的人口信奉伊斯兰教,是世界上穆斯林人口最多的国家。印尼是全世界最大的群岛国家,疆域横跨亚洲及大洋洲,有"千岛之国"的称誉,也是多火山多地震的国家。由于地处海上交通要冲,印尼悠久的历史始终与海上丝路关系非常密切。印度教、佛教、伊斯兰教、基督教等宗教先后通过海上丝路传到这里。13世纪末,伊斯兰教进入印尼后广泛传播。16世纪末,印尼各主要岛屿兴起较为强大的穆斯林王国。爪哇有马打兰和万丹,苏门答腊有亚齐,其中以农业为基础的马打兰最为强盛。16世纪西方殖民者纷纷来到东南亚地区,直到1619年荷兰政府批准成立的具有政府职权的联合东印度公司占领雅加达(改名为巴达维亚),开始了对印尼350多年的殖民统治。1942年日本占领印尼,1945年8月17日印尼宣布独立,成立印度尼西亚共和国。印尼是一个旅游资源极其丰富的国家,得天独厚的地理位置,优美的自然环境,丰富的海洋、火山与湖泊等自然景观,素有"热带宝岛"之称;遍布各地的名山古刹,以及多姿多彩的民间文化,使印尼在发展旅游业方面有着许多其他国家无法相比的长处和优势。印尼旅游业虽然起步较晚,但20世纪70年代中期以来发展迅速,外国游客和旅游外汇收入与年递增。旅游业的快速发展,不仅为国民经济建设带来了大量的外汇收入,还促进了相关产业的发展,尤其是为商业、酒店业以及旅游商品的生产带来生机。旅游业已成为印尼国民经济的一项支柱产业。由于印尼人绝大部分信仰伊斯兰教,伊斯兰教在印尼宗教社会生活中起很大作用。在饮食方面,绝大部分居民不吃猪肉,而是吃牛羊肉和鱼虾之类。首都雅加达市中心的伊斯蒂拉尔清真寺是东南亚最大、最华丽的清真寺,可容纳10万余人。坐落在雅加达中心区老子街的老子清真寺是目前印尼唯一一座由华裔主持的清真寺；位于泗水（印尼第二大城市）嘎叮街的郑和清真寺，是印尼第一座用明朝三保太监郑和名字命名的清真寺。

在马来西亚，宪法规定伊斯兰教为国教，保护宗教信仰自由。这是一个新兴的多元化经济国家，经济在1990年代突飞猛进，为"亚洲四小虎"国家之一。旅游业是马来西亚的第三大外汇收入来源，旅游资源十分丰富，阳光充足，气候宜人，拥有很多高质量的海滩、奇特的海岛、原始热带丛林、珍贵的动植物、千姿百态的洞穴、古老的民俗民风、悠久的历史文化遗迹以及现代化的都市。就自然资源而言，这里是世界上最大的天然橡胶、棕榈油及锡的出产国，也是优质热带硬木、宝石及天然气的重要出产国；此外，还盛产可可、胡椒、椰子等热带经济作物；渔业资源也丰常丰富，除各种鱼类外，马来西亚海岸还产龙虾。马来西亚的国花为扶桑花，此外还有种类繁多的兰花，除了人工栽培的以外，生长在深林幽谷与高原上的野兰则更为珍贵。原始森林中，栖息着濒于绝迹的异兽珍禽，如善飞的狐猴、长肢棕毛的巨猿、白犀牛和猩猩等等，鸟类、蛇类、鳄鱼、昆虫等野生动物数量也很多，例如蝴蝶，在马来西亚就有2000种以上，色彩艳丽，其中不少是珍品。兰花、巨猿、蝴蝶被誉为马来西亚的三大珍宝。全国划分为4个旅游度假区，即吉隆坡—马六甲旅游区、东部海岸旅游区、槟榔屿—兰卡维旅游区、沙巴—沙捞越旅游区。重点开发生态旅游、农业及农宿旅游、教育旅游、保健旅游、体育旅游、购物旅游、海洋旅游、会议旅游和宗教旅游9个领域的旅游产品。其宗教旅游主要与伊斯兰教有关。公元10世纪传至马来西亚的伊斯兰教，经过长期发展，于14—15世纪在马来半岛奠定根基。15世纪初以马六甲为中心的伊斯兰国家满剌加王国统一马来半岛大部分地区。伊斯兰文化对马来人产生了深远影响。16世纪以后，随着西方殖民主义者侵入，马来半岛相继沦为殖民地，西方基督教传教士以军事、经济实力为依托，大力传播基督教和西方文化，进行文化殖民。当地穆斯林为抗击侵略者进行长期的斗争，终于在第二次世界大战之后取得胜利，建立起独立的伊斯兰国家。马来西亚的伊斯兰胜迹多以清真寺的形式出现。清真寺不以大取胜，造型上也基本中规中矩，最大的特色在于清真寺的配色，不但颜色丰富多彩而且极为大胆，就像一场时装秀，把一座座原本单调枯燥的建筑打扮得生动起来，让人忍不住品头论足。大的清真寺主要分布在每个州的州府或者苏丹居住的皇城，并且都以当地苏丹命名。首都吉隆坡有著名的国家清真寺、粉红清真寺、伊斯兰艺术博物馆等伊斯兰建筑。

文莱，又称文莱伊斯兰教君主国，位于加里曼丹岛西北部，北濒中国南海，东、南、西三面与马来西亚的沙捞越州接壤，并被沙捞越州的林梦分隔为不相连的东西两部分。它是世界上最富有的国家之一，也是高福利国家。文莱古称渤泥。9世纪，文莱被苏门答腊室利佛逝王国征服，后又恢复独立。14世纪末，文莱被爪哇的麻喏巴歇王国占领，沦为附属国，当时的居民多信佛教。与此同时，来自印度、阿拉伯和波斯的穆斯林商人已在沿海地区进行贸易。15世纪初，马六甲苏丹国兴起后，文莱依附该国，并将伊斯兰教传入，贵族和商人多改奉伊斯兰教。15世纪中叶，国王改称苏丹，信奉伊斯兰教，建立政教合一的苏丹国，并宣布脱离马六甲国而独立。苏丹推行伊斯兰教法，设立教法官，建清真寺和宗教学校，传播伊斯兰文化。16世纪初，在第五世苏丹博尔基亚执政时，国势昌盛，经济发展，伊斯兰教文化得到广泛传播。该国版图除加里曼丹岛外，还占领了苏禄群岛，并远征爪哇、马六甲、吕宋等地，史称"黄金时代"。16世纪末，葡萄牙、西班牙、荷兰、英国等西方殖民主义相继入侵，国土屡被分割，加之王室内讧，国势转衰。1888年沦为英国保护国。1941年被日本占领。1946年再度沦为英国保护国。1984年1月文莱宣布完全独立为君主立宪制国家。文莱宪法规定，伊斯兰教为国教，实行君主立宪制，苏丹为国家元首，拥有行政权，规定在进行现代化建设的同时必须保持伊斯兰教原则。伊斯兰教在文莱政治生活中占有重要地位，苏丹下设由伊斯兰教高级学者组成的宗教理事会，协助苏丹领导宗教。政府为清真寺、宗教学校和印刷出版伊斯兰经籍设有宗教基金。全国设有伊斯兰教法院，处理宗教和民事诉讼。政府的高级官员大多由穆斯林担任。设有几所宗教学校，培养教职人员，并派留学生到马来西亚、印尼、巴基斯坦、埃及等国家的宗教大学学习。文莱穆斯林属逊尼派，奉行哈乃斐法学派教法。文莱注重加强同世界伊斯兰国家的友好联系，并派出代表参加世界伊斯兰组织召开的会议，为"伊斯兰世界联盟"和"伊斯兰发展银行"组织的成员国。文莱拥有丰富的旅游资源。在自然旅游资源方面，文莱沿海为平原，内地多山地，西部多沼泽，森林占总面积3/4，形成了独特的旅游资源。在人文旅游资源方面，文莱有浓郁的伊斯兰风情，清真寺成为这个国家最重要的建筑。首都斯里巴加湾市有文莱最大的皇家清真寺——哈桑纳尔·博尔基亚清真寺，里面有国王收藏的各种各样的《古兰经》，包括世界最大的《古兰经》手抄本，也有最小的《古兰经》，小到要用显微镜才能看清。

三、当代海上丝路沿线伊斯兰文化之旅

1. 中国与东南亚伊斯兰国家的双向旅游交流与合作

在当代，伊斯兰国家是全球争相吸引的重要客源市场。随着伊斯兰国家和地区经济社会的发展，民众出境旅游需求持续旺盛，出游比例持续扩大。据统计，穆斯林民众年出境旅游人数为1亿人次。根据预测，到2020年全球穆斯林游客年出境旅游人数将达1.5亿人次，旅游消费将超过1900亿美元，占全球旅游总消费的13%。

中国与东南亚国家互为重要的旅游客源市场。就穆斯林旅游市场来说，中国拥有数量不少的穆斯林，如按穆斯林人口的多少排列，我国穆斯林人口紧跟穆斯林人口第一大国印尼之后，排行第二，有回、维吾尔、哈萨克、乌孜别克、塔吉克、塔塔尔、柯尔克孜、撒拉、东乡、保安等10个民族几乎全民信奉伊斯兰教，其中最大的是回族，是早年阿拉伯和波斯的穆斯林商人与旅行家来中国并定居后形成的。随着国家经济的发展，中国公民出境旅游正在兴起，越来越多的穆斯林已经或要求出国旅游。面对这样一个颇具规模的特定市场，开发穆斯林出入境旅游产品，将会吸引越来越多的境外穆斯林来华旅游，与所到地的穆斯林交流，从而促进更多中国穆斯林往东盟甚至更远的地方旅游。东南亚伊斯兰国家的旅游部门正在大力发展伊斯兰旅游业，吸引更多外国穆斯林游客，提振国家经济。例如，印尼正在通过打造新产品、提升服务质量、加强宣传推广等方式吸引更多中国游客，目标是年内实现吸引包括穆斯林在内的210万人次中国游客赴印尼旅游。同时，印度尼西亚当局已经出版旅游册子，

将印尼包装成"亲穆斯林的旅游地",强调全印尼有60万座清真寺;计划将与巴厘岛毗邻的龙目岛(Lombok)发展成伊斯兰旅游的重点景区,在岛上辟设一个伊斯兰中心,建设清真寺、酒店和进修中心,并为导游提供特别培训,以便在靠近祷告时间时,为游客指引最近的清真寺。

中国同样重视东南亚的穆斯林旅游市场。对穆斯林客源市场的重视,绝非中国旅游从业者的一厢情愿,阿拉伯国家和伊斯兰地区的旅游界普遍认为中国开发国际穆斯林旅游市场大有可为,期待中国能够更好地提升接待穆斯林游客的软环境,比如马来西亚、印尼的很多穆斯林吃饭都习惯用手抓,到点必须做礼拜,这些都是吸引东南亚穆斯林游客的重要因素。穆斯林之所以喜欢中国,一是"差异产生吸引"。中国历史悠久、国土辽阔、文化多姿多彩、生态丰富多样,古老的神奇与现代化魅力交相辉映,特别是独具魅力的数十项世界遗产和非物质文化遗产,深深吸引着每一位游客。二是"共鸣产生情感"。中国有丰富的穆斯林旅游资源。中国穆斯林人口超过2000万,拥有清真寺3.4万座。中国有多个穆斯林人口聚居区,与伊斯兰国家宗教相同,习惯相近。穆斯林游客到中国旅游,他们宗教和习惯的需求都能得到满足,能吃到清真的餐饮,找到朝拜场所,买到特色的旅游商品。中国民众与穆斯林游客之间有很强的相互认同和亲近感,在中国民众的眼中,都将穆斯林游客当作兄弟、姐妹。三是为扩大与穆斯林民众的交往,中国正致力于改善旅游基础设施,提升旅游服务水平。国家旅游局已连续多年在东南亚等重点穆斯林客源地开展旅游宣传推广活动。台湾、香港等地旅行商正在积极寻觅穆斯林旅游商机。台湾观光协会已经把穆斯林游客当作重点客源,因为穆斯林团队不仅消费能力强,而且受教规约束很有规范性。目前台湾的穆斯林餐厅基本可以覆盖环岛旅游所有线路,一些旅行社还专门配备了穆斯林导游,为游客吃饭住宿、做礼拜提供便利。

在大陆,虽然近年来穆斯林旅华市场逐步扩大,但和欧美发达国家相比,中国穆斯林游客接待量还很小,穆斯林接待标准体系建设还有差距,在穆斯林旅游产品设计和服务提供上还需下功夫。正因如此,国家旅游局驻新加坡办事处曾与专业调研公司合作,为准确把握市场动向,开拓穆斯林旅华市场，开展"东南亚国家穆斯林游客赴华旅游市场调查"，就穆斯林游客来华旅游的市场特征、信息获取渠道、出行方式、采购途径等进行分析，为业内人士经营决策提供了参考。与此同时，国家旅游局已连续多年推动穆斯林专项旅游产品的开发，每年组织部分省区市旅游部门去穆斯林人口聚居的东南亚、中东地区宣传促销。地方旅游部门也在不断优化穆斯林旅游环境，宁夏回族自治区已开始编制包括餐饮、饭店基础设施、服务设施、服务流程等在内的清真认证标准体系，以多项便利化措施服务穆斯林游客，走在中国各地前列，得到各国穆斯林的称赞。2009年，桂林市旅游局根据马来西亚、印度尼西亚等国家穆斯林人口多、潜在市场广等特点，组织桂林主要景区和多家旅行社，以及不断完善接待穆斯林客人设施设备的休闲度假酒店等单位的多名经理人员前往马来西亚和印度尼西亚分别举行旅游推介会。2012年6月，为开拓东南亚穆斯林旅华市场，丰富旅华市场客源结构，国家旅游局牵头组织的中国旅游宣传推广代表团赴马来西亚首都吉隆坡和印度尼西亚首都雅加达开展推广活动。在马来西亚，代表团观摩了在吉隆坡举办的世界伊斯兰旅游展览会，利用马来西亚国际旅游交易会会场开展中国穆斯林旅游宣传推广活动。来自天津、河南、广东、海南、青海的代表参展并向公众分发旅游宣传品，介绍中国旅游资源和产品。2016年10月，由国家旅游局牵头组织，北京、天津、河北、山西、内蒙古、山东、甘肃、宁夏等长城沿线省区市旅游部门和企业共同参与的"美丽中国——古老长城"旅游带宣传推广活动首场推介会在印度尼西亚首都雅加达举行，来自雅加达当地的政府部门、旅游、航空、媒体等各界人士近300人参加了推介会。2013年9月，旨在增进旅行商之间的联系和沟通、扩大中国与伊斯兰国家双向旅游交流合作的首届世界穆斯林旅行商大会在宁夏召开，来自马来西亚、印度尼西亚、泰国、伊朗、阿联酋、黎巴嫩、约旦、埃及、德国、澳大利亚、英国、韩国、新加坡、文莱、菲律宾、斯里兰卡、叙利亚、巴基斯坦和中国台湾、香港、澳门等20多个国家和地区开展对华旅游业务的旅行商共签订28个旅游合作项目，其中多数涉及穆斯林旅游，包括宁夏旅游局与印尼西爪哇省旅游局旅游交流合作，并积极协调开通宁夏银川至印尼雅加达直航；台湾行家旅行社与宁夏中国旅行社签订旅游合作协议；甘肃、宁夏、青海、陕西、新疆、云南六省区联合拓展穆斯林旅游市场合作协议，其中亿元以上旅游投资项目有两项，5000万元以上旅游合作项目有1项。世界穆斯林旅行商大会拓展了穆斯林旅游营销的新模式、新途径，在促进国内省区市穆斯林旅游发展合作的同时，更为世界穆斯林旅游市场的开发提供机遇。2015年9月的中阿旅行商大会上，宁夏与马来西亚合作，120万名马来西亚皇家警察合作社有限公司的警务人员及家属的奖励旅游分批次前往宁夏，宁夏开拓阿拉伯及穆斯林旅游市场迈出实质性步伐。

2. 广州与东南亚国家的伊斯兰文化及商贸之旅

开展当代广州与东南亚国家的伊斯兰之旅，可将文化之旅与商务旅游结合起来。

（1）伊斯兰文化交流之旅

广州自古以来就有重要的战略地位和独特的中外文明交往优势，是海上丝绸之路的起点，也是东西方文化交流的前沿通道，与沿线国家和地区的交往历史悠久。在当代，广州与"一带一路"沿线伊斯兰国家与地区的各种交流活动频繁。广州通过适当地编写介绍和研究伊斯兰教的相关书籍或刊物，在媒体上正面介绍伊斯兰文化，让更多的国人对伊斯兰教有公正客观的基本认识，实现与"一带一路"沿线的伊斯兰国家"民心相通"，实现不同文明间的对话与交流。广东省伊协一直致力于"岭南伊斯兰经学院"的开办，希望能为"一带一路"倡议构想输送合格的人才。广州市伊协连续主办几届的"广州伊斯兰文化论坛"，受到政府有关部门及伊斯兰教界的肯定与好评。同时，广东省伊斯兰教协会组团出访印尼、马来西亚、新加坡、文莱等国家，广州市伊协也曾应印尼总统邀请组团出访印度尼西亚等国，与这些国家的伊斯兰教机构建立了良好的联系。广州市伊协每年都要接待大量来访的海外来宾，如印尼总统，马来西亚王储、三军总司令，伊斯兰教国家的知名学者等，马来西亚驻广州领事馆每年都会邀请中国伊协领导参加国庆招待会、斋月开斋晚宴等。广东省及广州市伊协参与的接待外宾活动以及出访活动对提升我国的国际形象、宣传我国的宗教政策、增进外国民众对中国的认识和认同以及增进友谊都发挥了很好的作用。

东南亚国家有丰富的伊斯兰文化旅游资源，相比较而言，广州的伊斯兰文化旅游资源较少，但却具有极高的历史文化价值。广州现存的4座清真寺都具有深厚的历史渊源。其中，怀圣寺是中国沿海伊斯兰教四大古寺之一（另三座是杭州真教寺、扬州仙鹤寺、泉州清净寺），怀圣寺又名狮子寺，是公元7世纪伊斯兰教传入中国最早兴建的清真寺，也是我国现存最古老的清真寺建筑。寺内有一座高36米的光塔，故又称光塔寺。寺内的礼拜殿前有龙眼树和凤眼果树各一株，又有"龙凤寺"之称。相传唐贞观年间（627—649年），伊斯兰教的创始人穆罕默德派他的母舅阿布·宛葛素率徒3000（一说随行4人，似可信），携《古兰经》乘阿拉伯商船前来广州，把伊斯兰教传入中国。光塔路一带是唐代广州著名的"蕃坊"，当时曾有成千上万的阿拉伯商人和穆斯林信徒聚居在那里，并修建了一座规德宏大的清真寺，取名怀圣寺，表达对圣人穆罕默德的崇敬和怀念之意。该寺现仍为广州伊斯兰教徒举行宗教活动的主要场所，教徒们常在星期五"主麻日"和伊斯兰教节日前来聚礼。广州交易会期间，许多阿拉伯商人前来做礼拜。清真先贤古墓则是唐初来华传教的以阿布·宛葛素为首的40多位阿拉伯伊斯兰教士的墓地。相传宛葛素于唐贞观初年到广州传教并建清真寺供侨民礼拜。他归真后，教徒为其营葬于此。墓建于贞观三年（629年），至今已逾1300多年。元代以来，中国境内的穆斯林被称为"回回"，因而这里亦叫回回坟。明清中国学者称伊斯兰教义为"至清至真"，因而伊斯兰教又被称为"清真教"，其墓地理所当然地称之为清真先贤古墓。墓园内现存的殿堂及其他建筑，均为明代风格。墓园树木繁茂，环境幽雅，庄严肃穆，被国内外穆斯林视为伊斯兰教圣地，每年均有大批穆斯林前来凭吊瞻仰。濠畔寺、东营寺建于明朝，明太祖平定天下，1000多回军进驻广州后，筑新城，开挖南城濠。分设大东营、小东营、西营、竹筒营四营驻防，为了方便回族军眷做礼拜，于成化年间（1465—1487年）在营地附近集资兴建了东营、濠畔、南胜三座清真寺，与唐初所建之怀圣寺四"坊"并立，形成广州伊斯兰教多元发展的新格局。

据统计，大约有20万穆斯林生活在广东，其中广州常住人口中有1.5万，国内各地以及各伊斯兰国家来穗的穆斯林共约有10余万人。每个"主麻"日共约有1万中外穆斯林前往4座清真寺参加聚礼，开斋节和古尔邦节达到2万多人。每年春秋广交会期间的聚礼日，约有3000到4000位外国穆斯林在广州市先贤古墓周围的草地礼拜。伊斯兰教强调，所有穆斯林都是兄弟姐妹。广州的穆斯林与东盟诸国的穆斯林有着久远的历史联系，境外穆斯林来华旅游，除游览观光外，一个重要的内容是参观清真寺，与当地穆斯林交流，了解他们的生活、就业、婚俗等情况。旅行日程中适当安排与当地的穆斯林交流，都将受到客人的欢迎。

(2) 开展与东南亚伊斯兰国家的商贸之旅

历史上，以阿拉伯人为代表的海丝沿线穆斯林擅长经商并延续至今，当代东南沿海城市是国内外穆斯林频繁往来的地区，而广州自古有重商传统，二者能够很好地契合在一起。

广州作为中国重要的商埠，得沿海地理之便，又获毗邻港澳之利，海陆空交通发达，被称为"历久不衰的海上丝绸之路东方发祥地"。大量穆斯林通过这条海路进入中国，中国的各种商品也沿着这条海路到达西亚、非洲和欧洲。这条古老的国际商贸之路在当代继续得到延续和传承，每年春秋两季的广州中国进出口商品交易会自1957年举办以来，吸引了善于经商的大量外籍穆斯林商人的到来。除了广交会，广州展览产业发展迅速，历经多年发展，广州会展产业规模不断扩大，产业链不断延伸，带动性逐年增强，经济效益日益显著，已稳居全国三大会展城市之列。20世纪90年代以来，随着广州在全国甚至整个亚洲地区商贸地位的确立，大批国内外满怀淘金希望和商业兴趣的穆斯林陆续来穗，给广州的伊斯兰文化输入新鲜血液，展开族群间的互动和交流，给当地伊斯兰文化血脉的延续带来翻天覆地的变化。自

21世纪初，凭借着大量外籍穆斯林到中国经商的有利时机，凭借相同的信仰和善理财、会经商的历史传统，广州穆斯林的经济得以快速发展。由中外穆斯林开办的贸易公司逐渐产生，尤其在服装行业，已经延伸到产品加工。广州穆斯林多有丰富的经商经验，他们意识到"一带一路"的历史机遇，已经开始了实践探索。不少穆斯林企业已经从外贸出口转为外贸进口，从输出产品转为输出技术，在经济转型中迈出了"走出去"的第一步。据不完全统计，广州现有200家左右外国穆斯林开设的商贸公司，主要利用广州的市场优势、商品集中、制造业发达、价格低廉、品种齐全的便利，经营服装、电子、工艺品、医药、机械配件等产品，他们熟悉伊斯兰世界的供需情况，将广州市场上的产品源源不断地运往自己的家乡。在这条商贸之旅中，大多数人遵守教规，注重伊斯兰的仪式和礼节，他们带来了伊斯兰世界的信息和思潮，在生活中实践着伊斯兰的精神和价值。

东南亚伊斯兰国家同样也有发展商贸之旅的需求。例如，马来西亚一直在不断地吸引更多的商务活动及会议。2012年中国广东—马来西亚旅游交流会在马来西亚首都吉隆坡举行，双方就加强在旅游方面的合作展开讨论，马方欢迎广东居民来马旅游或经商，鼓励马来西亚民众前往广东旅游或做生意；广东则表示与马来西亚地缘相近、人缘相亲、文化相通、文化交往由来已久，在旅游市场方面具有较强的互补性，双方旅游部门应加强沟通协调机制，加大力度保障两地旅游企业和游客的合法权益，同时积极参加对方举办的会展、旅游论坛、节庆等活动。

当然，开展伊斯兰文化与商贸之旅，还需要做不少工作。例如，清真饮食店的分布过于分散，也在无形中给清真饮食管理带来了很大困难，导致一些清真饮食由于管理不严，出现了清真食品不清真的现象，极易引发民族隔阂，影响社会稳定。再如，顺畅的交流，需要语言相通作保证，新、马穆斯林多数能讲英语，老一代马来族会有些困难，印尼游客懂英语的不多，来华的印尼团中四分之一是华裔，但其中二分之一不会讲华语（在印尼，不允许学华语）。全国范围能提供马来语、印尼语导游（两种语言可通用）的旅行社有限。因此，需要加强有针对性的专业人才培养，培养外语、宗教学识都过硬的人才，而且要培养与这些国家民众有天然亲切感的国内各领域穆斯林人才，更要提高在职伊斯兰教界人士的宗教文化修养和外语水平，选派品学兼优者到国外深造，加强语言交流，提高宗教知识水平，为"一带一路"倡议的实施做好人才培养和人才储备。

第四章　海上丝路与基督教文化之旅

基督教与伊斯兰教、佛教并称为世界三大宗教，是世界上拥有信徒最多、影响最为广泛的世界性宗教。它是古代希伯来宗教和古希腊罗马哲学思想的混合产物，在人类发展史上起过重要作用，对西方文化产生过深刻的影响。世界著名独立民调机构美国皮尤研究中心于2012年12月18日发布《2010年世界主要宗教群体规模和分布报告》称，在全球69亿人口中，有84%的人（58亿人）有宗教信仰。其中，基督徒有22亿，占32%。在基督信徒中，天主教徒占一半，基督新教徒占37%（包含圣公会、独立教会及未属主流宗派的基督教会组织），东正教徒约占12%（包含希腊正教与俄罗斯正教）。

第一节　基督教概述

一、基督教发展源流

1. 基督教的产生

基督教最早起源于公元1世纪前后的巴勒斯坦地区，最初是以犹太教的一个支派出现的。古代犹太民族居住在巴勒斯坦地区，在长期历史过程中形成了祈求救世主弥赛亚、信奉宇宙唯一主宰耶和华的民族性宗教犹太教，其经典《圣经》是希伯来人自古留传下来的各种文献在祭司手中经过编纂整理的教义总集，内容极为广泛，有民间流传的史诗、战歌、爱情之歌，有以色列和犹太国王的编年纪，有先知的语录，国王制订的法律，以及祭司贵族所订的宗教教义。基督教兴起之后，犹太教的《圣经》成为基督教思想的基础，称为《旧约》，而基督教新的教义称为《新约》。

公元前1世纪，罗马帝国征服巴勒斯坦地区。由于不堪忍受罗马人的残暴统治，犹太人在公元60—70年代多次发动大规模的起义，历史上称为"犹太战争"，它遭到罗马当局的血腥镇压，上百万犹太人被屠杀，犹太教的中心耶路撒冷的圣殿被罗马人拆毁。这一时期在犹太人中广泛流行盼望上帝耶和华派遣复国救世主弥赛亚来临的思想，同时也吸收波斯、巴比伦的宗教观念，形成各犹太教派。大部分人坚信弥赛亚终将降临，坚持"弥赛亚运动"，这些是正统的犹太教徒。另一部分人认为降生于伯利恒的耶稣就是弥赛亚，他们属于早期的基督徒。分布于小亚细亚各地的犹太人移民中，也出现了许多狂热的"先知"，宣扬关于救世主的信念。最早的基督教文献就是公元1世纪后期的《约翰启示录》，提到小亚细亚7个城市中的宗教社会。可见基督教最先是从散居异地的犹太人中形成。这些散居的犹太人深感亡国的痛苦，对罗马最为仇恨。同时由于流浪远方，接触各地的宗教思想较多，在内部组织上很严密，除了具有强烈的反罗马统治的倾向外，还摆脱了地方局限性，把各地宗教思想中优秀成分吸收过来，使广大下层民众相信和接受。

随着基督徒社团活动范围的扩大，越来越多的非犹太人加入并逐渐占据多数，使基督徒社团的民族性逐渐减弱，基督徒们对于民族战争的热情也就越来越低。与此同时，随着基督教内部有别于犹太教的宗教信仰、经典教义以及宗教组织的成熟，表明基督教已经从犹太教中分离出来，成为一个新的宗教。由此可见，基督教在很大程度上继承了犹太教思想、经典、组织形式、宗教仪式、节日等文化内容。犹太教"救世主"一词在希伯来文中写作משיח，发音为"弥赛亚"，与希腊文 Χριστos 含义相同，拉丁文 Christos（基督）、英文 Christ（基督）即来源于该希腊文。这个新的宗教因此被称为基督教。除了继承犹太教的思想外，古代希腊、罗马的哲学思想，尤其是帝国初期的新斯多葛学派哲学思想，也是基督教的重要思想来源。这种思想主张人是"神"的奴仆，在神的面前人人平等，还提倡忍耐顺从、精神忏悔、禁欲主义、宿命论等观点。

基督教最初的参加者是牧人、渔民、罪犯和奴隶，以及在罗马统治下国破家亡的流民。从公元2世纪后半期起，随着基督教的广泛传播，教会在很大程度上具有保护农工商业的力量，使得受奴隶制危机而感到恐慌的城乡有产阶级、对当时社会有厌烦情绪而感失落的上层人士纷纷加入教会。有产者由于拥有金钱和文化，逐渐在教会里取得了领导地位，从而也改变着基督教的思想。早期基督教反对压迫的精神被削弱，平等博爱、同舟共济、敌视富人的思想也逐渐淡化。相反，劝人驯服、爱仇如己、希望来世等教义则被提到主要地位。基督教由最初穷人的宗教逐步形成统治阶级教化和统治人民的宗教。罗马帝国统治者也改变了对基督教的政策，采取支持、控制、利用的政策来加强自己的统治；罗马皇帝君士坦丁先后发布《宽容敕令》《米兰敕令》，允许基督教徒宗教信仰自由、无偿发还过去没收的基督徒集会场所及教产。325年，君士坦丁在小亚细亚的尼西亚召开基督教历史上第一次宗教大会，制定强制性的统一信条《尼西亚信经》，确认圣父（上帝）、圣子（基督）、圣灵三位一体，以此来解决教会内部的争端。君士坦丁本人积极参与教会事务，慷慨捐赠，临终前受洗入教。基督教逐渐变成罗马奴隶制帝国的精神支柱。392年，罗马皇帝狄奥多西一世下令，废除一切旧有的宗教，关闭一切氏族神庙，禁止一切异教活动，只有基督教才是唯一合法的宗教。基督教成为罗马国教。

2. 基督教的发展演变

395年，罗马帝国分裂为东西两部分。西罗马帝国（395—476年）仍以罗马为首都。东罗马帝国（395—1453年）以君士坦丁堡为首都。由于君士坦丁堡以前是希腊殖民城邦拜占庭，故东罗马帝国又称拜占庭帝国。基督教的东西两部分的活动也逐渐有了一定的独立性，形成基督教的东派和西派。在西方，在日耳曼人冲击下，西罗马帝国于476年灭亡。日耳曼人在其废墟上建立许多封建国家，基督教继续保存下来，并成为封建统治的精神支柱。罗马的主教逐渐变成了罗马教皇，对西方基督教具有统治权力。教会拥有庞大的经济实力，在法律上可以设立宗教法庭审判居民，在精神文化方面也占有绝对统治地位，把哲学、政治、法学、艺术都置于神学的控制之下。在东方，拜占庭帝国由于皇权比较强大，基督教东派的势力就不如西欧那么强，其最高首脑是君士坦丁堡的大主教，也称为宗主教或"牧首"。1054年，东部教会和西部教会互相宣布把对方驱逐出教，正式形成两大教派。东方教派以君士坦丁堡为中心，称为东正教，教徒用希腊语作祈祷，佩正方形十字架；主要流行于东欧以及俄罗斯，白俄罗斯、乌克兰等前苏联地区，并被希腊等国家定为国教。西方教派以罗马教皇为中心，自称"公教"，又称"罗马公教"，或天主教，教徒用拉丁语作祈祷，佩纵十字架。天主教几乎各国都有，主要在西欧各主要国家，以及美洲、澳洲、非洲等地。天主教会的世界性机构为罗马教皇常驻的罗马城西北的梵蒂冈教廷。

基督教东西方教会分裂之后，罗马教皇随时准备兼并东方教会。与此同时，远在东方的拜占庭帝国却日益衰落，基督教圣地耶路撒冷也落入穆斯林的控制之下。罗马教皇鼓动西欧民众组成军队奔赴东方进行"圣战"，打着"拯救东方的基督教兄弟"、"保卫基督教"的旗号，宣称要从异教徒手中夺回圣地耶路撒冷，实际上干的却是烧杀掠夺的勾当，当时西欧的封建领主、大商人都参加了这场征战，希望从中夺取更多的财富。在1095—1291近200年的时间里，罗马教皇共发动了8次大规模入侵。战争以失败告终，并给地中海沿岸各国人民带来深重灾难。教皇的权威也急剧下降。当然，这场东征扩大了欧洲人的地理知识和探险精神，并在客观上扩大了与东方贸易的市场，地中海沿岸商业城市不断兴起，市民精英阶层利用人们对教会的不满，发起了宗教改革运动。

西欧宗教改革运动是在城市异端运动与反城市异端运动以及文艺复兴的基础上产生的。中世纪欧洲城市的兴起和发展，需要摆脱教会的控制，因此从10世纪下半叶开始，出现了反对神职人员腐败和教会勒索、拒交教会什一税，直至反对基督教的某些教义和礼仪的城市异端运动。城市异端运动至12世纪达到高潮，在巴尔干半岛、意大利、法国等地蔓延。为了对抗异端运动，教会一方面镇压异端，另一方面批准成立方济各会、多明我会两个修道僧团，并由多明我会主持直属教皇的异端裁判所（"宗教法庭"），制定极其严酷的审讯条例。从14世纪以来，新兴的资产阶级反对教会在政治和思想上的专制，要求人们把目光从来世转向现世。他们反对教会鼓吹的禁欲主义，积极追求个人幸福，把自由发展个人欲望、追求个人名利地位及个人享乐宣布为普遍的人性。由于这种资产阶级的世界观和人生哲学是与中世纪宗教神学相对立的，又被称作"人文主义"。人文主义最初在意大利北部兴起，以意大利为中心，传播到西欧和中欧各国，到

15—16世纪时，成为遍及欧洲的思潮。这些资产阶级思想家在宣扬其要求和主张时，利用中世纪长期淹没的古希腊、古罗马的文明，按照自己的需要加以改造。后来人们便把人文主义思潮兴起的时期称为文艺复兴时期。人文主义思潮虽然一般都不反对教会本身和教皇制度，但它对这一制度所滋生出来的腐败现象加以鞭挞，不遗余力地揭露批判教皇和教会，给教会予以巨大冲击。

从16世纪上半叶开始，在德国、瑞士、荷兰、英国和北欧等地先后发生了自上而下的宗教改革运动，他们否认教皇的权威，强调传统教义的不同方面，并改革教会的礼仪制度。最终从天主教中分裂出又一大派别——基督教新教（在中国亦称"耶稣教"）。新教没有统一的教会组织，由各个互不统属的宗派组成，主持宗教仪式和管理教务的人员大多数称为"牧师"，大致相当于天主教和东正教的神父。新教有三大主要宗派，分别是德国的路德宗、瑞士的加尔文宗、英国的安立甘宗（圣公会）。16世纪末在荷兰，17世纪在英国，继宗教改革运动之后爆发清教徒运动，要求那些虽已摆脱罗马教皇控制但仍保留不少天主教传统和中世纪封建色彩的教会进一步进行改革，这样又出现了一批新宗派，主要有公理会、浸会、公谊会等。18世纪随着英国资本主义的进一步发展，又产生了更加资本主义化的、以卫斯理弟兄为首的卫斯理宗。19世纪以来，基督教在美国的发展更加纷繁，各种新宗派不断产生，如基督复临安息日会、五旬节教会、神召会等。新教主要流行于英国、美国、德国、瑞士、北欧各国、澳大利亚和新西兰等地，并被挪威、冰岛等国定为国教。

为了重振教会权势，罗马教廷策动了一系列反宗教改革的行动，一个重要举措就是建立各种宗教修会。在这些修会中，最重要的就是耶稣会。随着近代殖民主义的兴起而渗入亚非美等各国。20世纪初，耶稣会的活动范围已遍及全世界各地，迄今仍是天主教规模最大、实力最强的国际性修会组织。

在近代，随着欧洲政治势力的扩张，基督教向外迅速传播。欧洲列强在瓜分殖民地的时候，也把它们各自的宗教派别带入殖民地。基督教传遍全球，其传布范围超过其他任何宗教。

二、基督教的经典与基本教义

基督教的经典是《圣经》，包括犹太教的《旧约圣经》和基督教产生后的

《新约圣经》。

《旧约圣经》有3部分，即《律法书》《先知书》《圣录》。《律法书》一共5卷，又称《摩西五经》，在《圣经》中占有最核心的地位，包括《创世纪》（有关上帝耶和华创造天地万物和人类始祖亚当夏娃的故事，洪水和诺亚方舟以及众先知的故事）、《出埃及记》（先知摩西降世并接受上帝的任命，率领以色列人逃出埃及法老的迫害）、《利未记》（宗教祭祀仪式及其他的礼仪法规）、《民数记》（有关以色列人逃出埃及后在荒漠中流浪的故事和有关献祭的立法）、《申命记》（强调以色列人必须信仰上帝耶和华为唯一的神，重申以色列的旧有法律，并作了一些补充）；《先知书》记载了以色列人先知的言行；《圣录》又称《圣著》，包括诗集、用文学体裁写成的哲理书、宗教故事、历史、启示文学等内容。

《新约圣经》一共27卷，有4部分，即《福音书》（记载耶稣的生平和言行）、《使徒行传》（讲述早期基督教会的情况）、《书信》（传说由使徒们所写）、《启示录》（用启示文学体裁写成的世界末日、基督与魔鬼的战争、基督最后的胜利，等等）。

基督教的各项教义都以《圣经》为依据，但各派别略有不同。天主教传述教义的权利属于教会，由教父、教皇、主教等执行；东正教除《圣经》外，还以《尼西亚信经》和前7次公会议决议为信仰标准；新教只承认《圣经》为唯一最高权威，对教会的许多繁文缛节都不加理睬。三者虽略有不同，但是基督教各派还是有其共同信奉的基本教义。从《圣经》中可以归纳出基督教的基本教义，它大致包含3个方面：

（1）信仰上帝和基督，认为上帝是世界的创造者和主宰者。

（2）在上帝和基督面前人人平等，凡崇拜上帝和信奉基督者，不分民族和等级，均可成为基督教徒。

（3）主张忍耐痛苦。认为人类的始祖亚当和夏娃在伊甸园中违背上帝的命令，偷吃禁果而被愤怒的上帝驱逐，因此人生而有罪，即所谓"原罪"。所以，人必须忍受人间痛苦，死后才能被上帝拯救而进入天堂。

三、基督教的礼仪节日与教堂建筑

1. 礼仪

基督教最重要的圣事是"七礼",包括:洗礼(基督教的入教仪式,洗去原罪)、坚振礼(入教者在洗礼后,经过一段时间的考验,再接受主教所行的按手礼和敷油礼,使"圣灵"降临其身,以坚定其信仰,振奋心灵)、告解(也称"忏悔圣事"。信徒犯罪过,找神父表示悔改,请求赦免;神父面对着信徒的忏悔,对信徒悔罪诚意进行确定,以基督所赋予的神权进行赦免)、圣餐(信徒食用象征耶稣身体血与肉的面饼和葡萄酒,通过这种不流血的方式,重复进行耶稣在十字架上为救赎世人而对上帝的祭献)、终傅(临终时由神父敷擦圣油)、神品(教会神职人员领受品级时须行授职礼)、婚配(神父主礼,经过教会规定的礼仪认可正式结为夫妻)。

除七礼外,基督教的宗教仪礼还包括一般的礼仪和节期中的礼仪。一般的礼仪主要表现为祈祷(又称祷告),是人与上帝相通的最原始、最常见的一种手段,表达向上帝(天主)和耶稣基督的呼求、感谢和赞美等,祈求上帝和基督给予恩赐和保佑,同时还表示人向上帝和基督的悔罪。节期中的礼仪最普遍的是主日崇拜,即通常所见的星期日的公众祈祷(做礼拜),一般在教堂内进行,主要内容有在神职人员(如主教、神父、牧师、长老)主持下,唱赞美诗、祈祷、诵读《圣经》选段、讲道、祝福等。初期教会每次主日崇拜都要举行圣餐礼,后来发展为天主教的"弥撒"。

2. 节日

基督教的节日与历法有密切关系。16 世纪以前,基督教各派基本上使用公元前 1 世纪罗马统帅儒略·恺撒采纳天文学家沙锡齐尼的建议而改用的新编太阳历(称为"儒略历")。1582 年,罗马教皇格历高利十三世成立改革日历委员会,修订儒略历,并颁行天下,被称为格历高利历,成为现今世界的公历。西方教会(天主教和新教)的宗教节日以公历为准,但东正教仍以儒略历为准,所以东西方教会的宗教节日往往在不同日期。

基督教主要的节日有:

圣诞节，也称"耶稣圣诞瞻礼"或"主降生节"，纪念耶稣诞生节日，是基督教世界最大的节日。天主教和新教为12月25日，东正教为1月6日或7日。与该节日有关的风俗包括圣诞聚会、圣诞大餐、圣诞帽、圣诞袜、圣诞卡、报佳音、唱颂歌、圣诞老人、圣诞树、圣诞节节礼，等。

复活节（主复活节，耶稣复活瞻礼）。是基督教的第二大节日。据《圣经》记载，耶稣在犹太教逾越节开始期间，即犹太教历1月14日（公历3月底）星期五被钉死在十字架上，第三天复活。教会规定，每年春分月圆之后第一个星期日（3月21日—4月25日之间）为复活节。复活节著名的活动是滚彩蛋。

圣灵降临节。据《新约圣经》记载，耶稣复活后第40天升天，第50天差遣圣灵降临，门徒领受圣灵后开始传教。教会规定每年复活节后第50天为圣灵降临节，又称"五旬节"。

圣诞节、复活节、圣灵降临节被认为是基督教的三大节日。

此外，基督教还有很多相关的节日。如：降临节（或叫将临节）、棕枝主日、大斋节（又称封斋节）、受难节、耶稣升天节、万圣节（也称诸圣日）、狂欢节（又译作谢肉节，或嘉年华会）、感恩节、愚人节等。

3. 教堂建筑

教堂是基督教举行弥撒礼拜等宗教活动的地方。基督教的教堂大致有如下几种建筑风格。

早期巴西利卡式教堂。"巴西利卡"原意为古罗马的公共议事堂或进行商业活动的交易所。从平面图上看如字母"T"形。早期的基督教堂参照巴西利卡的建筑方式，这种教堂是木结构屋顶，一端是大门，门前有一个露天庭院。从入口到顶端的横线处可划为三个活动区。进门后的活动区仅占很少面积；再往前便是进行正式宗教活动的正厅，所占面积最大；"T"形的顶部，是神职人员活动场所，墙上开有凹进去的半圆形供奉耶稣的壁龛。教堂内的墙壁、天花板、圆顶都使用了镶嵌画装饰，装饰材料是彩色石块和彩色玻璃，斑驳陆离的色彩忽暗忽明地闪烁着，给教堂增加了神秘的宗教气氛。建于公元380年的意大利圣保罗大教堂，是具有代表性的"巴西利卡"式教堂。

拜占庭式教堂。是指以拜占庭帝国为中心的基督教东派的教堂建筑风格。它是罗马帝国晚期的艺术形式与以小亚细亚、叙利亚、埃及为中心的东方艺术形式相结合，带有浓郁东方色彩的教堂。建筑采用较为轻薄的墙、较高的屋顶和较大的窗户，其双层柱头十分华美。在教堂的中央是一个大圆顶，内部装饰金碧辉煌，里面有许多宣传宗教和帝王崇拜的圣像画、镶嵌画、壁画和细密画。这种形式被东正教所沿用。坐落于土耳其的伊斯坦布尔的圣索菲亚教堂被认为是拜占庭式建筑艺术风格的代表作和顶峰。中国黑龙江哈尔滨的圣索菲亚教堂也是典型的拜占庭式教堂。

罗马式教堂。这种教堂因采用古罗马建筑的拱券、柱列而得名。教堂有厚实沉重的墙壁，半圆形的拱门、窗孔和圆形的穹隆形屋顶。为了承受石结构拱顶的重量，用砖石砌成很厚的墙（墙壁厚一般有 2 米以上），墙上使用半圆形拱券（拱顶厚度都在 60 厘米以上），窗户开得又小又高，显得有些采光不足。门采用半圆拱形。教堂前后还配筑了碉堡式钟楼，成为罗马式教堂的显著特点。位于意大利比萨城的比萨大教堂是典型的罗马式建筑。

哥特式教堂。继罗马式教堂之后，12—16 世纪在欧洲出现了哥特式教堂建筑。这种建筑平面一般为十字架形，高耸入云的塔楼多为笋状。它巧妙地运用垂直于屋顶的构柱、线条轻快的尖拱券、尖形拱门、轻盈的飞架扶墙、挺拔的小尖塔，从而大大地减小了墙壁厚度，并赋予了极精美的艺术处理。哥特式建筑的墙面很少，几乎全部都是高耸的尖券窗，窗子采用自 11 世纪就已经产生的彩色玻璃，并做成各种图案，形成了珠光宝气、五光十色的正厅。内部为轻盈、裸露的棱线飞肋骨架穹隆。高大、宽敞、明亮的内部空间具有良好的采光性能。其建筑形象有挺拔向上之势和冲入云霄之感，使人有一种向上升华、奔向神秘天堂、投入上帝怀抱的幻觉。著名的法国巴黎圣母院就是哥特式建筑的代表作。建于 19 世纪初、位于广州一德西路的圣心大教堂也是全国最大的哥特式天主教堂建筑。

在文艺复兴时期，还出现了一种追求夸张、豪华、怪诞、猎奇等风格形式的巴洛克教堂建筑风格。

也有不少教堂综合两种或两种以上的建筑风格，如德国的亚琛大教堂、英国的坎特伯雷大教堂、西班牙的巴塞罗那大教堂等。

第二节 历史时期海上丝路与基督教文化传播之旅

基督教在16世纪以后的迅速东传，与地理大发现以来海上通路被打开、西方殖民者对外扩张有密切的关系。大约从7世纪开始，有皈依基督教的商人从中亚或波斯，经过印度来到马来半岛、北苏门答腊或爪哇岛进行贸易，但并没有传教活动的证据。在东南亚的半岛地区、海岛地区相继成为佛教和伊斯兰教占据并主导的地区之后，留给基督教传教的空间已经很小。一些佛教和伊斯兰教还没有确立主导地位的边缘地区，如菲律宾群岛、安汶岛、香料群岛和东帝汶地区，成为后来基督教发展的中心。在东南亚沦为殖民地的过程中，基督教也传播到越南、柬埔寨、缅甸等地。参与基督教传播活动的不仅是教会的神职人员，还包括各国的殖民政府和东印度公司。

一、基督教在东南亚地区的传播

基督教传入东南亚地区之前，缅甸、泰国、越南、老挝、柬埔寨等地流行中印文化影响下的佛教，马来西亚、印度尼西亚、菲律宾等地流行伊斯兰教，新加坡则主要受中国文化的影响，但是这种局面在16世纪发生改变。随着西方殖民活动的展开与深入，先是葡萄牙、西班牙，继之是法国、荷兰、英国、美国等，基督教开始渗入东南亚各国。

地理大发现时代，葡萄牙、西班牙在争夺海外殖民地过程中经过冲突、妥协和教皇的调停、确认，亚洲的印度、马六甲、香料群岛乃至中国和日本被划为葡萄牙的势力范围，西班牙则获得对拉丁美洲以及菲律宾等地的控制。

葡萄牙对东南亚扩张的特点之一，是传教士和殖民者同船到达。1540年以后，耶稣会士到达该地区传教。其中最著名的就是方济各·沙勿略（Francois Xavier）受罗马教廷、耶稣会和葡萄牙国王的派遣，前往印度、马六甲和摩鹿加群岛，大量归化东方信徒。其后基督教的传播逐渐蔓延到马来西亚、印度尼西亚、泰国、缅甸、新加坡等其他东南亚地区。

1571年，西班牙人占领马尼拉，教会势力也随着其对菲律宾的占领而深入该地。西班牙开拓菲律宾的殖民地，有3项清晰的目标：取得香料贸易的一部分份额；为与中国及日本接触而铺路；把菲律宾人基督化。但最终结果却只有第三项成功。由于西班牙是一个信奉天主教的国家，所以它在对菲律宾进行殖民统治期间，便实行天主教会与殖民政权相结合的政教合一的制度，使教会成为其殖民统治的重要支柱。

随着信奉天主教的葡萄牙与西班牙对东南亚的殖民统治，这一时期天主教在东南亚较为盛行。也可以说，强迫当地人信仰天主教是其殖民活动的重要动因与主要内容。

1588年，英国海军击败西班牙的"无敌舰队"，使得西班牙一蹶不振。从此，英、法殖民势力崛起，逐渐取代葡、西两国在东南亚的地位，随之也获得该地区基督教传播的主要控制权。

法国传教士所传的主要是天主教。1615年在越南成立法国耶稣会；1658年成立巴黎外方传教会，取得在越南的传教权；17世纪中叶成为泰国的主要传教力量；1855年在柬埔寨传教获得成功。

1602年成立的荷兰东印度公司，也以印度尼西亚群岛为侵略东方的第一目标。基督教势力随着荷兰殖民者开始进入东南亚。由于荷兰殖民者在东南亚的发展经历过一个漫长的扩展与蚕食过程，所以其在东南亚的宗教势力的发展亦较为缓慢。1641年进入马来西亚，1814年在马来西亚组织传教会，传入卫理公会、浸礼会、路德会、圣公会等新教派别。

1795年，专门从事海外传教工作的英国伦敦传教会（London Missionary Society）成立，标志着近代基督教海外传教事业的兴起。与此同时，英国殖民者开始大规模进入东南亚地区，1786年占领槟榔屿，1819年占领新加坡，1824年从荷兰殖民者手中接管马六甲。英国传道会的传教士接踵而至，在东南亚地区广泛传播新教，特别是在缅甸、新加坡、泰国等地先后成立各类教会组织。

19世纪初，美国的新教势力也在东南亚兴起。1831年，他们将浸礼会传入缅甸与泰国，且美国长老会很快成为在泰国传播新教的主要力量；1846年又成为在新加坡传播新教的主力。进入 20 世纪，美国教会进入柬埔寨与菲律宾传教，特别是菲律宾已全部置于美国教会的掌控之下。

从基督教在东南亚地区的传播，可以清晰地看到基督教精神与殖民地主义具有许多共同的本质与目标。它们相互利用、相互依存，共同发展。作为西方殖民势力的重要文化武器，基督教在过去的数百年中曾不同程度地渗透至东南亚各国的社会、政治、文化生活之中。随着第二次世界大战后各国民族独立运动的完成，特别是进入文明冲突愈演愈烈的今天，基督教在东南亚的现状呈现出诸多新的变化。总体来看，基督教在菲律宾、新加坡等地颇具影响，信徒分别占其国内总人口的 90%、20%。在以佛教为传统宗教的越南、老挝、柬埔寨、泰国、缅甸等国和以伊斯兰教为传统宗教的印度尼西亚、马来西亚、文莱等国，则影响较弱。

二、菲律宾的基督教文化传入与发展

菲律宾是亚洲唯一的天主教国家，拥有众多信徒，全国约有 90% 居民信仰基督教，其中约 85% 信仰天主教，约 5% 信仰新教。故此专门介绍基督教在菲律宾的传播情况。

菲律宾的天主教最初是由西班牙殖民者于 16 世纪上半叶传入的。16 世纪初的西班牙是一个政教合一的国家，国内的宗教势力十分强大，因此传教活动和殖民扩张活动相互交错、相互促进。一方面，殖民扩张为传教活动开辟场所，另一方面，传教活动为殖民统治和进一步扩张提供支持。可以说，本时期菲律宾的天主教传播历史，也是西班牙殖民扩张的历史。

1521 年，麦哲伦率领船队在宿务登陆后，诱使宿务酋长及其岛民改宗天主教。1571 年，西班牙殖民者占领马尼拉并建立总督府，国王菲力普二世颁布法令，要求所有菲律宾人皈依天主教，违令者以"异教徒"论罪处死。与此同时，西班牙国王还在经济上支持教士的传教活动，把在菲律宾征服的土地、居民、资源赏赐给拓殖有功的"殖民官吏和教会"，政府还向积极传教的教团发放薪金和食品。从此大量的西班牙传教士奔赴菲律宾，开展传教活动。

天主教从 16 世纪末到 17 世纪中期在菲律宾的迅速扩张，主要依靠五大传教团——奥古斯丁会、方济各会、多明我会、耶稣会以及奥古斯丁重拯会传教士们的努力。奥古斯丁会是最早到达菲律宾的传教团，在菲律宾的传教史上占有重要地位。1565年在黎牙实比的远征队里就有5名奥古斯丁会的先驱。这5名奥古斯丁会士成为菲律宾历史上的第一批传教士。黎牙实比占领宿务后，为奖赏奥古斯丁会传教士跟随他远征的功劳，立即划出一块地给奥古斯丁会建立教堂和修道院，宿务因地处米沙扬群岛中部，并且靠近棉兰老岛，地理位置非常重要，所以很快就在此设立了奥古斯丁会菲律宾省。随着西班牙对马尼拉的占领，奥古斯丁会的势力也迅速扩展到以马尼拉为中心的吕宋岛地区，马尼拉的大部分地区都划在该会的管辖之下，1575年，该会的总教堂在马尼拉兴建。此外，吕宋岛的大部分地区以及米沙扬的宿务和班乃岛都成为奥古斯丁会所管辖的教区。紧跟奥古斯丁会来到菲律宾的是方济各会。该会的15名传教士于1577年到达马尼拉。方济各会为推动传教，针对当时传教士奇缺、菲律宾人居住分散的情况，提出了"移民并村"的计划，动员菲律宾人集中居住在较大的村庄和市镇里，居住在山上的部族也迁移到沿海低地居住；并积极倡导修建道路和桥梁，以利于派遣传教士传教。"移民并村"政策对天主教在菲律宾的迅速传播起着推动作用。此外，方济各会传教士还倡导学习菲律宾民族语言，并用菲律宾民族语言传教布道。除了上述两大修会外，耶稣会和多明我会也是菲岛传教的主力，奥古斯丁重拯会则是稍晚到达的一支重要力量。

　　西班牙人征服菲律宾的武器是"来复枪加十字架"。天主教教会在菲律宾殖民地政权的建立和发展过程中发挥着重大的作用。教会势力在殖民地政府的庇护下不断膨胀起来，并深深地介入当地政治、经济和文化教育等各个领域，成为西班牙在菲律宾殖民统治的重要支柱。西班牙在菲律宾殖民地的政治结构是"三驾马车"式：总督、最高法院和大主教。天主教教会不仅掌握了菲律宾殖民地的宗教、教育和文化大权，拥有包括不动产在内的经济权力，而且可以同总督分享部分殖民地的行政和司法权。所以，西属菲律宾殖民地政权结构，是一种近似政教合一的模式。

　　19世纪后期，伴随着菲律宾民族独立运动，当地人民反对西班牙殖民统治及罗马教皇权威、要求自己组织教会的"菲律宾化教会运动"（又称"政教分离运动"），实行较大力度的宗教改革。1898年美西战争后，美国取代西班牙成为菲律宾新的宗主国。1901年，美国武力镇压菲律宾革命，建立以总督为首的三权分立的"美式"殖民体系。为了建立和巩固这套美式殖民地制度，必须设法消除西班牙统治时期天主教会获取的种种政治和经济特权，扭转教会势力膨胀造成的尾大不掉的局面。美国在菲律宾的殖民地政权在处理与西班牙天主教会的关系时，采取了一系列软硬兼施的政策，集中体现在"挤""压"和"换"三个方面。首先，美国实行的是"挤"的战略，即借用菲律宾人和新教徒来排挤西班牙天主教势力。这个时期菲律宾的新教徒多数是从美国来的，也有部分是从英法等国来的。1899年以后，美国长老会、浸礼会、联合兄弟会、基督信徒会、公理会等新教教士先后抵菲。新教徒在菲律宾发动一场宗教改宗运动。美国向菲律宾派遣大量的新教徒教师，代替以往的狭隘的教会式教育。新教徒教师并不仅局限于学术上的工作，同时他们还进行非天主教信仰的传播活动。这些新教徒在菲律宾公众中传道，散发新教《圣经》，鼓励和引诱菲律宾人改信新教。其次，美国实行"压"的策略，借助罗马天主教会的威力迫使西班牙天主教会交出手中的权力，给传统的西班牙天主教会一个致命的打击，削弱了天主教会在菲律宾经济中的地位和影响。虽然美国的教会土地收购政策执行得不是很彻底，但是从根本上改变了300多年来天主教会在菲律宾所享有的经济特权。第三，美国实行"换"的策略，即在文化教育领域大力推行"美式"政策，以美国思想文化取代天主教在菲律宾人民宗教信仰中的传统地位。美国所采取"挤""压"和"换"策略达到了"一石三鸟"的效果：一是实现了排挤西班牙时期的天主教势力对政治权力的渗透和对菲律宾文化教育的垄断；二是培育了大量亲美的菲律宾的精英人群，有利于稳固殖民统治；三是树立了美国统治下的殖民政府的民主、自由的假象，欺骗、迷惑了当时的菲律宾民众。当然，最大的效果还是从政治、经济和文化教育各个方面剥夺了天主教会的特权，从根本上打击了天主教会势力，彻底扭转了西班牙时期菲律宾天主教会的强势局面。

美国式的教会政策，强化了菲律宾天主教的美国元素，快速发展了信徒。现在的菲律宾天主教会有西班牙化教会和美国化教会，且以美国化教会居多。

其全国性的组织有"菲律宾天主教会议"和"菲律宾大修道院院长联合会"。与天主教相较,新教势力在菲律宾的开拓既晚又慢,而且成效平平。但其近几十年的发展势头亦相当迅猛,且对菲律宾人民宗教生活的影响愈来愈甚。该教的全国性组织有"菲律宾全国基督教联合会""菲律宾福音教会联合会"等,同时国内还有大量的各类新教教派。

三、基督教在东南亚各国现状

除菲律宾外,基督教在东南亚各国影响不大。

新加坡是一个东西方文化交汇之地,约有20%的国民信奉基督教,其中以华人占绝大多数,且主要信奉新教,派别主要有卫理公会、圣公会、长老会、浸礼会、神召会、福堂会、笃信圣经长老会、福音自传会、播道会、信义会、救世军、路德会等,其中最大者为卫理公会。

越南、老挝、柬埔寨、缅甸、泰国是佛教国家,基督教信众很少。其中,越南约有0.7%的国民信奉基督教,且主要为天主教,主要分布于南部地区,其影响力始终无法与佛教相提并论。老挝与越南大致相同。这是一个佛教国家,信奉基督教的信徒以外来移民为主(包括越南人、华人),神职人员基本由外国人担任。柬埔寨的基督教信徒约占全国人口总数的1%,其中绝大多数为天主教徒。信徒多是西方殖民者后代,或越南侨民,很少有土生土长的本国人。他们集中居住,主要分布在南部地区及国内一些大城市。缅甸绝大多数国民信奉佛教,基督教信徒极少,信徒多为新教徒,最大教派是美国浸礼会。基督教的影响力微乎其微。泰国是一个佛教国家,基督信徒也非常少,信徒既有天主教徒,也有新教徒。天主教主要集中在中部和东北部地区,并以此为中心散布全国各地;新教则主要集中在曼谷和泰北地区。

印度尼西亚、马来西亚、文莱则主要信奉伊斯兰教。印尼国民约87%信奉伊斯兰教,基督教信徒占总人口的10%左右,其中新教约6.1%,天主教徒约3.6%。马来西亚以伊斯兰教为国教,信奉基督教者仅占总人口的9%,其中绝大多数为天主教徒,教徒多为华人、欧亚混血人及部分原始部族居民。文莱也是以伊斯兰教为国教,只有极少数人信奉基督教,由于该国领地小,人口少，基督教对整个国家政治文化生活影响甚微。

四、海上丝路与基督教在广州的传播

1. 基督教在中国的传播

基督教东派的聂斯脱利派曾于唐朝贞观九年（635年）传入中国，当时称为"景教"。9世纪时因唐朝大肆灭佛而受到牵连，在中原地区绝迹。

元代天主教和聂斯脱利派又传入中国，被称为"也里可温教"或十字教。元朝灭亡后，基督教在中国的传播再度中断。

明朝中叶，基督教第三次在华传播。包括天主教的耶稣会、方济各会、多明我会，其中影响最大的是耶稣会。耶稣会的创始人之一方济各·沙勿略在明朝中叶，受葡萄牙国王派遣，以罗马教皇使者的名义最先来华，并病死于广东台山。30年后，意大利人利玛窦来华，真正打开了中国大门，奠定了基督教在华传播的基础。利玛窦1552年出生，19岁加入耶稣会，28岁任神甫。他先到澳门，然后到肇庆，广泛结交各级官员文人，并赠送自鸣钟等礼物。几经周折，利玛窦获准进入北京觐见当时的明神宗，献上圣像、《圣经》、《坤舆万国全图》、自鸣钟、八音琴等欧洲近代科技产物，并说其信仰的上帝就是中国人的"天"。神宗特许利玛窦在北京传教，并建天主教堂（今北京宣武门内"圣母无染原罪堂"的前身）。利玛窦死后，神宗下令以陪臣之礼葬于阜成门外，该地后来成为北京教士的公墓。其后，龙华民、汤若望、南怀仁先后来华传教，其中汤若望甚至掌管清朝钦天监印信。由于不久之后，教会与清廷发生"礼仪之争"，清廷下令禁教。

基督教第四次传入中国是在鸦片战争前后，并随着清政府签订不平等条约，取消传教禁令，教会势力迅速膨胀。本次传播以新教来华为起点。第一位来华的新教传教士是英国人马礼逊。在马礼逊来华之后的一个多世纪里，传入中国的新教派有100多个。后来中国人所称的基督教，专指新教。与此同时，天主教、东正教得到了很大发展。

2. 基督教在广州的传播

传入广州的主要是天主教和新教，它们在广州的传播相对较晚，其间有比较大的波折，而且是伴随着列强对中国的侵略而进入。

天主教在明末进入广州，曾有一定程度的发展。后因在信仰上和文化传统上罗马教廷与当时中国统治阶级的矛盾加剧，天主教被朝廷禁止传播，但时禁时弛。清康熙四十三年（1704年）后，教禁加厉，广州天主教堂全部关闭，传教士被驱逐出广州。鸦片战争后，随着《南京条约》的签订，广州成为通商五口岸之一，《望厦条约》允许美国人在"贸易港口租地，自行建设礼拜堂"，《黄埔条约》允许法国人在通商口岸"建造教堂、医院、学房、坟地"。但是广州的传教环境并没有因此而迅速好转，广州人民的反入城斗争坚持了十多年。直至1858年《天津条约》以及1860年《北京条约》的签订，外国传教士被允许可以深入中国内地自由传教，中国政府官员要对他们给予保护。从此，天主教传教士大批进入广州，公开传教。天主教以澳门为基地，首先进入广州，通过广东向中国内陆广为传播。第一个在中国传播天主教的教士利玛窦，就是先在广东活动，然后北上传教的。广州这座桥梁，对外来宗教在中国的传播，起了十分重要的作用。

清嘉庆十二年（1807年）起，基督教传教士也开始进入广州活动，但当时只能利用商业和行医作掩护，秘密传教。18世纪末，欧美新教掀起了海外传教的高潮，古老的中华帝国自然被纳入到这项"神圣事业"的版图。鸦片战争前，有8个欧美新教差会向中国派出了传教士。1807年，英国伦敦传教会派遣罗伯特·马礼逊来中国传教。1807年9月7日，马礼逊抵达广州，他是新教第一个进入中国的传教士，而广州就成为了新教入华的第一站。在清政府严厉的禁教政策下，中国人信教是极少的。不得已马礼逊在东印度公司广州办事处任汉文正使兼翻译，并译《圣经》。1810年雇请华人梁发（又名梁亚发）刻印《圣经》中译本，1816年梁发在马六甲受洗，成为华人第一信徒；1820年，梁发为其妻付洗，梁氏就成为了中国第一位新教女教徒。1823年梁发在澳门被马礼逊派任为教士，也就是第一个华人牧师。1834年梁发来广州向应考士子散发布道书时被清政府逮捕，半途脱逃，潜回澳门，出洋往新加坡、马六甲的华侨中传教。1839年才得以回广州传教，这时传教工作才算得到开展，嗣后还陆续兴建教堂。1834年，马礼逊在广州去世时，伦敦会的中国信徒总共才只有13人，而且这些人大都与梁发有关系。从1807年到鸦片战争前这段期间，马礼逊等人翻译了中文版《圣经》和大量关于中文传教的书籍。除此之外，马礼逊以及美部会的裨治文等传教士以施医赠药的方式在广州进行布道。

鸦片战争后，随着不平等条约的签订，外国传教士被允许在中国内地自由传教，新教在广州获得了前所未有的发展，广州的教会和传教士的人数明显增加。从1840年到1900年义和团运动的爆发，新教在广州把大量的人力、物力投入到文化教育事业和医疗卫生事业中去，从而布道，招揽信徒。传教的地点不断增加，正规教堂也开始建造起来，但是信徒的人数增加极其缓慢，而且华人信徒逐步培养起民族自立意识，开始了中国人自办教会的艰难起步。

1901年到1937年抗日战争爆发前期是新教在广州的快速发展时期。1911年辛亥革命成功，中华民国成立以后，以孙中山为首的广州政界信奉新教的各级政府官员很多。1912年，广东省官员中的基督教徒比例高达65%。此时，教会的实力迅速增强，而广州各教会也抓紧机会，大力传教，使得信徒的人数迅速增加。1901年前，广州只有正规礼拜堂8所，但是到了1937年，广州全市的会堂数目达到46所，教徒人数为1.4万人。

抗日战争的爆发，使广州一些教堂在战争中遭到毁坏，大多数教会人去楼空，导致不能正常开展宗教活动。在抗日战争期间，广州各教会组织与全国人民一起，共同开展抗日救国活动。正因为此，广州新教和天主教教会组织和教徒的形象得到一定的改善，为自己赢得了声誉。抗日战争胜利后，广州各教会开展修复教堂，重建教会组织的活动。

1949年10月，广州解放，各新教差会传教士开始陆续撤离。新教和天主教的广大教徒和爱国的神职、教牧人员，分别以"独立自主、自办教会、自选自圣主教"或"自治、自养、自传"（简称"三自"）为宗旨，开展了反帝爱国运动，改变了过去依靠外国教会经济津贴办教的状况，逐步摆脱了外国教会在行政、教务和经济上对广州教会的控制，实现了由中国神职人员独立自主自办教会。据2009年《广州年鉴》统计，广州全市信教群众共有32万多人，其中天主教约1.5万人，基督教（新教）约5万人。

第三节　当代海上丝路沿岸基督教文化之旅

一、东南亚地区基督教文化旅游资源概述

基督教的建筑、礼仪、节日都可以转化为当代重要的旅游文化资源。

重要的宗教节日，不仅是信徒的节日，也成为民间流行的节日。在中国，据调查，近年来圣诞节前后各大商场的单日销售额直追中国传统节日中的春节和中秋节，远远超过端午节和元宵节。在圣诞节来临之际，商家往往推出一些圣诞节特选商品，圣诞节饰品、礼物等随处可见。圣诞节的主要消费人群是年轻人和白领，他们认为圣诞节除了有丰富的内容之外，还有流传久远的传说与浪漫的诗意。从消费动机上讲，消费者平时没时间聚在一起，而圣诞节正好提供了一个放松甚至发泄的机会。再加上人们价值观念的多元化，促使不是信徒的人们也过西方宗教节日，这对中国经济的发展具有明显的促进作用。

教堂建筑则是殖民时期西方文化传播的痕迹。众多基督教建筑成为凝固的文化，既为信徒的礼拜提供场所，也是旅游者探新求异、追求多元文化之地。由于时代的变迁、殖民者的变换、不同地区历史背景的差异、众多教派的形式差别，造就了曾经的殖民地区各式各样的教堂建筑，成为当地文化中一个特色鲜明的载体，也是当地重要的旅游资源。

在海丝沿岸地区，最开始教堂主要集中在殖民统治的中心区和教徒集中的地区，例如在马六甲、菲律宾、巴达维亚（今雅加达）和西贡（今胡志明市）等。1511年葡萄牙人占领马六甲后，随即建立城堡、天主教教堂与天主教教区，并鼓励葡萄牙人与当地妇女通婚，向当地居民传播天主教。葡萄牙人的城堡空间是以教堂及其附属的医院、学校、慈善机构为核心，辐射一片区域，多片区域间相互联系，最终形成一个整体。马六甲的圣母领报堂（Our Lady of Annunciation）是东南亚地区最早的教堂，建于1511年8月24日，建造教堂的目的是为了感谢圣母保佑海上航行。教堂所在的小山也被称为"圣母山"（Our Lady of Mount），也就是现在圣保罗大教堂（St. Paul's Cathedral）遗迹所

在的地方。较早的教堂还有圣母升天堂（Our Lady of Assumption），阿方索·马丁内斯神父（Fr. Alfonso Martinez）曾在这座教堂中工作了 30 多年，为天主教在马六甲的传播做出了积极贡献。1545 年，耶稣会教士沙勿略（St. Francis Xavier）曾在这里逗留约 6 个月。在此期间，他提出在此建立学校的建议。1548 年，经葡萄牙总督批准，耶稣会教士接管这个教堂，并用募集的善款在山上建立"圣保罗教会学校"。"圣保罗山"与"圣保罗教堂"的名字由此开始。1640 年葡、荷两国为争夺马六甲进行了激烈的战斗，这座宏伟的教堂受到严重破坏。荷兰人占领马六甲后，在基督教堂建成之前，这里是荷兰人举行宗教仪式的场所。基督教堂建成之后，圣保罗教堂成为荷兰人的墓区。1824 年，英国殖民者占领马六甲以后，在教堂前面加建了灯塔。1952 年，圣保罗大教堂前竖立起一尊白色雕像，纪念传教士沙勿略。随着更多的西方殖民者陆续征服海上丝路沿岸各个国家和地区，教堂也开始出现在当地的各个角落，在东南亚地区，教堂分布最广的是菲律宾和越南。

当代海上丝路沿线各地社会中，教堂的作用更多的是象征性的，因为基督教通过自身的本土化，已经成为当地文化的一个有机组成部分。教堂在设计、建造、重建或改建的过程中，其本源性的成分更多一些。教堂建成以后，其文化形式是固定的。然而，在长期的历史发展过程中，教堂所在地区的社会文化形态不断地发生变化，教堂的社会角色也在发生变化。特别是掌管教堂的神职人员逐渐变成本地人之后，教堂成为展现本土文化的场所。从这个角度而言，当地文化借助教堂的形式，装上本土文化的内容。在东南亚地区，除越南和菲律宾以外，其他国家和地区由于教堂数量较少，殖民时期西方文化的影响已经很难察觉。

二、菲律宾基督教文化之旅

菲律宾是一个位于亚洲东南部的群岛国家，由 7000 多个大小岛屿组成，旅游资源丰富。首都马尼拉是通往全国 7107 个岛屿的大门，从古老的西班牙教堂到现代化的购物商场，从历史名胜到悸动的夜生活和物美价廉的商品；被誉为世界上最好的海滩之一、"世外桃源"的长滩岛，有着粉末般的细沙和清澈碧蓝的海水；避暑胜地"大雅台"气候凉爽，风景秀美，以能俯瞰塔尔湖全景和世界最小火山塔尔活火山闻名；被称为动植物天堂的海上乌邦托"巴拉望岛"，一直是欧美名流度假的地方，透蓝的海水、五彩斑斓的水下生物、奇虫异鸟的原始丛林和朴实的村民使每一个到此旅游的人流连忘返。作为南方皇后城的"历史古城"宿务，既有保留许多西班牙时期的古屋、街道和残留的教堂，也有无数的白沙海滩、晶莹透明的蓝色海水和随风摇曳的棕榈，等等。

1. 融合当地文化的天主教节日

菲律宾堪称是太平洋上的节日国度，翻看日历，可以看到全国大大小小的节日庆典贯穿全年，其中相当一部分是融合了天主教宗教文化和菲律宾传统文化的宗教节日庆典。

在菲律宾，除了天主教徒普遍庆祝的万圣节、圣诞节以及复活节之外，菲律宾民族还热衷于庆祝他们独特的天主教宗教节日，这些节日颇具浓郁的地方特色，不仅反映了菲律宾民族的历史和宗教信仰，而且贯穿在其中的歌舞、选美、戏剧以及各种竞赛活动还充分体现了菲律宾民族追求喜乐、知足常乐的天性以及丰富的想象力和创造力。这些宗教节日庆典又称"民间天主教"（Folk Christinty），集中体现了天主教信仰与菲律宾原始宗教与民间传统文化的融合。菲律宾民间天主教的形成与西班牙天主教的传播密切相关。西班牙殖民时期，为传播天主教，教会特别注意利用天主教宗教节日庆典活动来吸引菲律宾人参加教会的活动，从而达到使菲律宾人天主教化的目的。更重要的是，传教士还注意采取"适应式"的传教方法，在天主教传播过程中注意对菲律宾的原始宗教信仰与传统宗教加以认同与调适，使天主教教义极易为菲律宾人所接受，从而加快了天主教在当地的传播。伴随着天主教在菲律宾的传播，这些融合了菲律宾民间宗教与文化传统的天主教宗教节日逐渐成为今天菲律宾民族文化重要的组成部分，并在加强菲律宾民族的凝聚力与认同感方面发挥着重要的作用。

菲律宾人独特的天主教节日主要分为以下几类：

第一类是纪念耶稣受难与殉道，如黑色拿撒勒节（Festival of Black Nazarene，纪念墨西哥的圣灵黑色拿撒勒）、莫里奥内斯节（Morions Festival）等。黑色拿撒勒节每年1月9日在首都马尼拉的奇亚波（Quiapo）举行，该节日自17世纪初从墨西哥传到菲律宾。当宗教仪式结束后，信徒们（只限男性）抬着黑色拿撒勒的圣像在奇亚波地区游行，信徒争相触摸圣像，认为会治愈百病。该节日非常隆重，每年有10万—20万的男信徒从全国各地赶来，有的虔诚者甚至跣足而行，整个奇亚波区被围得水泄不通。而莫里奥内斯节有两百多年的历史，每年的复活节期间在马林杜克岛（Marinduque）的波克（Boac）、蒙波格（Monpog）、加撒尔（Gasal）举行。Morions 来源于 morion 一词，意指古代罗马士兵的"高顶头盔"。举办庆典活动期间，参加者装扮成古代的罗马士兵在街上游行，表示忏悔。这个宗教庆典还要重演龙基尼斯（Longinus）被砍头的场景。龙基尼斯是古代罗马军队的一名百人队队长，在耶稣被钉在十字架上时，他用剑刺杀耶稣。根据民间传说，他声称如果耶稣基督的血能使他失明的一只眼睛复明，他将皈依耶稣。最后他因皈依上帝而被罗马人处死。

第二类是纪念圣婴（Santo Nino）。圣婴崇拜在菲律宾非常盛行，他被菲律宾民族奉为雨神、战争保护神和海神，同时还被认为能治愈百病，带来丰收。这类节日主要有阿提－阿提汉节、西卢罗节。

阿提－阿提汉节（Ati-Atihan Festival）：该节日是每年1月的第3个星期在阿克兰（Aklan）地区的卡利博市（Kalibo）举行。阿提（Ati）是菲律宾的土著民族，生活在米沙扬群岛的班乃岛。该节日是为了纪念圣婴帮助他们击败了穆斯林的进攻，同时也纪念他们皈依天主教。参加者全身涂黑，穿着戏服，踩着鼓点，伴着歌舞，抬着无数的圣婴圣像游行。

此外，每年1月在宿务（Cebu）举行的西卢罗节（Sinulog Festival）也是纪念圣婴的重要节日。西卢罗（Sinulog）是当地一种民族舞舞步的名称。节日期间，人们都要跳这种舞蹈表示庆祝。该节日是为了纪念麦哲伦到达宿务这一重大历史事件以及第一个菲律宾人胡安娜（Juana）王后接受洗礼，并祈求圣婴带来降雨。

第三类是纪念圣母玛丽亚（Virgin Mary）以及天主教历史上传说的一些著名女性，如圣海伦娜（San. Helen）等。

圣母玛利亚在菲律宾很受爱戴，在菲律宾人看来，她不仅是圣洁、母爱的象征，而且菲律宾人还把传统文化中对母亲的敬仰融合在对圣母的崇拜中，希望带来子孙繁衍。这一类节日主要有：

圣克鲁赞节（Flores de Mayo Fiesta）：通常5月在全国各地举行，是为了纪念圣母玛丽亚，同时社区还举办"圣克鲁赞（Santacruzan）"的美少女游行，以此纪念找到圣十字架的圣海伦娜。

马尼拉海军节（La Naval de Manila）：每年10月在马尼拉奎松市的圣多明我会举行，纪念玫瑰圣母玛利亚。这个庆典可追溯到1646年，相传因玫瑰圣母相助，西班牙人与菲律宾人的海军联盟打败了荷兰人的进攻，因此举行盛大的庆祝活动来纪念这一重大的历史事件。

图卢姆巴节（Turumba Festival）：每年4、5月在内湖省（Lagunas）的帕基尔镇（Pakil）举行，是为纪念受难的圣母玛丽亚所遭受的七重创伤。节日期间，信徒们抬着圣贞女玛丽的圣像游行，并祈求健康、丰收与子孙繁衍。

佩那佛兰西亚节（Festival of Penafrancia）：每年9月在南甘马遴省（Camatines Sur）的纳加市（Naga）举办，为期9天，庆典在最后一天达到高潮，载有圣母玛利亚圣像的船队在河中航行，从全国各地赶来的信徒们则追赶着船队，齐声高呼"Viva la Virgin"（圣母万岁），期盼圣母为他们带来健康。

第四类是纪念守护神灵的感恩节，主要是农夫的守护神灵圣伊西德罗（San Isidro Labrador），渔夫的庇护神圣米格尔（San Miguel）、圣文森特（San Vicente）、圣帕得罗（San Pedro）以及各巴朗盖的庇护神。菲律宾民族是一个主要从事农业与渔猎的民族，因此纪念这些神灵的感恩节在他们的生活中非常重要。这类节日主要包括：

水牛节（Carabao Festival）：菲律宾北部的吕宋岛地区是著名的产粮区，被称为菲律宾的"粮仓"，该地区纪念农夫守护神圣伊西德罗（San Isidro Labrador）的感恩节主要表现为"水牛节（Carabao Festival）"。受印度文化的影响，牛在菲律宾传统文化中倍受尊崇，直到现在，许多居住在米沙扬群岛的居民还保持着这一传统。该节一般是在5月中旬旱季结束，雨季开始时在中吕宋地区举行。由于雨季时间的不同，南部地区则是在8月、9月、10月举行。节日期间,农夫们将精心装扮的水牛带到镇上的教堂接受神甫的祝福,然后赶着牛群游行,最后庆典活动在由牛参加的各种比赛中达到高潮。而奎宋省(Quezon)的卢克班(Lucban),萨里阿亚(Sariaya)和塔牙巴斯(Tayabas)则以完全不同的形式来庆祝圣伊西德罗节。那里的人们用农作物以及一种用米做原料制成的薄饼(当地人称为"Kaping")挂在房屋四周作为装饰,期盼来年获得丰收。在南部达沃市每年8月第3个星期举办的卡达牙万(Kadayawan)节,则源于当地班哥波(Bagobo)部落庆祝丰收的仪式。Kadayawan意为"万事如意"。这类节日融合了天主教的宗教仪式和菲律宾农业民族的民间传统,在菲律宾各地颇为盛行。节日期间,人们载歌载舞,举行各种活动,祈求健康、丰收和繁衍子孙后代。

此外,每年5月17-19日在布拉干(Bulacan)市的奥班多(Obando)举行的生育节也是菲律宾民间宗教的盛大节日。该节日是为纪念镇上的三位庇护神:为不孕夫妇带来孩子的圣克拉拉(Sta Clara),为未婚男女找到理想对象的圣帕斯库尔伯伦(San Pascual Baylon)以及渔民和农夫的庇护神灵塞兰宝贞女(Senora de Salambar)。节日期间,许多希望怀孕生子的妇女前往奥班多(Obando)跳舞,当地的市镇官员也要前来助兴,非常热闹。这个节日是天主教文化与菲律宾民间传统相融合的典范。相传,圣帕斯库尔伯伦(San Pascual Baylon)原是16世纪欧洲的一位牧羊人,喜欢在祈祷的时候跳舞,这一仪式被菲律宾人融合在5月的祈求来年丰收与子孙繁衍的传统仪式中,形成了今天的生育节。

2. 巴洛克式风格的教堂建筑

教堂作为基督教文化的表现形式,在菲律宾主要体现为多元文化背景下的巴洛克式风格。

在西班牙殖民者占领菲律宾中北部地区以后,1578年,在圣方济会普拉森西亚神父(Juan de Plasencia)的建议下,殖民政府参照美洲的经验实行"并村计划"。西班牙殖民者将菲律宾群岛分散的居民聚集到大的村庄中居住,一部分大的村庄后来发展成村镇,村镇里修建教堂、广场和街道,形成教区。教堂就成了市镇所在地的中心之一。小教堂都采用菲律宾当地的原料,如原木、棕榈叶等,按照当地建筑模式修建。大教堂则用砖、石等耐久性较好的材料建造。由于教区的传教士几乎都来自西班牙及其殖民地墨西哥,因此教堂的建造和装饰受西班牙、墨西哥天主教堂的影响,多采用巴洛克式风格和样式。巴洛克建筑充满装饰、波折流转的特点,与喜好繁缛植物装饰的本土艺术性格正好契合,因此菲律宾的天主教堂充满地方意趣的装饰,有时甚至比西方巴洛克建筑的装饰更繁复、华丽。

其后,随着西班牙在菲律宾群岛的殖民征服进程,教堂也出现在菲律宾群岛的各个角落。西班牙人将那些在墨西哥行之有效的城镇规划概念搬到马尼拉,规划理念的重点是在主干道的交叉点形成广场,广场以天主教堂为中心,使这些广场成为宗教及行政的中心点。在城市郊区,西班牙人也将原居民重置,以教堂和广场作为中心,商业活动和大户住宅围绕中心分布,以利于西班牙传教士以教堂钟声宣召群众到广场集中,或发布宗教和行政管理的信息。这些教堂基本是西班牙殖民者建立的,教堂的大体风格延续了墨西哥巴洛克建筑风格,如使用大量镀金图案,装饰奢侈的墙面、刻面精美的柱子以及正立面檐口的山花曲线等。考虑到当地多台风、多地震的气候和地质因素,菲律宾的教堂多被设计成长方形,无侧廊和交叉部,适量降低建筑高度,形成独特的菲律宾宗教建筑样式。

菲律宾的大部分天主教堂都是由西班牙传教士和当地的艺术家或工匠共同设计建造的。参与教堂建设的人员不仅有西班牙传教士和原住民,还有华人和伊斯兰教徒。众多不同文化背景的工匠不仅奉献了大量的劳动力和建造经验,而且将本民族的文化因素与文化传统融入教堂建筑之中。怡朗的米亚高天主教堂(St. Tomas de Villanueva Church in Miagao)的立面采用大量的植物纹样装饰,钟塔具有爪哇岛坎蒂(Candi)的意蕴;北部伊莎贝拉市(Isabela)的图茂尼教堂(Tumauini Catholic Church)以复杂的砖饰闻名,遗存了印度教—佛教建筑的特点。宿务的卡卡天主教堂(Carcar Catholic Church)的尖顶状钟塔塔顶变成了清真寺中常见的洋葱头顶,教堂使用清真寺常用的三心花瓣拱和几何形纹样。不同文化背景的建造者共同创造出独特的建筑风格,体现了多种文化的融合。

菲律宾的教堂众多,在联合国世界文化遗产名录中,有 4 座具有代表性的巴洛克式教堂,包括马尼拉的圣奥古斯丁教堂(San Agustin Cathedral)、南伊洛戈省的圣母升天大教堂（Nucstra Sefiora de la Asuncion Church）、北伊洛戈省的抱威教堂（San Agustin Church in Paoay）、怡朗省的米亚高教堂（St. Tomas de Villanueva Church in Miagao）。

圣奥古斯丁教堂（San Agustin Cathedral），位于首都马尼拉，最早的原型是1571年西班牙人用竹子和水椰（nipa）建成的。1586年重建，由胡安·马西亚斯（Juan Macias）负责设计。据说设计方案受到奥古斯丁教会在墨西哥教堂的影响，几乎就是普埃布拉大教堂（Puebla Cathedral）的翻版。一些坚固的石质建筑材料逐渐取代菲律宾传统的木质建筑材料，在经历多次地震以及战争之后，教堂的主体建筑仍然保存完好。圣奥古斯丁不仅是教堂、修道院，还是收藏众多菲律宾、西班牙艺术珍品的博物馆，是展示菲律宾历史文化瑰宝的重要场所。1976年被菲律宾政府定为"国家历史遗迹"，1993年被联合国列为"世界文化遗产"。巴洛克风格是圣奥古斯丁教堂的艺术精华所在，墙垣、天花板和地面都是大理石材料，天花板的石块上雕刻有各种各样的花草，技艺高超，生动逼真，极尽奢华。1875年，意大利艺术家阿伯罗尼（Cesare Alberoni）和迪贝利亚（Giovanni Dibeila）在教堂的屋顶增加了幻影画。穹顶《圣经》中的人物经由技艺高超的意大利画师的手精心绘出，栩栩如生，颇具立体感。高大的柱子从顶部到底座都雕刻着玫瑰形饰物，唱诗班阁楼的顶部装饰着手持喇叭的天使，高高的穹顶上垂下来的巨大枝形吊灯更增添了几分庄重肃穆。通往教堂内大殿的拱形走廊一边是拱形窗户，另一边墙上挂满了宗教性油画。教堂大门、神坛，甚至连合唱团所坐的木椅，雕刻都非常精致。

三、越南基督教文化之旅

在东南亚地区，基督教教堂分布最多的地区，除了菲律宾，就是越南。越南教堂的主要风格为哥特式建筑。

16世纪初已有西方传教士来越南传教。1533—1614年，主要是葡萄牙的方济各会和西班牙的多明我会来到越南传教，但因不熟悉当地风土人情与语言，传教并未取得多大进展。1615—1665年，从澳门来的耶稣会传教士在越南开展传教活动。随着法国殖民活动的扩张，1664年成立的巴黎外方传教会对天主教在越南的传播起了特别重要的作用。外方传教会主要在越南、柬埔寨、泰国、韩国、日本和中国等地传教。1659 年,越南北部和南部各设立一教区,成为法国在东南亚成立的第一批传教组织。从此,法国教会组织的势力开始进入东南亚,并以越南为中心,开展各种传教和殖民活动。17 世纪初,第一座教堂由神父布佐明在越南岘港建立。19 世纪中期后,以耐久性材料建筑的宏伟教堂在各教区大量出现。这些教堂的设计者是来自法国的传教士,经过古典主义和古典复兴主义洗礼的法国人将欧洲各种优秀的建筑都搬出来炫耀,试图建构象征天国、能震撼信徒的宏伟教堂。

由于越南历代统治者对各种宗教信仰和社会思想采取"并举"的态度,从而在越南形成了多种宗教互相融合的特点,各种宗教也获得相对比较宽松的生存环境。由于法国天主教的广泛影响,在越南的城市和乡村中都可以看到教堂。教堂风格各异,其中以哥特式建筑元素最为突出,这与哥特式建筑在法国的广泛影响密不可分。哥特式建筑 11 世纪下半叶起源于法国,13—15 世纪流行于欧洲,主要见于天主教堂,对世俗建筑也起了很大影响。哥特式教堂的内部空间高旷、单纯、统一,建筑形态呈现出一种向上的动势。代表性的教堂有胡志明市圣母大教堂和河内大教堂。

胡志明市圣母大教堂(Saigon Cathedral),俗称圣母教堂。早在占领越南之初,法国政府在进行西贡(今胡志明市)市政建设规划时拟建造一座教堂。殖民政府最初选择在吴德继街建造教堂。那里有一座越南传统的庙宇,由于战争的破坏,庙宇已经破败不堪。法国教会决定在庙宇所在地建造教堂,教堂的设计融合哥特式和罗马式的建筑风格,教堂的建造从水泥、钢材、螺钉等一切建材都从法国运来。教堂外墙面用法国马赛生产的红砖,每块砖上面都印有产地,至今依然鲜红如初。虽然规模不大,但凭借其哥特式风格的经典美、室内装饰和珍稀文物而让人叹为观止。

河内大教堂(Ha Nol Cathedral),也叫河内主教教堂、圣约瑟主教教堂,是河内最大的教堂。无论规模还是外形,这个教堂都比越南的其他教堂更接近欧洲中世纪的教堂。从外观上看,河内大教堂就是巴黎圣母院的翻版。所有的门和窗户都是哥特式的尖拱,与之结合的是绘有圣像的彩色玻璃,非常美丽与和谐，为教堂内部提供天然采光。教堂装饰有民间传统艺术，雕刻有朱漆贴金的花纹，精巧独到。河内大教堂随处可见法国哥特式艺术风格的影响，如十字形平面、尖拱和中门上面的"玫瑰"形窗户等。

四、当代广州与东南亚地区基督教文化之旅

广州有两千多年的历史，中原文化、荆楚文化和吴越文化乃至西方文化在此交汇融合，共同构成了岭南文化体系的基础，兼容性是岭南地域文化的一大特色，这促使广州的教堂别具一格。据《广州年鉴2009》统计，广州全市有依法登记开放的宗教活动场所天主教6处，基督教32处，有市一级宗教团体广州市天主教爱国会、天主教广州教区、广州市基督教三自会、广州市基督教协会、广州基督教青年会、广州基督教女青年会等。教堂包括天主教的石室、沙面露德圣母堂、河南宝岗堂、沙河露济亚堂等，以及基督教新教教堂东山堂、锡安堂、光孝堂、芳村堂、十甫堂、河南堂、救主堂、市桥堂、赤坭礼拜堂、从化堂、增城堂、沙河堂等。

就教堂建筑整体风格来看，天主教教堂多采用十字形平面和铺张华丽的风格，而新教教堂则大多采用简单朴素的长方形或者T字形的平面形式。从空间布局来看，自第一次鸦片战争后，广州基督教教堂的空间布局由最初集中于十三行和南关一带，到20世纪以来向北、东、南三个方向扩散，形成老城、汉民路、河南三个集中分布区和若干郊区分布点，再到建国后的教堂大联合和改革开放后部分教堂的恢复重建，其间经历巨大变化。影响教堂空间布局的主要因素既有来自于内部的交通区位和人口因素，也有政治、城区经济发展水平、城市空间形态、宗教场所的空间集聚和竞争、城区环境，以及城市的信息化和全球化程度等外在因素。教堂的具体选址是多因素综合的结果。位于广州市一德路的天主教圣心教堂俗称石室，是中国现存最完整、最大的一座欧洲哥特式古建筑风格的石结构天主教教堂，教堂所在地自古就是广州城的繁华地带，商贾云集。宋朝时这条街被称为"卖麻街"，清朝时期这里曾是两广总督部堂衙门所在地。建筑师采用哥特式建筑风格，仿巴黎圣克洛蒂尔大教堂进行设计。教堂的平面呈十字形，坐北朝南，分三层，所有门窗都以法国制造的较深

的红、黄、蓝、绿等七彩玻璃镶嵌。这玻璃可避免室外强光射入，使室内光线终年保持着柔和，形成慈祥、肃穆的宗教气氛。

当代发展广州与东南亚地区的基督教文化之旅，不仅可以利用彼此的地缘优势以及基督教文化旅游资源，还可以借助当代基督教与其他宗教之间积极的对话沟通，整合基督教与其他宗教比如佛教的旅游资源，开发出内容丰富的宗教文化之旅。在包括广州在内的中国，基督教和佛教可能是对民众最具影响力的两大宗教，作为外来宗教，基督教和佛教的社会影响远远超过中国本土的道教。而当代基督教与佛教之间的对话正在积极进行。20世纪60年代初天主教梵二会议发表《教会对非基督宗教态度宣言》，正式承认其他宗教的思想与社会文化价值，整个基督宗教的世界有意推动普世性的宗教对话。"宗教对话"的核心导向，是要寻找"普世伦理"、"宗教宽容"，以及宗教之间共同的终极价值，从而找到传统宗教在现代社会的联结点。"基督禅"早在上世纪60年代末、70年代初已经有人提出，迄今已有近40年的历史。这并不代表一种新的禅修方法，而是表明了东西方两种不同宗教之间的沟通方式。基督禅是为西方的基督徒而设的，却没有让他们放弃基督教的要求，有的牧师甚至还想让东方的基督徒借此更好地理解西方的基督教。20世纪的宗教学，宗教对话是其最重要的思想成果之一，在基督宗教的主流文化里探索宗教对话的理论与实践。而在佛基对话方面，北美自80年代以来，已有丰硕的成果可资借鉴。1987年美国成立"佛教—基督教研究协会"（The Society for Buddhist-Christian Studies），几乎每年要开年会。讨论的议题，往往是当前共同关心的社会问题。譬如，2000年第六届年会的主题是"佛教、基督教与全球治疗"，内容包括：消费主义、全球伦理、冥想实践、环保、人权与社会正义、身心治疗、社会性别、经济压迫、种族压迫、抵制暴力、宗教仪式、文化、艺术、文学、媒体、科技等。从中已经看不到佛教与基督教互争高低的影子，而是共同探讨现代社会的治理与建设。基督禅所表现的佛教与基督教关系是友善型的。正因如此，基督禅吸引了不少信徒的关注。例如，2014年11月，在菲律宾描戈律圆通寺，基督、天主教徒首度参加由菲律宾佛光山万年寺监寺永宁法师讲解的禅坐入门，体验禅修，认识茶禅一味，在茶香中感受大自然之美。

第五章 海上丝路与道教文化之旅

道教是中国土生土长的宗教，至今已有1800多年历史。在长期的历史发展过程中，对中国社会的政治、经济、文化产生过广泛而深刻的影响，是我国古代文化遗产的重要组成部分。鲁迅曾说："中国文化的根柢全在道教。"《中国科技史》的作者李约瑟也认为："对中国古代科学贡献最大的是道教。"不仅如此，在中国众多名山中，也都有丰富的道教文化遗存，这些名山成为当今重要的旅游资源。

第一节 道教概述

一、道教的起源

道教是以"道"为最高信仰，以古代巫术和鬼神崇拜为基础，带着浓厚的万物有灵和泛神论色彩，同时吸收黄老思想、先秦阴阳五行学说、儒家谶纬神说，在此基础上形成的一种宗教。

学术界大多认同宗教的构成有四个基本要素，即：神明信仰、崇拜仪式、经典、宗教组织。基于这一认识，东汉顺帝时期张道陵在四川鹤鸣山创建正一盟威道被认为是道教成立的标志。作为一种多神信仰的宗教，道教复杂的源头却远远早于这一时期。神明信仰、崇拜仪式等可以上溯至远古中国人的原始宗教信仰，其中，神仙思想、古代巫术都与海洋文化有着密不可分的联系。

神仙思想是道教的源头之一。远古时期滨海地区的人们取食于海洋，对海市蜃楼等海洋现象心存敬畏，进而产生神仙思想。早在夏商时期，中国北方燕齐（今河北山东一带）沿海地区的人们已经有了海神崇拜的思想，并有祭海的行为。人们认为，海上有蓬莱、方丈、瀛洲三座神山，山上住有神仙。春秋战国诸子百家争鸣时期，神仙思想、阴阳五行学说盛极一时。《庄子·逍遥游》记载藐姑射之山的"神人"，"不食五谷，吸风饮露，乘云气，御飞龙，而游乎四海之外"；成书于这一时期的神话地理书《山海经》中也有不死国、不死民、不死山、不死药的记载，以及嫦娥服西王母不死药而奔月的故事。这些都刺激了当时人们对于不死神仙的向往，乃至这一时期出现了几次有名的方士入海求仙浪潮：战国中期齐威王、齐宣王、燕昭王派人入海寻仙，秦始皇遣方士徐福率童男童女出海求仙，以及此后汉武帝时期入海求仙活动。正因如此，学术界也有一种观点认为道教起源于古代山东沿海地区。道教充分吸收了神仙思想，把长生不死作为基本信仰，神仙方术作为基本道术，在其后不断补充，使其区别于其他宗教。

巫医占卜之术是道教的另一个源头。巫是古代自称能与鬼神沟通的人。在商、周时代，巫师的地位很高，那时国王无论处理大小国事，都要通过巫进行占卜，以求得神的启示，所谓"国之大事，在祀与戎"。其后，随着人类文明的进步，巫的地位逐步下降，甚至汉代规定巫医不能做官。但任何一种在社会上产生过影响的思想和信仰，都不会突然消失，它总会适应新的形势，经过改头换面，或多或少地保留下来，巫术也如此。秦汉时期，巫风仍然流行，只是内容形式有所变化。除继续使用击鼓、歌舞降神、祈福、消灾、治病外，还搞一些符箓、禁咒、幻术，以此镇压鬼神，甚至作木偶用针刺、箭射，冀其得病，俗称巫蛊，汉武帝时戾太子曾因此被废。"巫"的起源，与沿海地区有关。清人陈廷炜《姓氏考略》记载，黄帝有大臣巫彭作医，为巫氏之始。就是说，巫姓源自黄帝时期的大臣巫彭。巫彭又是如何得的巫姓呢？东汉人应劭《风俗通义》记载，凡人于事，巫、卜、匠、陶是也。意思是说，巫、卜、匠、陶这些姓，来自于所从事的职业，表明巫姓人起先从事的职业就是巫术。而根据古书记载，巫姓源起山东平阳，并且在漫长的历史时期，也主要繁衍于近海的山东平阳一带。《国语·楚语》记载山东土著居民东夷人有巫文化传统。当时甚至人人都具有与神沟通的能力。于此可见，作为道教起源之一的巫术，离不开海洋文化。国学大师陈寅恪先生在《天师道与滨海地域之关系》一文中说："经考证后认为，凡信仰天师道者，其人家世或本身十分之九与滨海地域有关。"

二、道教的发展

经过漫长时期的酝酿发育，到东汉顺帝（126—144年在位）时，张道陵在四川创立了五斗米道；汉灵帝时张角在北方创立了太平道。五斗米道和太平道的出现，标志着道教的正式产生。张角所创太平道因发动黄巾起义而最终被镇压，其发展传承不明。

张道陵创教，自称天师，其所创立的道教被称为天师道。又因信徒入教须纳米五斗，故又称五斗米道。其子张衡、其孙张鲁先后在巴蜀传教，以符水为人治病，教病人叩头思过。其后随着时局的变化，张氏后裔迁居江西龙虎山，发展为龙虎宗，最后成为道教在南方的重要派别正一道。天师道在江南、滨海地区，得到了异乎寻常的发展。东晋时期，一些名门望族，如王、谢、孔、贺，都成为天师道世家，表明天师道已由下层进入上层。例如，王羲之之子王凝之，在孙恩、卢循起兵攻至城下时，他入靖室请祷，并对诸将说已请大道派遣鬼兵相助，最后身首异处。而当时的孙恩、卢循起义也正是以五斗米道为旗帜，旬日之中，众数十万，可见信仰者众。世家大族多为天师道世家，往往站在统治者的立场，参与统治阶级内部的政治活动。如刘宋中期的二凶弑逆就与此密切相关。而天师道从民间走到庙堂的过程，又与几位天师道重要人物的改革有密切关系，这就是东晋的葛洪、南朝的陆修静、陶弘景，北朝的寇谦之等人。经过这些人分别在南北方的改革，道教理论逐渐完善，礼仪戒律也更加细致规范，其内容也与早期有了很大的不同，完全为统治者所接受。道教在南北朝时期由早期的民间活动被成功改造成了贵族化的官方宗教，从而为唐宋时期的鼎盛提供了条件。唐朝皇家姓李，自称是老子李耳的后裔。因此唐朝皇帝大多数都尊奉道教。这与秦皇汉武等前代皇帝出于求道成仙、长生不死的目的不同，纯粹出于政治目的，主要为了抬高自己的地位、神化唐朝李姓王朝的统治。因此道教在当时取得了类似国教的地位。北宋统治时期，由于内外交困，统治者也仿照唐代皇室的做法，高攀神仙为祖宗。北宋第三位皇帝宋真宗虚构一位道教人物赵玄朗，借以抬高赵氏皇族的地位。南宋时期，随着阶级、民族矛盾的激化，以及三教融合思潮的长期影响，道教内部滋生出空前众多的道派。在北方主要有太一道、真大道、全真道，在南方主要是正一道。明代中叶以后，道教开始衰落。清代由于大力推崇藏传佛教为国教，道教失去了官方的支持，地位逐渐下降。清代以后，道教遭到革命运动和内忧外患的冲击而更趋衰弱。1928年，国民党颁布神祠存废条例，民间道教俗神祭祀受到限制，部分道观庵被改为学校、机关、军营。当时大多数人包括一些上层人士将正宗的道教活动误以为是占卜、看相、驱邪等迷信活动，认为道教是低级的封建迷信组织并且受到知识阶层的遗弃。

新中国成立后，国家推行积极的宗教政策，保护了一大批道教名山和著名宫观；1957年正式成立了中国道教协会，驻北京白云观。而道教界人士也进行了一些改革，如广大道士改变了过去依靠收取地租、举行宗教活动为谋生手段的状况，转而从事农业、林业、旅游业、医药业等行业的生产活动，实现"自养"。道教开始重新步入健康发展时期。

在上层化的官方道教日趋衰微之际，民间通俗形式的道教却越发活跃。随着大量民间神、地方神进入道教神仙谱系，道教很自然地开始了民间化的历程。它再一次走下庙堂，并作为一种信仰在民间获得了异乎寻常的成功：妇女求子拜东岳娘娘，读书人想金榜题名就拜文昌帝君（文曲星），商人想招财进宝则拜赵公元帅。

三、道教的基本信仰

道教包含各种神灵崇拜、斋醮科仪，较为庞杂，它们均源自道教的基本信仰。

1. "道"的崇拜

东汉张道陵创立道教之初，奉老子为祖师，遵老子所著《五千言》（《道德经》）为圣典，以该哲典中所提出的"道"与"德"为最根本原理。在此思想基础上派生出崇拜对象、修持理论、规戒仪轨等。"道"本来是人生的道路、做人的道理，但老子认为的"道"，是超越一切有形事物的最高自然法则，"道"是宇宙的本原与主宰者，无所不包，无所不在，无时不存，是宇宙一切的开始与万事万物的演化者，它是无形的，是产生一切万物的本源，即所谓"道生一，一生二，二生三，三生万物"。"道"能为"一阴一阳"之用，是"生生成成"的规律。事物在不断变化运动，循环往复，最终又回归于道。在现实生活中，"道"鼓励人们遏制自己的欲望，清静无为，无为而治，顺应自然，与自然之道相符合。与"道"相提并论的是"德"。"德"指事物所具有的赖以生存的灵性禀质，以及社会伦理道德与人的品德。道教认为，"道"与"德"相互约制，驾驭宇宙的一切，天地人三个范畴都离不开"道德"的维系。道教追求长生久视，因而其根本信仰便是尊"道"贵"德"，其修持的首务便是修道积德，功德圆满，才能得道成仙。

2. 神仙信仰

道教是多神信仰的宗教，神仙世界是道教信仰的基础，得道成仙是信徒终生追求的目标。根据道教的说法，生成天地万物之本的道气化为三清尊神，住三清境。在三清尊神以下，还有玉皇大帝、护法神将、瑶池女仙、城隍、土地、灶君、财神、八仙、黄帝等诸多神仙构成的神仙世界，是道教广泛吸收中国传统的神仙信仰和神话传说，融合自身的信仰理论，最终形成的独特神仙信仰体系。从源头来看，道教诸神从中国古代的天神、地祇、人鬼三大系统演变成为尊神、俗神、神仙（人神），形成祭天帝、敬仙真、祀百神的崇拜体系。所谓神，是指天地未分之时就已经存在的，比如三清尊神、玉皇大帝、南极仙翁、南辰北斗诸星辰的星君，是先天就存在的。而仙则是后天的，凡是在开天辟地以后通过长期修炼最终达到长生不死的人，就是仙人。神是常人不可企盼的，而仙则可以修炼，由此激励着众多道教徒历尽艰险去修道成仙。

3. 重生恶死，长生久视

与神仙信仰相联系，道教重视生命的价值，以生为乐，重生恶死，追求长生不死。《老子想尔注》中说："生，道之别体也。"也就是说，"道"是"生"的基因，生命、生存、生长都是"道"的功能表现。而人的生命则是由自身决定的。《西升经》中说："我命在我，不属天地。"道生万事万物，道与生相守，生与道相保，须臾不离，道在则生，道去则死，人只要善于修道养生，安神固形，便可以长生不死。道教强调以生为乐，重生恶死，追求长生不死，这是一种积极的人生观和生命观，也是道教与其他关注来世宗教的根本不同之处。道教看重个体的生命价值，鼓励人们以现世生命为基础，抓紧时间修道，争取早日成仙。至于追求长生成仙的方式，在不同历史时期，有不同的主张。张道陵所创道教，将最初人们的求仙转变为修仙、炼金丹成仙，寻求肉身的长生。隋唐时期，成玄英、司马承祯等主张追求精神上的永恒、超脱。宋元明清时期，随着全真道的出现，神仙信仰强调从心与性、性与命的角度出发，主张明心见性，性命双修。全真道邱处机所说"吾宗所以不言长生者，非不长生，超之也"，即所谓长生，是在长生之外，而不在长生之内，修炼之时，心中不念长生而自然能够长生。近现代道教内丹修炼开始与现代自然科学相结合，仙学著名代表者陈撄宁在继承传统仙学的基础上，援引科学解释来改进仙学，认为长生不是永生，而是对生命的延长。

4. 天道承负与善恶报应观

道教认为，天道循环，善恶承负。所谓承负，指前人有过，后人无事受过；前人有善，后人得福。与佛教的"劫"一样，承负表示时间概念。承负周期，一说以十世为一循环，一说根据身份不同来循环：帝王三万年，官员三千年，普通百姓三百年。个人的祸福听命于天道循环。如要截断承负、免除厄运，一要行善积德，为子孙造福；二要虔诚信道修行，免除自身的承负之厄。这种天道承负、善恶报应的教义在《太平经》中已有记载。它显示了中国人重血缘、重家族、重德性的伦理道德观。

四、道教的文化艺术

道教产生后，广泛吸收和运用中国传统的音乐、舞蹈、绘画、书法、雕塑、建筑等艺术形式宣传其教义，逐渐形成具有宗教特征的道乐、道画、神像雕刻与宫观建筑。道教名山、宫观，连同保存下来的建筑、节日、音乐、绘画雕刻以及服饰、礼仪、养生术等众多道教艺术，是旅游资源中不可缺少的组成部分。

例如，道教宫观建筑的主要形式是楼阁，总体布局与中国传统的宫廷、官署和佛教的寺庙大致相似，但也有一些自身的特点。道教宫观的主要模式是所谓天尊体制：把各派崇拜的神仙都供奉在主要殿堂内，这种体制下的宫观一般规模都比较大，内部等级分明，排列有相对严格的秩序。布局上一般从南到北并列三条轴线，中间一条线上安排主要建筑群，东西两线安排稍微次要一些的殿堂，三条线形成了若干个四合院或三合院。这些宫观大多兴建于深山野林之中，有的倚山仗势，有的临水结庐，有的建于悬崖峭壁之上，有的高悬孤峰绝顶之巅，与自然风貌有机融合，同周围环境一体，反映出道士们远离尘世、返璞归真的追求。也有一些宫观建于大都市中，通常是官方兴建的十方常住，规模宏大，构造精巧。

道教宫观建筑的形制往往与神秘的天象和数字有关，往往以24、36、72等神秘数字作为天地之大数，这是受道教信仰的制约所造成的。例如，南岳衡山有72峰之说；武当山号称有72峰、36岩、24涧，其建筑有九宫八观、36庵堂、72岩庙之说；四川青城山有36峰、72洞、108景之说；安徽齐云山有36奇峰、72怪岩、24溪涧之说；江西龙虎山有九宫及99峰之胜概，24岩之异迹；江西灵山有72峰之说；江西麻姑山有36峰之说。这些神秘数字依据象征天地阴阳的天三地四演算。古人以一、三、五、七、九为天数、阳数，以二、四、六、八、十为地数、阴数，即"天一、地二、天三、地四、天五、地六、天七、地八、天九、地十"。同时，中国古人有天圆地方的观念，在计算圆方之形的周长时发现圆直径和方边径相等时，圆方的周径比约为3∶4，因此古人以3称圆，以4称方，这两个数字的任何倍数也是天地数，8与9又是天地的至极之数，于是8的3倍24，9的4倍36及8和9的乘积72等数字被视为可以"配天配地"的神奇符号。这些神秘数字不仅象征多数、天地，而且象征天地感应而产生的神秘化生力量。因此，由道士参与设计的名山宫观，常常暗合天地之数，即取法天地之道，以达到与天地合德，通幽明，行鬼神，国泰民安，物阜政平的目的。

总之，道教本身所包含的建筑雕刻等物质文化，以及信仰、节日、礼仪习俗、音乐舞蹈绘画等非物质文化，都构成了今天可以利用的旅游文化。

第二节　历史时期海上丝路与道教文化的传播之旅

道教是中国土生土长的宗教，是中国传统文化的重要组成部分。随着华人侨居世界各地，道教也随之远播海外。道教在海外的流传尤以东南亚为盛。

一、历史时期道教文化的东南亚之旅

作为中国近邻，历史上东南亚国家曾深受中国文化影响，宗教信仰也不例外。道教传到东南亚，主要是中国人由于各种原因到达当地居住生活而自然进行的传播。

1. 道教信仰在越南、柬埔寨的传播

道教在东南亚地区的传播，最早到达越南和柬埔寨。越南古称交趾、安南，曾长期藩属中国，受儒释道三教的影响颇深。据《安南志原》卷二记载："交趾旧俗，信尚鬼神，淫祠最多。人有灾患，跳巫走觋，无所不至。信其所说，并皆允从。"越南人好信鬼事神，崇尚祭祀，为中国儒佛道三教相继传入越南创造了条件。据说神仙方士安期生早在秦始皇时代就曾经到过今河内东北广宁省汪秘镇附近的"安子山"。大约在东汉末年，道教通过一些官吏、士人传入交趾（今越南北部红河流域），其长生信仰与神仙之术迎合了越南人对生命存在的深层需求而逐渐被接受。在道教传入之前，越南本有各种形态的原生性宗教，既有祭山、祭河、祭龙、祭蛇、祭虎、祭鸟、祭榕树、祭磨子等图腾实物崇拜活动，也有三府道信仰，即从朦胧的灵魂观出发，相信在人生活的尘世之外还有天府、水府和阴府三个世界存在，这与道教奉行的多神崇拜也有相通之处。元鼎六年（前112年）汉武帝平定南越国，置九郡，其中的交趾、九真、日南三郡就在今天的越南境内。元封五年（前106年），把全国划分为十三州部，交趾仍沿旧名为交趾刺史部。东汉建武十一年（35年），改交趾刺史部为交州刺史部。交州作为汉代十三州之一，成为汉朝最南部的疆域，因此中国史籍也称越南为"交趾"或"交州"。道教始创不久的东汉末年，天下大乱，不少人为躲避战乱，翻山越岭，由北往南，逃到当时偏僻且属于中国的交

趾，同时带去了道教信仰。据葛洪《神仙传》、牟子《理惑论》等书记载，这一时期有许多汉人避乱去传播"神仙辟谷长生之术"。魏晋南北朝时期，中原大乱，汉民大量南迁，其中部分人流落到交趾，道教在当地得到继续传播。据《晋书》卷七十二《葛洪传》记载，两晋之际，葛洪"见天下已乱，欲避地南土，乃参广州刺史嵇含军事。……欲炼丹以祈遐寿，闻交趾出丹……至广州，刺史邓岳留不听去，洪乃止罗浮山炼丹。"葛洪虽然最终未能前往交趾，但据此可以判断，道教在越南的传播，除了因战乱流民逃难的自然传播，还因当地出产道教炼丹所需丹砂而吸引信徒前往。唐代改交州为安南都护府，在盛唐文化影响下，儒释道三教在安南有更大的发展。据《交州八县记》记载，当时安南有21座道观。939年交趾汉人吴权（898—944年）宣布独立，建立吴朝（939—967年），其后继有丁朝、前黎朝、李朝、陈朝四朝，长达400余年（968—1399年），各朝均继续受到中国三教影响，特别是陈朝，虽以三教并行，但更推崇道教，使道教的发展达到顶峰。据越史记载：陈朝国王及王族多有为道士者，虔诚的道教徒更比比皆是；皇上有疾，命道士行安镇符法；无子，则请道士为帝祈嗣；求延年益寿，则设醮以祈祷；国王年老，或退而学道，或弃位隐居以成道，且极为讲究修炼之法。但其后的黎朝（1428—1789年）、阮朝（1802—1819年）为巩固统治，均从儒学角度来整顿封建等级尊卑秩序，同时对佛、道实行抑制政策，令僧道均参加考试，中者为僧道，落第者勒令还俗，道教地位每况愈下。

从传播途径上看，道教在越南的传播自北向南。道教早期从陆路（云南或广西）传入越南，其后在东晋时期的孙恩、卢循起义中又通过海路将天师道传入越南。全真道在明末清初南下传教的过程中，形成了多条传播线路：有的从江南传到东南沿海，随着福建、广东、广西、港澳等地的华侨移居越南；有的从两湖传到云南再进入越南；有的从两湖传到广西，然后进入越南（例如，湖北武当山是真武大帝信仰发源地，在中越交通沿线的城镇中大多建有供奉真武大帝的道观，从广西友谊关经谅山进入越南北方，在谅山有镇北真武祠；从谅山南下，有北宁省的瑞雷武当山的天真武祠，有红河东岸的巨灵的镇武祠；渡过红河到达河内市，有西湖的真武观等几个真武祠。这些越南北方的真武祠大多设置在从中国进入越南的路线上，而且这些真武祠的真武神像大多面向北方。由此可见真武大帝信仰从云南传入越南的路线，以及真武观与中国道教的密切关系）；还有的是从两湖传到广东、香港，然后传入越南，例如广东、香港、越南的先天道道堂一脉相传，由彭依法水祖开源，三花传五气。清咸丰年间（1851—1861年），先天道湖北祖师陈复始入粤传道，度化清远宿儒林法善，并于同治二年即1863年集资兴建藏霞洞，成为先天道在岭南道脉的发源地。由于陈复始与林法善师徒的努力，岭南先天道得以开展。其中藏霞洞与锦霞洞的创立尤为关键，北藏南锦，性命双修，成为香港先天道堂的脉源。藏霞一脉后传播到越南，以"藏霞"命名者为"总堂"，下设各种分堂，如永安堂、永乐洞、敬圣堂。道教神灵丰富了越南人的信仰世界，道教教义也能在一定程度上满足长期处于农业社会的越南人在情感上和精神上的需要，但与儒教和佛教相比，道教在越南的漫长历史发展中，可谓一波三折，时盛时衰。这种盛衰一方面与统治者对道教的态度相关；另一方面，也与道教神灵信仰具有浓厚的中华民族文化色彩的特点，在越南民间社会传播过程中不断地被越南化密切相联。

柬埔寨与越南相邻，历史上经历扶南、真腊、吴哥时期，1—7世纪隶属扶南（古代中南半岛的一个王国，辖境相当于今柬埔寨全境以及老挝南部、越南南部、泰国东南部一带），后来建立的真腊（今柬埔寨）也曾为扶南属国。由此推测，道教在越南传播的同时，也传入柬埔寨。这一点可以从《隋书》中找到依据。《隋书》卷八十二《南蛮列传·真腊》记载真腊（今柬埔寨）风俗："其丧葬，儿女皆七日不食，剔发而哭，僧尼、道士、亲故皆来聚会，音乐送之。""多奉佛法，尤信道士，佛及道士并立像于馆。"可见，隋唐时期，柬埔寨道教已非常盛行，深受民众信奉。宋元时期，道教在当地得到进一步传播。宋代赵汝适《诸蕃志》介绍真腊国说："其僧道咒法灵甚……道士以木叶为衣，有神曰婆多利，祠祭甚谨。"元代周达观《真腊风土记》记载："为儒者呼为班诘，为僧者呼为姑，为道者呼为八思维。"《明史·真腊传》则将"八思维"记为"八思"。只是由于柬埔寨受佛教、印度教影响较大，道教势力相对较小。

2. 道教信仰在马来西亚、新加坡的传播

明初郑和下西洋，扩大了道教在东南亚地区的影响。郑和船队对于道教的海上保护神妈祖（又称天上圣母、天后、天妃等）十分崇拜，每次下西洋前都要祭祀，祈求天妃保佑平安。第四次下西洋平安归来，明成祖朱棣批准在南京仪凤门外狮子山下兴建天妃宫，立《御制弘仁普济天妃宫之碑》，碑文记载了船队海上遇险、天妃护佑的场景："乃有神人飘飘云际，隐显挥霍，下上左右，乍有忽无，以妥以侑。旋有红光如日，煜煜流动，飞来舟中，凝辉腾耀，遍烛诸舟，熇熇有声。已而烟消霾霁，风浪帖息，海波澄镜，万里一碧，龙鱼遁藏，百怪潜匿，张帆荡舻，悠然顺适，倏忽千里，云驶星疾。咸曰：'此天妃神显示灵应，默加右相。'"清咸丰年间，这座天妃宫毁于战乱，唯碑幸存，该碑现存于江苏南京鼓楼区静海寺内。郑和第七次下西洋时，在途经今江苏刘家港时，还特地驻留约一个月，修建一座新的天妃宫，立《通番事迹记》碑纪念。由于郑和船队的影响，所到之处都或多或少留下足迹，例如交通要地马六甲（明代称"满剌加"），至今仍保留着"三宝山""三宝井"等与郑和有关的遗迹。

郑和下西洋以后，华人侨居海外的人数也逐渐增多。到了明末清初，在南洋落地生根的华人先民大多自认是明末遗民，他们以反清复明为号召，有组织地开拓垦荒，接应更多下南洋的华人，壮大队伍，开拓更多新地区。此后，从中国来到东南亚的华人还包括许多逃灾害、求温饱的老百姓，以及以"卖猪仔"等各种形式南下的契约劳工。

总体来看，从明朝中叶到鸦片战争前的三百年间，闽粤一带破产的农民和手工业者、躲避战乱者纷纷来到东南亚地区，致使当地侨民剧增。华人背井离乡，漂泊海外，他们以宗祠、会馆、公会等传统组织形式保持联系，把道教等中国社会文化习俗移入东南亚，并逐渐形成华人社会。其中，新加坡和马来西亚由于华人华侨相对集中，交通便利，成为道教的传播中心。17—18世纪以来，中国侨民大批来到这里，不少华侨还以这里为中转站，先后移居泰国、缅甸、印度尼西亚等地。这条移民路线，实际上也可以看成是道教在中国与东南亚各国进行文化交流的重要桥梁。据研究，1673年在马来西亚马六甲所建的

著名建筑青云亭，就是由华侨主持修建的，这也是马来西亚最早建立的华人庙宇。虽然青云亭以奉祀观音为主，但是该庙宇所祀诸神灵，有不少是属于道教系统的神，如大伯公、土地神、关圣帝君等。青云亭在后来曾多次经过修整扩建，规模宏伟，影响甚大。此外，1800年由闽粤华侨商人在槟城修建的广福宫，除主祀观音外，还有属于道教的天后圣母、大伯公、关圣帝君等神灵。在现今马来西亚的吉隆坡，可以看到城隍庙、妈祖宫、保安宫、观音堂、关帝庙、哪吒殿……几乎中国沿海特别是广东、福建地区民众所信奉的所有神灵，在这里都能找到踪迹。19世纪初，新加坡的道教庙宇也建立起来。金兰庙、天福宫、福德祠、恒山亭、粤海清庙等著名道观，都是新加坡最古老的庙宇，反映出道教在新加坡的兴盛状况。道教的天后，在海外华侨中也称为"妈祖"。天福宫长期成为新加坡华人社会的宗教活动中心，它的规模和影响甚至超过马来西亚的青云亭和广福宫。青云亭和广福宫都以佛教系统的观音为供奉的主神，而天福宫则以道教系统的天后为主神，说明道教信仰在新加坡处于优势地位。不仅天福宫主要供奉天后（妈祖），后来建造的许多天后宫都以妈祖为主神。与此同时，在马来西亚也建造了不少供奉妈祖的天后宫。

此外，东南亚的泰国、缅甸，其国内宗教主要为南传佛教；印度尼西亚的主要宗教是伊斯兰教，菲律宾主要信仰为天主教。道教在这些国家的传播和影响相对不大。

二、道教文化在东南亚地区的本土化

道教在海外传播过程中，大多与当地本土文化相融合，形成带有当地文化特色的本土道教。以东南亚地区道教信众较多的越南、马来西亚、新加坡为例说明。

1. 道教文化在越南的本土化

居住在中南半岛的越南人90%属于越族，也称京族，历史上他们受中华文化的哺育和熏陶，但也有自己原生性的宗教文化传统。道教在越南延续了中国道教多神信仰的传统，以神仙方术和斋醮科仪为传播方式，并与越南民间信仰相混杂，其内容极其丰富，种类繁多，无奇不有，衍化出越南本土化的道教。道教的符咒治病、求嗣、投胎、求雨、解禳、风水、占卜等以关注人的生命为特色，在越南民众中有着广泛的影响，至今越南的府县村社还有一些供奉着道教三清、真武、关帝、龙王、城隍、文昌、吕祖等神灵的道观、神祠和帝庙。相传，李朝于河内西湖东南畔创建真武观的目的之一，就是因为有狐精和龟蛇等精怪常常破坏红河堤防，皇帝祈求道教的护法神之一真武大帝降灵，消除精怪作乱，因此也称镇武观或龟圣祠。从神灵信仰上看，越南道教中还出现了中国道教所没有的伞圆山神、柳杏公主、扶董天王和褚童子，他们被神化为"四不死"信仰、圣人崇拜、母神崇拜、生殖崇拜等富有越南民族文化特色的神灵。例如，玉山祠中供奉着兴道王的神像，据说其原型为陈朝将领陈国峻，因率领陈朝军民奋勇抵抗蒙元军队的入侵，取得了胜利，被誉为民族英雄，受封为"兴道王"，人称陈兴道，后成为越南道观供奉的神灵。越南道观虽然类似于中国明清时的儒释道、民间信仰、村社祭祠混杂在一起的庙宇，但增加了一些越南民间信仰的因素。例如，河内真武观内庭院幽静，房屋建筑柱雕彩绘，屋脊装饰有辟邪异兽，与中国南方道观建筑相似，其中不仅供奉着真武大帝，而且还供奉着母道神、行业神和佛像。越南道教本地化的表现之一，是与佛教及民间信仰相融合，衍化出具有越南民族文化特色的新道派，其中影响最大的就是母道教与高台教。当今越南崇拜道教神灵的人群主要是先天道徒的华侨以及新道派如高台教的信徒。高台教是20世纪初由越南人吴文昭（1878—?年）、黎文忠（1876—1934年）融合各种宗教因素所创立的，以道教"知足常乐""清静修行"等教义出发，劝说人们放弃名利、钱财和奢华，摆脱对物质的贪图，以求得灵魂的自在坦然；它将玉皇大帝的眼睛悬挂在最高处，称之为"天眼"，成为其独特的宗教符号。由于高台教适应了现代越南人的精神需要，在越南南部湄公河三角洲地区的越族人中颇为流行，是越南仅次于佛教和天主教的第三大宗教。

　　总体来看，道教在越南的传播过程中，或与本民族的风俗习惯结合，或服务于统治者政治需要，越南把中国道教神仙系统中的尊神、俗神、人神进行了改造。首先，就尊神而言，中国道教最受崇拜的"三清"，到越南就变成了"女性"。越南道观的最高尊神不是"太上老君"，而是"上天圣母"，这是因为越南本土崇拜女神。其次，就俗神而言，中国所信奉的一些道教俗神，如城隍、关帝、妈祖、土地、灶君等，在越南也受到普遍的供奉。越南人家庭供奉土公、土地、门神、井神、灶神等；村社神主要是城隍神、本地区与周边地区发生武装冲突时本地区战胜的将领，各种手工业方面有突出贡献的也被供奉为神。其供奉体制按照阴阳五行的哲理进行。但是越南关于这些神的来源说法、供奉的方法却与中国有所不同。例如，中国人把城隍当成城市的保护神，其前身是水庸（水庸即沟渠，因中国古代城市多有城墙及护城河），后来各地把对当地有功绩的历史人物尊奉为城隍；传到越南后，最初是守护城池的神，后来推广到民间，大概与越南原始父权氏族祖神崇拜的传统习俗相融合，也演变成传统意义上的人神，把对当地有功的人、本地的英雄、名臣武将尊奉为城隍神。此外，道教在与当地信仰相融合的过程中，也形成了自己的特色。越南人信仰的土公，相当于中国的灶君。但是无论在神的含义上和供奉的方式上都有所不同，最明显的是中国的土地神只有一位，而越南的土公有三位，而且其中一位还是女性。越南民间也有信仰财神的习俗。中国的财神一般认为是赵玄坛，俗称"赵公元帅"，是道教所奉的财神，传说能驱雷役电，驱病禳灾。而越南的财神名叫如月，是女性。其次，就人神而言，越南道教在供奉中国道教中的神、吸收道教文化的同时，也把道教与当地乡土文化以及民族固有的信仰文化相结合，形成了独特的人神供奉制度。越南早期的封建王朝对一些传说中或历史上对本民族有功的人进行加封，形成所谓的人神制度，它是基于政治目的而进行的国家封敕，不同等级的神俸禄不同，并且被封敕的神有些还是现实生活中活着的人。因此，越南就出现了如李翁仲、柳幸、陈国峻、李常杰等人神。可以看出，越南无论是城隍神还是其他的道教俗神、人神，都融入了本民族的特色，向着本民族固有的传统习俗演变，把历史上对越南民族有功的人物，对老百姓生活起积极引导作用的人物供奉为自己本民族的人神，并把这些崇拜与原始人类氏族社会的祖先崇拜结合起来。这些俗神供奉习惯的演变，一方面可以看出是受越南祖先崇拜的影响，另一方面也可以看出随着越南国家的成立，越南要逐渐摆脱中国影响的迫切心理，如对兴道王陈国峻的供奉就体现了统治阶级用其来为自己的政治目的而服务的。

2. 道教文化在马来西亚与新加坡的本土化

马来西亚的道教是随着华人移居至马来西亚而逐渐发展起来的，华人进入马来西亚后，将民间传统信仰也带到了马来西亚。马来西亚早期的道教信仰接近民间的神灵崇拜，华人移民通过在住所内摆放关公、妈祖等塑像，同时设置香炉，作为早期祭拜的场所。随着移居至马来西亚的华人数量不断增加，加之华人社区的发展壮大和经济实力的增强，才出现正式的道教宫观，表现出当地华人试图在信仰上保持与故土相同的形态。通过仿造故乡的道教宫观，马来西亚华人聚集区逐步建立了道教活动场所，保持了原有的信仰。最初这些道教宫观奉祀的是与故乡宫观中相同的神仙，例如，保生大帝、九皇大帝、财神、土地、城隍、关公等。之后，随着华人在马来西亚的落地生根，代代相传，早先侨居到马来半岛从事开发的华人先辈叶德来、叶致英、叶观盛和陈秀莲等也被加以神化，成为"四师"而被当地华人奉祀，这种现象表现了道教的多神崇拜与华人移民文化的结合，体现了马来西亚道教的本土化。此外，对于当地的文化，华人也予以吸收借鉴，进一步促进了道教的本土化。例如，马来西亚地方官员受封后被称为拿督，拿督也被当地华人加以神化，被视为保障一方水土的拿督公，马来西亚的道教也接受了这个地方神灵，在道教宫观中塑造了拿督公，使之成为与传统道教中的城隍神和土地神类似的地方保护神，这也是马来西亚道教本土化的一大体现。

和马来西亚一样，新加坡的道教也随着华人的移居而进行传播。作为一个拥有多个族群的移民国家，新加坡国内各种文化彼此交流交融、相互借鉴，形成了具有包容性的移民文化，这种本土文化对新加坡道教的传播和发展产生了重要影响，形成了具有新加坡特色的道教。新加坡道教的本土化具体表现在道教的宫观中，当地宫观不仅奉祀着道教神仙，还兼供奉其他宗教的神灵，这在其他地方比较少见。例如，兴建于1840年的天福宫，本是崇拜道教的海上保护女神妈祖，这固然是因为新加坡华人以前多靠海运和捕鱼为生，他们仰赖妈祖（天后圣母）的照顾，建庙供奉，在该庙前殿中供奉道教的天妃、保生大帝和关圣帝君，后殿也供奉佛教观音。再如，1887年建立的玉皇殿，供奉的神灵涵盖了儒、释、道等：属于道教的神有玉皇大帝、南斗六星、北斗七星、二十四天将、三元大帝等；属于佛教的则有观音、地藏王、如来佛、阿弥陀佛、弥勒佛等；另外还有孔子像。这种现象的产生主要有两方面原因：一方面，新加坡地域狭小，土地资源严重不足，导致宗教用地极度缺乏，很多宗教场所走上了联合之路；另一方面，也与当地民众的宗教信仰有关，当地民众的宗教信仰并不唯一，宗教场所的联合也是为了迎合当地人的多重宗教信仰。

三、道教在东南亚地区的发展趋势

1. 东南亚地区道教文化的世俗化发展趋势

作为一种多神信仰的宗教，道教拥有一整套崇拜的神仙系统，修炼方式不一，流派众多，它一方面追求与道相契合的神圣境界，另一方面也强调世俗生活的修炼。随着现代全球化时代的到来，道教在东南亚地区顺应时代需要，有着世俗化发展的趋势。

首先，作为华人华侨远离祖国在异国他乡求生的精神寄托，道教在传入东南亚之初，就赋予了世俗社会同乡和宗亲的纽带功能。有的道教组织成为同乡会一类的组织，有的庙宇也成为同乡以及宗亲活动聚会的场所。相对于其他宗教，道教庙宇建造发起者往往并非宗教人士，庙宇建造和存续目的也并非仅仅是传扬宗教信仰，特别是其中那些较为早期的庙宇，一般都是由各个华人宗亲集团组织修建，除了供奉华人普遍信仰的一些神祇，也供奉集团特有的地方性保护神。这些庙宇不仅仅是宗教崇拜的场所，同时也是这些集团的成员日常交际、联络感情的平台，甚至是集团领导层开展行政活动的中心。以新加坡为例，新加坡天福宫是由闽帮领袖陈笃生捐资并组织选举董事、总理以及发动闽帮筹资，于1840年兴建，在其后几十年时间里，天福宫一直是新加坡闽帮的最高决策机构。这类具有帮群香火庙性质的道教活动场所在华人社会是很常见的，如新加坡潮州帮的粤海清庙、琼帮的天后宫（设于琼州会馆内）、客家帮的丹戎巴葛福德祠等。除了这些作为各大帮总机构的大庙外，一些财力强大的州县小集团也会建立神庙供奉一些更加有地方特色的神祇。比如南安籍华人建立于1936年的凤山寺，主祀南安地方神广泽尊王，在1926年南安会馆成立之前，一直是南安华人在新加坡的总机构。漳州长泰籍华人在福建街建立的清元真君庙（长泰会馆原址）也极具地方特色。一些财力雄厚的家族还建立起本姓氏的宗庙，比如陈笃生之子陈金钟和陈明水于1878年共同捐资兴建的陈氏宗祠赤保宫。这些庙宇的帮群色彩决定了这种建筑不仅具有宗教功能，还具有世俗性的社会功能。虽然当代各帮派的管理机构逐渐削弱神权色彩，实现庙宇和会馆的分离，但许多大的神庙仍由社团管理。

其次，道教活动场所经常承担世俗性的社会功能，崇拜仪式和礼仪活动逐步简化。东南亚地区道教活动场所经常举办婚姻咨询、母亲育儿班、旅游观光、老人会、体育健身等活动，具有很强的世俗色彩。例如，被列为新加坡国家古迹的天福宫，是新加坡最古老的庙宇之一，始建于1840年。天福宫主祀海神妈祖，是闽籍移民到达新加坡后酬神和祈福的主要去处。作为闽帮最主要的庙宇之一，天福宫承担着举办大型宗教庆典的职责，最为重要的是中元普度和迎神赛会；作为闽帮社群的香火庙，天福宫也承担各种宗教衍生功能，比如教化和慈善；天福宫还是闽帮领导机构，因此也承担一些纯粹世俗性的功能，比如作为调停福建移民内部纠纷的场所，为福建移民的结婚仪式提供见证等。在马来西亚，马六甲的青云亭建寺以来就是当地华侨华人的活动中心。这里除了进行宗教祭祀活动外，也是华人甲必丹（管理某一地区华侨华人事务的官职）的办公室。甲必丹制度废除后，华人选出亭主主持该寺。青云亭既是一座寺庙，同时又兼管马六甲华人社会的行政事务。此外，青云亭还经管华人丧葬和清明祭祀，创办义学和慈善机构。建立于2002年的莲花山三清殿，先后举行了一系列与道教文化相关的活动，比如道教音乐演出、道教书画笔会和展览以及道教文化研讨会，等等。活动主办者的本意是把道教作为一种文化现象引入到马来西亚主流文化社会之中。在缅甸勃生的三圣宫，除祭祀神灵外，还是当地华侨华人进行各种活动的场所，华侨华人集会、议事、办学、洽谈商务、接待新客以及施舍救济等社会福利活动都在这里进行。在菲律宾，道教庙宇设有董事会，董事会由选举产生，负责筹措经费和开展活动，并且聘请专职人员，管理该庙宇的日常事务。这些庙宇经常举行各种道教仪式、施展"法术"、分发灵符等活动，同时也进行义诊，为求医者排忧解难。此外，庙宇还进行以救灾和助贫为主的赈济活动。赈济对象包括该庙宇所在社区的全体居民，并不限于华侨华人。总之，宗教职能与世俗职能相结合，是东南亚道教庙宇和团体的一个明显的特点。

第三，人们的信仰意识逐渐淡化，很多人尽管还照常到神庙参加活动，但实际上相信传统信条、教义的人并不多，有的甚至对基本教义不甚了解，宗教观念渐趋淡薄；与之相应，在信仰对象上也日趋自由化和多元化。不少道士并没有自己庙观，只是为信徒举行斋醮活动，形同谋生的职业，道教活动也带有较浓厚的商业化特征，道士们对于道教教义和道教历史大多并不了解，而华人信徒进庙观也大多只是拜拜，祈求各种现世利益。

总之，东南亚道教世俗化趋势表明，神圣的宗教正逐渐走出圣地，步入尘世，贴近现实，这是东南亚社会变迁的结果。实际上，也是华侨华人宗教文化与赖以生存发展的东南亚社会环境发生互动的结果。在此过程中，华侨华人宗教文化一方面以自己的特有方式对世俗社会的发展产生影响，从而在东南亚社会发展变迁的进程中留下了自己的明显印记；另一方面又受到东南亚社会政治经济文化变迁的影响，尤其是受到伴随着现代化进程而来的科学理性的强大冲击，使其神圣性逐步减弱。华侨华人宗教文化为了继续生存发展，不得不进行调整，以适应社会变迁的要求。可见，东南亚华侨华人宗教文化的世俗化既有外部环境的催化，也有内部生存发展的需要，是二者综合作用的结果。

2. 追求实用，三教合一，教派众多

道教传到东南亚地区，伴随着华人文化与其他民族文化的接触，不仅丰富了道教的文化内涵，也与其他文化和谐共处，推动着道教文化在当代的有效传承。在发展传承的过程中，为适应各国国情，道教信仰被加以简单化、实用化，在此基础上，形成众多教派。

东南亚道教信仰的主要神灵并不是中国道教神仙系统的最高尊神三清四御，而是属于尊神之下的俗神或人神。这些神灵糅合了中国本土多种道教流派和民间信仰，体现出道教信仰在当地以实用为主。华人华侨初到南洋，既要谋生存，又要图发展，往往会祭拜所有跟生存发展活动密切相关的神灵，如海上保护神妈祖、财神关帝公、福德正神土地公等都是道教不同流派的神灵，是东南亚国家道教庙宇中供奉得最多的三位神。天后（妈祖）是传说中的海上保

护神，东南亚华侨华人航海经商，希望海上平安，一路顺风，祈求天后圣母的庇护。关圣帝君在人们心目中是忠义和雄武的化身，东南亚的华侨华人不仅把他当成保护神，还视为财神，供奉关帝之风很盛。大伯公（土地公）亦称福德正神，被华侨华人寄望于保佑一方平安。正是出于寻求生存和发展等实用的需要，东南亚华侨华人还崇拜姜太公、吕洞宾、鬼谷子、张天师、三保公（郑和）等人，乃至早期华侨华人中的开拓者以及家族的祖先。

另一方面，宋元以来中国人信仰中三教合一的趋势也影响到远渡重洋的华人华侨，使得东南亚道教带有越来越明显的儒释特征。广大信众更是普遍信奉儒、佛、道三教，道教庙宇供奉儒家先师孔子、佛祖释迦牟尼的现象比比皆是。与此同时，东南亚道教还吸收了当地一些民间的宗教信仰，并对当地盛行的佛教教义或伊斯兰教教义采取灵活又兼容并蓄的态度。例如，在新加坡，从中国来的移民大多建造与其原籍相关的守护神庙。当地华人有很多是福建人，他们继承上一代来自福建的佛道混合的传统信仰，如玉皇大帝、释迦佛、观音菩萨、地藏菩萨、灶神、门神、土地公、关公、天上圣母、保生大帝、玄天上帝等神佛，而大多数华人同时信奉佛教和道教，一般广泛供奉的不仅是大伯公（福德正神或土地公）、保生大帝、关公、注生娘娘、财神等道教的神，还同时供奉观音菩萨和阿弥陀佛等佛教神灵。虽然很多庙宇里供奉的神像体现三教融合，但道教的神处于突出地位，道教色彩浓厚。

随着华人华侨的移民浪潮，来自中国不同方言群的各帮道派先后也传到东南亚地区，并随着历史的发展，出现了名目繁多的各种或大或小的本地新道派。较知名的道派，有三一教、德教、真空教等。三一教也称"三教"、夏教，原本是明代中后期福建莆田人林兆恩所创，清朝末年由中国侨民带到东南亚的新加坡、马来西亚和印度尼西亚。三一教把儒、道、佛三者合而为一，庙宇里除供奉教主林兆恩外，还供奉孔子、老子和释迦牟尼以及其他道士或真人的神像。德教原为1939年广东潮阳人杨瑞德创立，后来传到新加坡、马来西亚和泰国，得到迅速发展。德教最初供奉太上老君，其后增加孔子、释迦牟尼、耶稣、穆罕默德，一共5位主神；此外还供奉济公、观音、鬼谷子、关帝、天后、八仙等众多神。真空教是19世纪江西寻邬人廖帝聘创立，后传入东南亚的新加坡、马来西亚、泰国、印尼等国。其教义包括儒教、道教和佛教的学说,庙宇称为道堂,活动中心在新加坡。此外,属于道教系统或者受道教影响、与道教关系密切的教派和宗教团体,在东南亚还有"圣教会""空中教""慈忠会"等。这些或多或少包含着道教因素的教派和宗教团体,同前述传统道教的庙宇和组织一样,在团结东南亚华侨华人、推进社会福利事业、保持华侨华人同祖国的联系等方面,客观上也起到了某种积极的作用。

第三节　当代海上丝路沿岸道教文化之旅

一、道教在东南亚地区的分布

中国与东南亚国家毗邻,文化交流密切,历史上道教各派以及妈祖、吕祖、关公、八仙、玄天上帝、太上老君等道教信仰在各国得到广泛传播。道教在东南亚的传播,除越南、柬埔寨较早外,大多数国家都相对较晚,明清以后乃至近代时期,由华人华侨的迁徙移民带去。由于国情不同,东南亚国家的道教发展程度也有差别。

1. 越南

道教传入越南虽然时间较早,而且自北向南传播到越南各地,逐渐形成一种全国性的宗教。但是同儒、佛比较起来,越南道教的基础比较薄弱,势力不大,始终未能取得超过儒、佛的优势地位。到了近代,道教在越南已经逐渐衰落。不过,在神仙崇拜、风俗习惯、文学艺术等方面,都可以看到道教的某些影响。例如,16世纪以后,越南的南方逐渐被开发。阮氏政权充分利用许多逃避清朝统治的前明朝官员以及民众,奖励开垦养殖。其后不断有来自福建、广东、广西等地的华侨移居越南南方。胡志明市(原西贡市)就是华人聚居的主要城市。在胡志明市西南的华人聚居区,一些华人的会馆和道教宫观仍然在继续活动。由广东广州来的华人修建的穗城会馆,创建于道光八年(1828年)以前。会馆有正殿供奉天后圣母、龙母娘娘、金花娘娘,偏殿供奉关帝等。由于穗城会馆供奉的主要是女神,所以被越南民众称为"女庙"。由广东潮州来的华人修建的义安会馆，创建于光绪二十八年（1902年）以前。会馆有正殿供奉关圣帝君，同时奉祀福德老爷、文昌帝君、财帛星君以及天后圣母等。由于义安会馆供奉的主要是男神，所以被越南民众称为"男庙"。由中国广东省南海茶山庆云洞分灵迁来的庆云南院是越南现存的唯一保存着中国传统道教活动形式的道院，里面供奉慈航道人（即观世音）、文昌、关帝、吕祖、赤松真人、华佗仙师，还设有释迦殿、观音殿、地藏殿以及太清殿，符合全真派三教合一的教义思想；院外有所属的"隐修阁"，内设"柳真君府"，供奉母道教的柳杏圣母。

2. 新加坡

新加坡自有华人起就存在华人传统宗教信仰。早期到达新加坡的华人移民，不仅有直接来自于中国的，也有马六甲等地的华族后裔转迁新加坡的，这些华族有的在东南亚已经生活了数代，其信仰虽然同样源于中国闽粤地区，但已经发生了一些变化。因此新加坡的华人信仰，结合了中国、马来西亚和新加坡三地风格。新加坡的道教和其他华人传统信仰的信众也基本上是华人。在新加坡，凡是多神信仰，以神明、祖先、鬼魂为祭祀对象，以华人传统伦理道德为宗教义理，以道教斋醮科仪和扶乩降神为与神鬼界沟通手段者，大都自我认同为"道教"。因此在东南亚，新加坡是道教信徒最为集中的国家。据1980年统计，新加坡有道教信徒58万人，华人占99%，包括真空教、三一教、德教信徒在内。1990年，一些道教组织联合成立"新加坡道教总会"。但是，在这个总会之外，还有很多道教组织，如"新加坡三清道教会""新加坡茅山德学道教会""旺相堂三教老祖师新加坡道教协会"等。至于一些道教宫观成立的小型组织（如"星洲金榜山亭天后会""水江庙香友会""圣宝坛"等）更是不可胜数。据调查，这种小型组织在1983年就达51个之多，明显地反映出道教在新加坡十分兴盛。当然，同道教在中国的原始教义和崇拜诸神相对照，新加坡的道教已经发生了很大变化，还派生出许多其他的教派。

3. 马来西亚

在马来西亚，当地华人奉祀最多的神灵，大多数可以划入道教。随着道教俗神如海神妈祖、关帝圣君、福德正神、玄天上帝等的传入，道教教派也在约

19世纪中叶传入马来西亚。各地最早建立的宫庙，主祀或配祀道教俗神的极多，如马六甲的青云亭及宝山亭，丁加奴的和兴宫，吉兰丹的镇兴宫，话望月的水月宫，槟城的广福宫，海珠屿的大伯公庙、宝福社、城隍庙，吡叻的坝罗古庙，太平的粤东古庙、岭南古庙，柔佛的柔佛古庙，吉隆坡的仙四师爷宫等。1673年修建于马六甲的青云亭，除供奉主神观音外，左殿供奉天后（妈祖），右殿供奉关帝，可以说是道教在马来西亚最早的神庙。属于道教系统的天后圣母，在马来西亚受到越来越多的崇拜。据统计，20世纪末，马来西亚共有天后宫35座；其中，以吉隆坡惹兰赛卜都拉路的天后宫规模最大。对关帝的信仰也很普遍。吉隆坡的关帝庙，创建于1889年。道教系统的土地神，在东南亚称为大伯公，也称福德正神。供奉大伯公的庙宇，在马来西亚为数不少，名目繁多。其中，有沙捞越诗巫的永安亭、马帝鲁的寿山亭、民丹莪的民安亭、加帛的福隆亭、古晋福德祠、林梦福德祠、民都鲁神祠、老越福德宫等。此外，有些道观还奉祀太上老君、太乙天尊、玉皇上帝等神灵。20世纪初，修建于槟城垅尾的"自由观"和海客园的"成化堂"，就供奉这些神灵。供奉这些神灵的庙宇如此普遍，正是道教兴盛的表现。另据1983年的统计，马来西亚的华人社团共有3582个，其中宗教团体和庙观有405个。这个数字远远不能反映实际状况。根据马来西亚学术界人士估计，每1万华人的聚居区就至少有1所庙观。槟州38万华人大约有2000所道观，远远超过学术界人士的估计。有材料称，马来西亚的道教宫观，包括已经登记的和未登记的，大约有15000余座，分布在马来西亚华人居住比较集中的地区。

4. 泰国

最古老的道教庙宇，是修建于曼谷吞武里临河的关帝武圣庙。庙内有一匾额，题记于1781年。这不是该庙建造的时间，其修建时间可能要更早一些。位于都城城墙内的玄天上帝庙，庙内有1842年挂的匾额。这座玄天上帝庙修建于都城之内，反映出当时泰国王室对它的重视。因此，前来参拜者人数众多，香火鼎盛，在华侨华人和泰国人中间影响很大。1902年，曼谷修建吕帝庙，除供奉吕洞宾外，还有太上老君和姜太公的神位。此外，还有一些庙宇供奉属于道教系统的神，如大本头公庙供奉大本头公和玄天上帝，仙公宫供奉仙公，天后圣娘庙供奉天后等。在这些供奉的神中，数量较多的还是关帝。供奉关帝的庙宇，现约有 10 座。曼谷有一座关帝古庙，建于 1892 年。还有一座关圣帝君古庙，初建年代不详，1988 年重修。此外，福建会馆建有关帝武圣庙，客家会馆建有关帝庙。曼谷的玄天上帝庙内也供有关帝，在泰国其他地方也建有关帝庙，其中以苏梅岛关帝庙最为著名，该庙修建于 1872 年，后又重建，香火很盛。

5. 缅甸

1806 年，华侨修建了八莫关帝庙，这可以说是缅甸最早的道教庙宇。1838 年，华侨在丹老江边修建了一座天后宫。1881 年、1884 年和 1906 年，当地华侨又多次捐资重修，反映出对天后（妈祖）奉祀的极度重视。1874 年，华侨在仰光郊区修建一座供奉"清水祖师"的庙宇，以每年正月初六为祖师诞辰日，隆重祭祀。最为著名的庙宇当数勃生三圣宫，这座庙宇建于 1855 年，奉祀观音、天后和关帝，故名"三圣"。勃生三圣宫，与丹老天后宫以及仰光的广东观音庙、福建观音亭一起，统称为"缅南四大古庙"。虽然观音属于佛教神灵，但天后和关帝却是道教神。由此也可以看出道教的影响。

6. 印度尼西亚

在印度尼西亚，道教被一些华人华侨信仰，但影响不大，主要表现为奉祀一些属于道教系统的神灵，例如天后、大伯公、关帝等。在爪哇岛三宝垄华人社区，华人庙宇都以大伯公为主神。最早的当数 1756 年修建的郭六官祠堂。1792 年，又修建了大伯公庙。1881 年，华侨在这里修建了妈祖庙。比较起来，信仰关帝在印尼更为突出一些。专门奉祀关帝的著名庙宇，有雅加达的南靖庙、苏门答腊岛上的棉兰关帝庙和巨港的关帝庙（又称义合庙、协天宫）。棉兰关帝庙香火很盛，除奉祀关圣帝君外，还有财帛星君和福德正神（大伯公）。巨港关帝庙大约修建于清朝光绪年间。此外，在东爪哇的杜板，西加里曼丹的万乎山、坤甸等地，也建有关帝庙。

7. 菲律宾

虽然菲律宾人的主要宗教信仰是天主教，但仍有不少华侨华人信奉道教。属于道教系统的神灵，如天后（妈祖）、本头公（土地公）、关帝、八仙等，都是他们供奉的神。据 20 世纪 90 年代初的统计，菲律宾全国共有道观、道坛 58 座。其中，三座最大的道观，是加洛干市的大道玄坛、马尼拉市的九霄大道观和巴西市的九八凌霄宝殿。大道玄坛创建于 20 世纪 50 年代。到 60 年代中期，部分道士从大道玄坛分离出来，另外修建九霄大道观。80 年代初，又有部分道士从九霄大道观分离出来，另建九八凌霄宝殿。这三大道观，是菲律宾大马尼拉地区道教的中心。九霄大道观中设有菲华道教促进会，九八凌霄宝殿中设有菲律宾中国道教总会。除了这三大道观外，还有一些较小的道观、道坛，如三清坛、玉皇宫、泰玄都、清净道坛等。菲律宾中南部的道教中心在宿务市，该市最大的道观，是 20 世纪 50 年代末开始修建的定光宝殿。菲律宾的道教信徒，每年要在马尼拉市的九霄大道观中举行一次盛大的宗教活动。值得注意的是，菲律宾道教徒信奉的神灵，虽然也融进了一些佛教神灵（例如释迦牟尼、观音菩萨等），但主要的还是供奉道教的传统神灵。如太上老君、元始天尊、通天教主、王禅老祖、洪钧老祖等，其正宗道教色彩较为浓厚。当然，同东南亚其他国家一样，供奉天后、土地公和关帝，也是较为普遍的。其中，加洛干市的通淮庙主要供奉关圣帝君，它同许多崇拜关帝的社团保持着联系，经常举行宗教活动，影响甚大。此外，据 20 世纪 60 年代统计，菲律宾全国的天后圣母庙或妈祖庙，共有 100 多处。

在东南亚国家中，柬埔寨和老挝的主要宗教信仰是佛教，文莱的主要宗教信仰是伊斯兰教。至于道教在这些国家的传播情况，目前能够见到的有关资料不多。不过可以肯定的是，这些国家的华侨华人，除了佛教或伊斯兰教信徒外，也有保持着自己不同的宗教信仰的。例如：柬埔寨的华侨华人，仍信奉多神教。其中，显然包含着道教系统的神灵。

二、当代东南亚道教文化之旅

从 20 世纪 80 年代末开始，东南亚国家和中国已经互为旅游目的地，东南亚是中国人最常去的旅游地之一。但是，旅行社产品老化使东南亚渐渐失去往昔的魅力，旅行节目依旧以观光为主。

事实上，除观光旅游之外，中国与东南亚之间，文化旅游大有可为。在地缘上，中国与东南亚地理相连、历史相通和文化交融，二者有着先天的地缘文化共性。中国文化吸引着东南亚的游客；东南亚旅游也受到中国游客的青睐，东南亚旅游产品既有热带、海洋风情，又有历史遗迹、民俗风情、宗教文化等人文旅游资源，了解和体验东南亚地区复杂多样的文化将越来越成为中国游客的目标。中国与东南亚各自的文化传统、发展脉络使双方既有合作的良好基础和共同领域，奠定了合作的可能性，同时也可以展示各自的文化传统和异彩纷呈的特色。中国与东南亚双方可以展开广泛和深入的跨界旅游合作。合作开发旅游产品是国家与国家、地区与地区之间旅游合作的主要内容，也是重要的手段。随着中国与东盟国家经济和贸易往来越来越频繁，中国和东南亚国家之间可以着力于市场需求，进行区域整体性旅游产品开发和一体化营销宣传，最终形成开放的旅游开发与投资机制。

包括广州在内的中国各城市与东南亚之间，可以开展各种以道教文化为主题的旅游合作。

1. 通过各种节日、论坛、艺术等活动，与东南亚地区保持道教文化交流

道教以"道"为理论核心，主张顺应自然，返璞归真，追求境界超脱，羽化成仙，以导引、吐纳、符箓斋醮、烧炼金丹及内丹炼养为主要内容，并在长期发展过程中形成了具有中国特色的道教文化。道教文化伴随游子走出国门，得到诸国智者的青睐，已在海外落地生根，成为沟通中华文化与世界各地文化的桥梁。正如2014年湖南长沙"道教在东盟各国的传播高峰论坛"发表的《促进道教文化的海外传播——长沙共识》所言："道教尊道贵德、崇和尚柔的宗旨启迪人类以非暴力手段化解矛盾，消弭争端，维护世界的和平与发展；兼收并蓄、宽容不苛的胸怀有助于各国各族相互尊重，和谐相处；天人合一、道法自然、俭啬寡欲、抱朴守真、无为而治等道学智慧早已被海外有识之士应用于心理保健、养生医学、环境保护、行政管理诸多领域，推动着现代科学与传统文化的对话。道教文化与海外各地族群和社会文化交流互动，为当地社会福利与文化发展添砖加瓦，不仅丰富了世界文化的多元性，而且促进了中华文化融入世界文化之汪洋。在世界文化的交流互动中，道教文化独具吐纳百川之势，可望成为宗教对话与文化融通的基石，它源于中华，属于全球，造福人类。与会学者呼吁："应当立足于道教文化原有的在地性，推动道教文化与世界文化的融通与互动，弘扬道教文化之智慧，应对今人生存的严峻挑战，促进人类的共生、共长、共存、共荣！"

为了推广和交流道教文化，近30年来，东南亚各国纷纷出现专门的道教研究机构和群体。中国与东南亚各国道教文化的交流之旅也在持续进行。

1990年，新加坡道教总会成立后，致力于弘扬道教文化，推动道教在世界范围内的弘扬，他们组团赴中国参访名山宫观，观摩宫观的开光大典，参加学术会议；邀请中国道教协会副会长黄信阳道长等全真派道士多次前往新加坡开办道士培训班、主持法事；还同中国大陆的正一派道观以及港台的道教团体开展广泛的联系与合作。2003年该会筹资2000万元坡币（约1亿元人民币）修建富丽堂皇的三清宫，体现全真道"三教合一"的宗旨。2013年3月，三清宫举办庆祝老子诞辰的大型法会，黄信阳等三位全真大师为90多名新加坡和海外道教徒颁发皈依证。

在新加坡道教总会的推动下，1996年农历二月十五日老子诞辰举行了第一届新加坡道教节庆典，此后一直努力推动每年的"道教节"。道教节世界庆典以"道通天地，德化万物"为主题，以四大宗旨作为弘扬目标：（1）团结全世界道教徒认同农历二月十五为"道教节"，共同欢庆道祖太上老君（老子）圣诞；（2）鼓励全世界道教徒定期于每年农历二月十五日齐聚道教圣地老子故里朝圣；（3）把道祖老子的《道德经》向全世界传播，教化众生、德化万物；（4）弘扬道教至全世界，争取"道教节"有朝一日被公认为法定假日。在新加坡道教节首倡风气之后，马来西亚和香港相继于世纪之交前后开始举办道教节，中国道教协会也于2003年在北京白云观举办了庆祝老子诞辰的大型法会。随着道教节影响的扩大，2011年新加坡道教总会还联合世界18个国家和地区的100多个道团在意大利成功启动"道教节世界庆典"活动；2013年新加坡第9届道教节，不仅邀请中国大陆、中国香港、中国台湾和日本道教界、学术界代表参加了庆典活动，商讨成立旨在推动中华道教文化在新加坡传播、促使青年对道教产生兴趣的新加坡道教学院，而且邀请到新加坡共和国前总统纳丹及其夫人参加开幕式，并为华英双语文展览和老子雕像揭幕。

在马来西亚,1995年"马来西亚道教教义公会"获政府批准成立;1997年,成立马来西亚道教总会筹备会,随后由马华公会主办、马来西亚道教总会筹备委员会协办了一次"道教研讨会",邀请来自中国和新加坡的学者主讲,形成了一定的影响。为维护马来西亚道教信众的合法权益,马来西亚道教总会积极联系《东方日报》《星洲日报》《南洋商报》等多家新闻媒体表达信众的意愿和诉求,希望国家认同道教为马来西亚五大宗教之一,并将农历二月十五日太上老君诞辰纳入公共假期;恳请教育部允许在中学成立道教学会,让道教信众子弟学习道教文化;希望成立"道青总会",吸引会员子弟及年轻人加入,引导年轻人在传承道教与健康生活中发挥潜能。

在国内,各地一直与东南亚地区开展道教文化领域的文化学术交流活动。例如,2004年5月吕祖(吕洞宾)诞辰1206周年,来自中国港澳台地区、马来西亚等海内外的400多名道教界人士汇聚一堂,在庐山仙人洞道院举行法会,齐声祈祷世界和平。此外,还举行了吕祖文化研讨会、中国道教书画笔会等一系列活动。再如,2016年12月16日,首届云南道教文化(国际)学术研讨会在昆明市启幕,在为期两天的会议中,来自法国、德国、美国、韩国、越南、马来西亚等多个国家和港澳台地区的知名高校、科研院所、道教协会的160余位专家学者、道教界人士和民族宗教部门工作人员参会。会议主题为"道法自然,德化天下",旨在弘扬道教和平共荣、重道贵生的精神,促进中国与南亚东南亚国家道教界、学术界的交流,增进中国与南亚东南亚国家的交往和文化上的互动。会议期间,参会人员还参观考察了昆明市龙泉观和金殿。诸如此类的活动,密切了中国与东南亚地区的道教文化交流,重启新时期道教文化交流传播之旅。

广州道教历史悠久、源远流长、古迹众多。相传广州建城之初,曾有五仙人手持谷穗骑五羊而至,祝福这里永无饥荒,并遗谷穗于此,羊化为石。故广州别称羊城、穗城。后人建祠祭祀五羊,是为五仙观。据研究,道教真正传入广州是在西晋光熙元年(306年),道教理论家葛洪从中原南来广州,在浮丘(今中山七路与光复路交界处)井边炼丹,遗址浮丘丹井成为清代羊城八景之一。晋代道教徒、南海郡太守鲍靓在广州越秀山南麓修建道场越冈院(即今三元宫），其女鲍姑（葛洪之妻）在此修道，为百姓治病。葛洪、鲍靓、鲍姑成为广州道教的早期代表人物和广州早期道教的传播者。广州道教从明代起有全真道和正一道，而且人们更加倾向于选择正一道，因为正一道以行符箓为主，其道士以为民众做斋醮祈禳为业，迎合了岭南人崇尚鬼神，祈求神祇保佑他们的宗教传统。道教在南粤生根发展，影响不断扩大，流传千载延续，成为广州文化的一部分。广州也有著名的道教宫观，影响很大。如广州道教中人素有"北到三元宫，南去纯阳观"之说。三元宫是广州最大的道教庙观，距今有1600多年历史；海珠区新港西路的纯阳观属广东省重点开放的道教宫观之一；荔湾区龙津西路的仁威庙是供祀道教四方星宿之北方真武帝君的庙宇；芳村百花路的黄大仙祠是广州著名的宗教圣地，对广州及珠江三角洲以至港澳各地有极大影响；位于花都区新华镇九潭村圆玄道观由香港圆玄学院和广东道教协会兴建。

广州有厚重的道教文化根柢，又是海上丝路的起点，可借助道教文化，与东南亚各国建立更深层次的交流与合作，开启道教文化之旅。例如，一年一度的道教音乐汇演活动始于2001年，旨在推动海内外尤其是两岸道教文化交流，弘扬道教文化。2005年5月，由中国道教协会、广东省道教协会联合主办，香港蓬瀛仙馆、广州三元宫承办的第五届道教音乐汇演在广州举行，来自中国大陆、香港、台湾的9个道教音乐团的约300位演员，以精湛的技艺为观众演绎传统道教音乐的华美乐章；新加坡道教音乐团也应邀同台演出。道教音乐是中国传统音乐文化的重要组成部分，其主要功能为治身、守形、顺念、却灾。由道教徒华彦钧（盲人阿炳）创作的《二泉映月》在民间广为流传，被奉为是中国传统音乐的代表作之一。道教文化交流不但有助于弘扬和传承中华传统文化，更有助于推动中国与东南亚的民间往来，和合圆融。

2. 开发东南亚道教寻根祭祖的文化旅游产品

按中国传统习惯，膜拜神祇必追寻踪迹。崇拜多神信仰的道教拥有众多神灵，他们来源不一，属地不同。华人华侨将道教带到东南亚各地，开枝散叶，但他们始终没有忘记自己崇拜的神灵来自祖国。另一方面，认祖归根、探亲访友使得东南亚华人与祖国往来旅游活动更为频繁。华人华侨爱祖国的传统源于中华民族精神，强化于海外艰难困苦的环境。对祖国的亲情是吸引华人华侨来华寻根旅游的重要因素之一。受儒家文化的影响，华人华侨具有敬祖尊亲的天性，重视家庭观念；中国传统的农耕经济使华人华侨历来乡土意识浓厚。如此种种，使东南亚道教在中国的寻根之旅成为现实。

例如，道教崇拜的海上保护神妈祖农历三月二十三日诞生于福建莆田湄洲岛，据统计妈祖的全球信众超过2亿人，遍布28个国家和地区，尤其盛行于中国东南沿海及东南亚地区，各地祭拜妈祖的天后宫、妈祖庙不计其数，近千年来民间一直有回湄洲岛祭拜祖庙的"妈祖回娘家"活动。因妈祖出生地贤良港，其父母宗祠亦在港里，自古以来信众到湄洲拜祭妈祖女神，必先到贤良港天后祖祠进行朝拜，成为祭神活动的第一站。贤良港祖祠的祭祈活动被称为"妈祖回娘家"，意即寻根问祖，其特点为祭祖与祭妈祖合二为一，这是一种由祖祠分香之宫庙、或认同贤良港祖祠为其原祖的宫庙到祖祠来朝圣、进香的一种仪式行为，每年分春祭（农历三月二十三日）、秋祭（农历九月九日）。2005年各地宫庙通过协商，改变以往单向性、零散性的进香形式，形成祖祠迎接各宫庙在既定时间统一朝圣的进香迎驾仪式。此后，妈祖祭拜活动越来越引人注目。据媒体报道，2008年10月30日，"天下妈祖回娘家"系列活动在莆田隆重登场，共有17个国家和地区300多家妈祖文化机构1009名来宾前来参加。2016年的妈祖诞辰以"馨香传承情满海丝"为主题，举办"天下妈祖回娘家"的活动，包括升幡挂灯仪式、莆仙民俗庙会、"大爱妈祖"大型诗歌朗诵会、砗磲妈祖开光典礼、丙申年春祭妈祖大典、"拜五行妈祖、求五福好运"、"妈祖文化与海丝之路"学术沙龙等活动。超过600个进香团30多万人次来祖庙谒祖进香。"妈祖回娘家"活动大大加深了各地分香宫庙与贤良港祖祠和湄洲祖庙的关系交流，促进了妈祖信俗文化在民间广泛传承和发扬。

对广州而言，可资利用和开发的道教文化底蕴深厚。以黄大仙信仰为例，广州黄大仙祠与罗浮山冲虚观、香港黄大仙祠都有深厚的渊源。黄大仙原名黄初平，生于公元328年，是东晋时代的浙江金华兰溪人。15岁上山牧羊遇神仙指引，到金华赤松山修炼，40年后修成正果，故有"赤松子"的别号。民间流传他能点石成羊，即葛洪《神仙传》所载"叱石成羊"。民间还流传着他有求必应、施医赠药的故事，因而拥有广泛的信徒基础，东南亚地区信奉者不少。在今浙江省兰溪市区北隅黄大仙出生地，尚留有牧羊路、利市路、黄大仙故居、二仙井等遗迹，它们吸引着海内外的道教界人士前来寻根祭祖。例如，香港最大的黄大仙社团啬色园1995年与兰溪结缘，几乎每年都到此省亲祭祖，并成立普济基金，资助兰溪的贫困学生，支持福利事业。而香港黄大仙祠与广州的黄大仙祠有直接的关系。广州黄大仙祠始建于清朝己亥年（1899年），有"叱羊传晋代，骑鹤到南天"的对联。1910年代该祠遭受战乱破坏，1915年住持梁仁庵道长携黄大仙的画像、灵签和药签到香港，于1921年建成香港黄大仙祠，深受海内外华人信仰和祀奉。而罗浮山朱明洞景区麻姑峰下的冲虚古观，与中国及国际多处宫观有密切关系，如杭州西湖黄龙洞、上海闸北黄大仙庙、广州黄大仙祠、香港黄大仙庙、马来西亚黄龙庙、新加坡黄龙庙等，都是由冲虚古观所分支出来，均认它为祖庭。冲虚观本为东晋葛洪创建，距今已有1600多年。葛洪羽化成仙后，晋安帝在此建葛洪祠，唐玄宗天宝年间（742—756年）扩为葛仙祠，宋元祐二年（1087年）哲宗赐额改为冲虚观，一直流传至今，成为全国最有影响的道教宫观之一。广州可利用这些黄大仙信仰资源，弘扬黄大仙的"普济劝善"和"有求必应"精神，与各地联合开发黄大仙寻根之旅。

3. 开发道教文化＋养生旅游、生态旅游的组合旅游产品

道教修炼所在的洞天福地位于岳渎名山之中，山峰秀丽，环境清幽，有着风景秀丽的自然环境和浓厚的文化积淀，体现了道教"道法自然"的精神，既是道教仙真居住休憩的乐园，也是道士们展开其宗教活动的主要场所，更与当代生态旅游思想相契合。

基于此，可开发道教文化与养生旅游、生态旅游相结合的组合旅游产品。让人们走入道家，学习道家养生，了解"人法地，地法天，天法道，道法自然"的哲学思想，结合《黄帝内经》的养生法则，通过打坐、站桩、太极拳的修炼，从调节人体阴阳、五行入手，改善亚健康状态，增加机体免疫力，达到养生、益智的目的；同时融入自然、放松心灵。在自然中，吸纳灵气，体悟所学，启发天人合一之智慧，身、心、灵回归自然，返璞归真，让身体和心灵得到真正的放松。例如，2016年4月，首届海峡两岸南宗道教奉祭三清道祖大典暨玉蟾宫落成开光十周年大庆在海南省定安县的文笔峰景区举行，来自中国大陆、台港澳以及韩国、新加坡、马来西亚、菲律宾等国家和地区的1500余名道教界人士共祭三位尊神。再如，2014年11月，由中国道教协会和中华宗教文化交流协会共同主办、以"行道立德，济世利人"为主题的第三届"国际道教论坛"，在江西省鹰潭市龙虎山举办。马来西亚沙巴州道教联合总会在赴会期间，前往以三清尊神命名的著名风景胜地三清山朝觐。更早的还有2008年4月台湾三大道教团体负责人、23个县（市）道教协会理事长、总干事等100余人组成台湾道教"寻根之旅"参访团在江西鹰潭寻根谒祖并游览龙虎山景区奇特的丹霞风光。

广州可借助于道教著名人物葛洪，整合相关道教文化资源，开发区域合作的道教养生游、道教生态游。江西三清山以道教文化渊源显胜，相传东晋时就为葛仙修道之所，自古享有"清绝尘嚣天下无双福地，高凌云汉江南第一仙峰"之盛誉，因此古往今来均是道教人士必访之地。据史书记载，东晋升平年间，炼丹术士葛洪于三清山结庐炼丹，至今山上还有葛洪所掘的丹井和炼丹炉的遗迹，因而葛洪成为三清山的开山始祖，三清山道教第一位传播者。道教罗浮山是道教第七大洞天、三十四福地，葛洪在此隐居，炼丹修道，留下冲虚观、葛仙祠、稚川丹灶、洗药池、长生井、遗履轩、衣冠冢等胜迹，使罗浮山成为历代的道教圣地和旅游胜地。葛洪医药开发研究所和葛洪医药学术研究会先后成立，在当代，人们已利用罗浮山丰富的中草药资源，建起数家制药企业，对葛洪宝贵医药经验进行挖掘整理，并在此基础上研制开发出葛洪腰痛宁保健袋、罗浮山百草油等产品。1995年、2015年，中国药学会药学史分会及广东省药学会药学史分会在罗浮山先后主持召开了"首届纪念葛洪及其药剂学成就学术研讨会""第二届葛洪医药学术思想研究暨岭南中药资源可持续开发利用学术研讨会"。葛洪在前往罗浮山之前，曾被广州刺史留在广州，成为广州道教的早期代表人物；其妻鲍姑也曾在越秀山南麓的三元宫修道。充分利用这些资源，可以开发出形式不一的道教文化＋养生旅游组合线路。

第六章　海上丝路与印度教文化之旅

印度教是世界上最古老的宗教之一，发源于古代印度河流域，是印度民族性的宗教，也是印度的第一大宗教。根据 2004 年印度官方的统计数据，印度国内 81.4% 的人是印度教徒，只有 0.76% 的人信仰佛教。印度教主要流行于印度和其他南亚及东南亚一些国家。它在思想信仰、祭祀仪礼、道德戒律、修习实践、社会结构和制度等方面都有许多鲜明的特征，这些特征使印度教区别于其他宗教，成为一种独具特色的宗教体系。

第一节　印度教概述

一、印度教的形成和发展

印度教也称新婆罗门教，是在婆罗门教的基础上吸收印度民间信仰、佛教和耆那教等因素发展起来的。大约在公元前 16 世纪，源自中亚地区的雅利安人进入印度，开始了印度本土的古老文明。与其他原始部落对自然山川的敬畏与崇拜一样，雅利安人也礼拜、歌颂一切自然神灵，且将赞歌编为圣典，相互传颂。其后与人们生活关系较为密切的神灵，受到最多的崇拜，雅利安人便由"多神信仰"逐渐转向"主神信仰"。在历史演变过程中，逐渐形成四种姓（即僧侣、武士、庶民、贱民）的阶级制度：婆罗门、刹帝利、吠舍、首陀罗。这种阶级制度构成了婆罗门教的种姓基础。婆罗门教主张："梵"是宇宙现象的本体，人的生命现象为"我"，宇宙万物皆因"我"而生，故"梵、我"本来不二。婆罗门教由于强调吠陀天启、祭祀万能、婆罗门至上三大纲领，把广大的首陀罗种姓和其他贱民排除于宗教生活之外，引起其失望与不满。趁势而起的佛教不承认吠陀权威而自立教义，不赞成祭祀万能而另求解脱之道，不接受婆罗门至上而主张四姓在宗教上平等，人人皆可得解脱，因而不断发展，公元前3世纪成为国教，压倒了传统的婆罗门教。公元1世纪，印度分为南北朝。北印度为大月氏人建立的贵霜王朝，尊奉佛教；南印度为安达罗王朝，则大力提倡婆罗门教，与佛教对抗。

公元4世纪的笈多王朝时代，婆罗门教吸收佛教、耆那教的若干教义和民间的多神信仰，以"新婆罗门教"自居，希望恢复旧有地位。新婆罗门教为了宣传自己的信仰，用通俗的形式，编集了史诗《摩诃婆罗多》《罗摩衍那》，以及具有大量神话内容的《普罗那》。这些著作在某些方面改变了早期吠陀中神灵世界的结构，把梵天、毗湿奴、湿婆抬高为三位一体的至上神，并把民间传说的英雄附会为毗湿奴的化身。针对佛教脱离生产和社会生活的教义，新婆罗门教主张各社会阶级严守自己地位，尽本阶级应尽的社会职责。至于因尽责而产生的业因，可通过对至上神的虔诚信仰和热爱而得到解脱。8—9世纪，商羯罗（788—820年）吸收佛教教义，对婆罗门教进行一系列改革。从神灵观来说，发挥了"梵我同一"思想，"梵"是世界主宰，世界万物和个人灵魂"我"是"梵"的显现，诸神是"梵"的具体化或人格化。从人生观和解脱道来说，针对佛教消极出世的解脱之道使大量的僧侣脱离生产和家庭，加重社会负担，给社会带来很大弊端，提出新的解脱之道：宣称人生有利、欲、法、解脱四个目的；把人生分为四个阶段（四行期），即梵行期（青年时期拜师求学，勤学苦读，特别是学宗教经典和祭法）、家住期（成年时期结婚成家，生儿育女，供神祀祖）、林栖期（俗务和家事完成以后，离开家庭进入森林修行习定，悟道求真）、遁世期（晚年时期托钵修行，云游岩化，作为"圣者"而终此一生），解脱是人生最高和最终的目标。印度教通过人生四种目标和四行期的宗教人生观，把个人与社会协调起来，把对实利的追求与最终的解脱统一起来。

商羯罗改革后的婆罗门教，在教义信仰和宗教仪式上随着时代的变化而不断有新的变化，人们习惯称之为印度教，但其基本精神仍是婆罗门教传统的延续。它通过各种途径促使佛教消融于印度教之中，加速佛教的衰败，致使佛教于 11 世纪以后在印度境内逐渐消失。13 世纪阿拉伯伊斯兰教徒入侵印度并占据统治地位。17 世纪以后，伴随西方殖民主义的侵入，基督教也传入印度。伊斯兰教和基督教这些外来宗教的侵入，都给印度教带来巨大的压力和打击。但印度教一方面与伊斯兰教和基督教进行抗争，另一方面又吸收和容纳这二者之中有益和进步的内容，不断改革自己适应新形势。19 世纪印度教掀起了广泛的宗教改革运动，反对古印度教中存在的种姓制度、偶像崇拜、繁琐宗教仪式、寡妇殉葬等愚昧现象。20 世纪的民族解放运动以来，印度教开始以崭新的面貌出现在历史舞台上。特别是印度独立之后，印度教的各种新兴教派不断产生，活动频繁，而且向欧美各国传播，表现出一种强大的生命力。

二、印度教的主要派别

印度教众神之中最重要的是三大主神：创造神梵天、保护神毗湿奴、破坏神湿婆，并由此构成了印度教不同的派别。梵天被认为是世界万物的创造主，不仅创造诸神，也创造魔鬼和灾难，他的形象为周身呈粉色或红色，四头四臂，四张脸朝向东西南北，象征四部《吠陀经》。四只手常握有念珠、水罐、《吠陀经》、节杖、勺子、乐弓或是莲花等物，其中念珠用来记载时间，水用来衍生万物。梵天虽是创世大神，但在创造世界之后由于梵天的职责已尽，因而在三位一体神中的地位越来越低，信奉者越来越少，当代印度教崇祀他的庙宇只剩下两座。毗湿奴和湿婆的权威则大增，信奉者各奉毗湿奴和湿婆为最高神，从而形成印度教中两大主要派别：毗湿奴派和湿婆派，加上性力派，被称为印度教三大派。

1. 毗湿奴派

创建于 12 世纪。毗湿奴全身蓝色，常披黄袍，有四只手臂，其中两只总握有他的标志性器物——法轮和海螺，坐骑是一只鹰头人身的金翅大鹏鸟，经常半倚在一条多头的蛇王身上。毗湿奴被信徒崇拜为最高神，他的妻子和他的各种化身（最重要有 10 种：鱼、龟、野猪、人狮、矮人、持斧罗摩、罗摩、黑天、佛陀以及作为未来化身的迦尔基）也备受崇拜。信徒们实行苦行和素食，认为可以通过默念神名和修瑜伽获得解脱，这是在印度势力最强的宗教集团。在南印度，此派信徒在额上画有三叉形捕鱼叉作为标志。

2. 湿婆派

湿婆神的神性比较复杂，信徒认为它既是众生的毁灭者，又是众生的再生者；既是苦行"禁"欲的模范，又是欢乐纵欲的神灵。湿婆作为再生之神，信徒常以男性生殖器作为其神性象征。湿婆长有三只眼睛，但第三只眼总是紧闭，一旦睁开就会摧毁万物。其形象通常披头散发，头顶恒河与弯月，脖颈青黑，挂一串骷髅项链，上身裸露，下身围一条虎皮，身缠眼镜蛇，手持三叉戟。由于湿婆神性复杂，故其异名据说多达1008个。该派有许多支派分布于南北印度，信徒往往在自己的额上横画三线来表明信仰。

3. 性力派

最初是对最高生殖力和生殖器的崇拜，崇拜对象为最高性力女神，以宇宙的破坏和再生之神湿婆及其妻子作为象征，主张男女在密室通过一定仪式合修瑜伽术，从而获得所谓最上秘密法。

三、印度教的经典与基本教义

1. 主要经典

印度教的主要经典是两大史诗、三大圣典。

两大史诗是指《摩诃婆罗多》和《罗摩衍那》，分别讲述了有关婆罗多王朝、罗摩王子的故事。这些故事在某些方面改变了早期吠陀中神灵世界的结构，把梵天、毗湿奴、湿婆抬高为三位一体的至上神，并把民间传说的英雄附会为毗湿奴的化身。

三大圣典是指《吠陀》《奥义书》《薄伽梵歌》。吠陀是"知识"的意思，《吠陀经》里出现的神称吠陀神。该经共分四部，即《梨俱吠陀》《耶柔吠陀》《娑摩吠陀》《阿闼婆吠陀》，主要内容是歌颂各种神明。《奥义书》是指老师向学生传授的经典，记载了先贤对《吠陀经》的理解和清修、冥想后的领悟。《薄伽梵歌》是印度教的重要经典，也是古印度瑜伽典籍，为古今印度社会中家喻户晓的梵文宗教诗，原为《摩诃婆罗多》中的一部分，描述大战"俱卢之战"。作者与成书年代均不详。学术界对此书的成书年代有甚多异说，所推定的时间，大约是在公元前 1000 年至公元 4 世纪之间。这篇诗歌原是薄伽梵派的圣典，由于薄伽梵派的教主被认为是《吠陀经》中的毗湿奴神，因此被吸收到正统婆罗门圈内。它采取对话方式，藉阿朱那王子与黑天之间的对话，论述了在既存社会制度中必须毫无私心、各尽本分，应对唯一的神绝对皈依与奉献。

2. 基本教义

（1）信仰多神崇拜的主神论

这是印度教的主要特征之一。印度教号称有 3300 万个神灵，不过多数印度教徒只崇拜三大主神中的一个天神。印度教在漫长的发展历程中创造出众多的神灵，其数量之多是其他宗教所无法比拟的。印度教徒属于泛神论者，他们认为万事万物都具有神性。

这些神灵基本上可以分为如下几类：印度教崇拜的主要对象，即三大主神梵天、毗湿奴和湿婆以及他们的各种化身、配偶、子神和守护神等；各种人格化的自然之神，如雷神因陀罗、风神伐尤、雨神帕舍尼耶、水神阿帕斯、火神阿耆尼、太阳神苏里耶等；各种人格化的动植物，如象头神伽尼萨、神猴哈奴曼、神牛南迪、大鹏金翅鸟伽鲁德、酒神苏摩等；被神化的祖先、英雄和各种精灵，如人类始祖摩奴、毗湿奴大神的化身罗摩和克里希纳、财神俱毗罗、主管地狱的阎罗等；对生殖力的崇拜，如男性生殖器林伽、女性生殖器约尼等。虽然印度教有无数个神灵，但是每一个教派却只崇拜一个主神。如毗湿奴派崇信毗湿奴大神及他的化身——罗摩和克里希纳等，湿婆派崇信湿婆大神及他的化身——林伽等，性力派崇信性力女神，太阳神派崇信太阳神，象头神派崇信象头神……印度教的多神崇拜只是一种表面现象，其本质仍然是一神论，一切神灵都不过是无形之梵在时空中有形的显现。

（2）种姓分立

教徒要严格遵守种姓制度，婆罗门享有至上的权威，这充分体现了印度教宗教生活社会化的特征。在社会组织方面，印度教社会自古以来就是以等级制度为基础，所有的印度教徒都分别属于许多不同、等级森严的社会集团。这些社会集团各有固定的传统职业和独特的风俗习惯,各集团成员之间互不通婚。古代印度教称这些集团为"瓦尔纳",意为"肤色";后来称之为"阇提",意为"所出生的族性";西方人称它为"卡斯特",意思为种、族或类;中国古代则把它翻译为"种姓"。种姓是由血缘、婚姻、职业等因素所决定的社会等级集团。血缘关系是构成种姓制度的一个重要因素,一个印度教徒生下来就被认为属于其父母所属的种姓,除了违反教规被开除种姓外,这个印度教徒的种姓身份终生不变。一个印度教徒的行为和日常生活都要受到所属种姓的影响和制约,一生的前途及社会地位也取决于所属种姓的高低。因而种姓关系在印度教社会生活中起着举足轻重的作用。

随着种姓制度的发展,印度教社会中出现了贱民等级(又称为"不可接触者"),是一个最受压迫、最受歧视的社会阶层。印度教徒认为,与贱民的身体、身影甚至声音接触都会降低身份,受到污染。所以贱民必须在身上标符号,才能出外做事,白天不能进入村镇,只有夜晚才能在村落和城市中行走。印度独立后,宪法明确规定废除贱民制度,政府也采取一些措施保护贱民的地位和利益。但是由于根深蒂固的传统势力观念,时至今日,迫害贱民的事件在印度仍不断发生,贱民的问题仍然是影响印度社会发展的一大重要问题。

(3) 祭祀万能与崇尚苦行

印度教认为婆罗门地位至上,祭祀万能。早在古代婆罗门教时期,"祭祀万能"就已经是根本宗旨。婆罗门教四部《吠陀》本集、《梵书》都以阐述祭祀仪轨、祭祀理论为中心。最早的经典《梨俱吠陀》,记录的是各种用于祭祀活动的、赞颂神灵的颂诗;《娑摩吠陀》把《梨俱吠陀》中大部分赞神颂诗配上曲调,以供教徒在举行祭祀盛典时吟唱;《耶柔吠陀》是说明如何举行祭祀仪式的典籍;《阿闼婆吠陀》记载与祭祀活动相关的各种咒语和巫术;后来的《梵书》是在《吠陀》本集基础上进一步阐述各种祭祀的目的、意义、具体方法和步骤等。婆罗门教的祭祀活动非常烦琐,一个教徒每天都要在家里进行"五大祭":梵祭、祖先祭、天神祭、精灵祭和客人祭。除了家庭祭之外,还要参加在寺庙举行的各种公共祭祀活动。各大寺庙都供奉着自己崇拜的神灵,每天都有日常的行事,如装饰神像、侍神沐浴、中午供奉、献花点香、晚诵伺寝等。每逢节日，还要在寺庙中举行大型的祭神活动。到了印度教时期，"祭祀万能"之风已经大大削弱，烦琐的祭祀仪式也大量减少，但比起其他宗教，印度教的仪礼崇拜之风还是十分严重。譬如，古代印度教徒一生中进行的16种圣礼仪式（受胎礼、生男礼、分发礼、出生礼、命名礼、第一次出游礼、初食礼、削发礼、穿耳孔礼、入法礼、学习吠陀礼、结业礼、结婚礼、林栖礼、遁世礼、葬礼等），至今仍然保留着出生礼、入法礼、结婚礼和葬礼等几种重要的仪式。此外，印度教今天所盛行的重要节日仍有20多个，且规模十分宏大。例如，每年一度全国举行的除十节，连续庆祝10天；在恒河岸边举办的贡帕庙会历时12天，通常数几百万人参加。

此外，印度教认为克制情绪及苦行是一种非常重要的修炼方法，可以使人达到"梵我如一"的境界，摆脱轮回之苦。

（4）因果报应及生死轮回

印度教认为每一种生命都有灵魂，会再生或转世，善恶将得到报应，这种轮回周而复始，无始无终。要得到解脱必须达到"梵我如一"的境界，即灵魂与神合而为一。解脱的道路有三种：一是行为的道路，严格奉行各种戒律、例行祭祀；二是知识的道路，通过学习、修行、亲证等；三是虔信的道路，靠信仰神而得到恩宠。

（5）承认吠陀的权威

吠陀经典被认为是印度历史上一切文化的渊源，被称为"天启的经典"。这部印度最早的宗教经典是印度古老宗教与历史文献的总集，对印度后世的宗教与哲学思想影响深远。

这些信仰塑造了印度人温顺和善的性格，他们大都安于天命、老实本分、易于相处、乐于助人，同时对宗教与神明充满热忱和虔诚。印度社会虽然贫富分化严重、等级森严，但并没有仇富的暴力行为发生，也未出现过大规模的暴力反抗事件。人们相信，今生的一切是前世的报应，今生的苦无法改变，只能求来世多福，所以印度人很少与生活抗争。

第二节　历史时期海上丝路与印度教文化之旅

印度教是印度的最古老的宗教，不仅影响了印度的文化与习俗，也对与印度毗邻的缅甸、泰国、柬埔寨、老挝、印度尼西亚等东南亚国家的文化与风俗产生了重要影响。印度教通过海上丝路传入东南亚地区，一方面经过马六甲海峡到达马来半岛和印度尼西亚，另一方面从印度的东海岸出发进入上缅甸，传入湄公河流域。

一、印度教在东南亚地区的传播途径与时间

1. 印度教传入东南亚的途径

关于印度教是以什么途径传入东南亚，学者们有不同意见。

从传播途径来说，大致有两种观点。一种观点是移民传播。该观点认为历史上曾有过几次印度人大规模移民东南亚的浪潮。这些移民曾在东南亚建立过几个印度的殖民地国家，婆罗门教就是由他们带来的。反对者则认为印度人大规模移民东南亚只不过是一种假设，没有实际材料来加以证实；虽然在东南亚早期历史上存在过几个"印度化"的国家，但并不能证明是由印度人建立的。另一种观点是商贸传播。该观点认为古代南印度人很早就开辟了印度与东南亚之间的海上贸易通道，他们驾着远洋帆船成群结队来到东南亚，暂居在爪哇等地的港口，把这里出产的胡椒、丁香、豆蔻、肉桂、安息香等香料运到印度，再向西运到欧洲。许多印度典籍如《本生经》《往世书》《故事之海》《譬喻集》《那先比丘经》都有记载印度商人到东南亚进行商业活动的情况，他们是东南亚婆罗门教的传播者。反对者认为，商人和海员虽然是印度文化传入东南亚的重要媒介，但他们与当地人的接触很有限。

也有一种观点认为，东南亚婆罗门教的传播者应是在移民、海员、商人中夹杂的为数不多但又深具影响力的婆罗门僧侣。原因之一，婆罗门教的传教方式与基督教、伊斯兰教和佛教不同，不能以举行洗礼那样的简单仪式招募教徒。作为婆罗门教徒，无论是刹帝利种姓、吠舍种姓，还是首陀罗种姓，都必

须由婆罗门僧侣为他们主持宗教仪式。他们大规模移民，远涉重洋到东南亚做生意，需要聘请婆罗门僧侣同来，以便随时为他们主持宗教仪式，如果请不到，他们甚至会去拐骗或绑架几个婆罗门僧侣。例如，阿萨姆大部分地区是由16世纪婆罗门教毗湿奴派的僧侣们布教而皈依婆罗门教的。婆罗门教在东南亚的传播很可能是由婆罗门僧侣来完成的。历史上印度人在向东南亚大规模移民的浪潮中，必然有许多婆罗门僧侣夹杂其间；曾在爪哇等地建立过贸易点的印度商人和海员中间也必然有若干婆罗门僧侣。原因之二，梵语和梵文是婆罗门教的宗教语文，是婆罗门僧侣与天神"沟通"的桥梁，一般来说，由于主持宗教祭祀仪式的需要，只有婆罗门种姓懂得这种语文。从梵语和梵文对东南亚的影响来看，婆罗门种姓曾广泛存在于东南亚国家，并在宗教和社会生活中居统治地位：当今在东南亚发现许多1—9世纪的碑铭材料，绝大多数用梵文镂刻。梵语和梵文对东南亚一些国家语言和文字有很深影响。例如，古爪哇文据说就是在梵文的影响下发展起来的；现代高棉语中许多词汇是从梵语派生出来的；古代柬埔寨的许多地理名词、神祇名称、行政管理专有名词、有关历法和数字的词汇是从梵语借用来的，柬埔寨的名称就是梵文名称的英文译名；泰语的发音与梵语也有许多相似之处，泰语中有上千个词汇发音与梵语相接近。鉴于婆罗门僧侣的职业就是主持宗教祭祀仪式，他们的广泛存在必然与婆罗门教在东南亚的传播有密切关系。原因之三，在绝大多数东南亚古王国的宫廷中，都长期维持着一个数目庞大的婆罗门僧侣集团，国王的思想和言行受到他们的左右。例如泰国国王和王室的绝大多数宗教仪式都有宫廷婆罗门的身影：国王的加冕，王子的剃度，大臣对国王宣誓效忠，王室成员的婚礼、丧葬等仪式都由婆罗门祭司主持。他们通过占星术来确定举行仪式的时间，为国王圆梦，在战争中预测胜负，占卜天灾抑或风调雨顺等。从目前所掌握的材料来看，东南亚社会中只发现婆罗门教四种姓中的婆罗门种姓，其他三个种姓即刹帝利、吠舍和首陀罗几乎没有提到，只有在古代爪哇的文学作品和碑铭中提到过，但似乎没有对爪哇的社会构成什么影响。这一事实也清楚表明，婆罗门教的传播者只能是婆罗门僧侣。

2. 印度教传入东南亚的方式

印度教传入东南亚的方式，也有不同观点。

从传播方式来说，一种观点是武力传播，认为婆罗门教传入东南亚是印度人致力于"文化扩张"和"人口输出"的结果，是印度有组织地向东南亚移民，建立殖民地的基础上输出的。另一种观点则认为是通过和平的方式进行传播，认为婆罗门教传入东南亚不是印度人致力于文化扩张的结果，而是东南亚人主动吸收印度文化中那些能够吸引他们的成分。马来人、印尼人常去印度和锡兰的港口，随着民间交往的日益频繁，为了巩固和加强与印度朝廷的政治、经济联系及友好往来，东南亚土著酋长们可能派出代表团访问印度圣地，并在印度导师指导下学习，从而引进婆罗门教。其理由之一，人们至今没有发现关于印度人有组织地征服东南亚事件的历史传说或碑刻，载入史册的只有11世纪南印度朱罗王国征服夏连德拉王国的事件，那时婆罗门教已在东南亚传播了好几个世纪。理由之二，历史上印度人大规模向东南亚移民不可能是由国家组织起来的，根据各方面的材料，印度人移居东南亚是一个漫长的历史过程，其移居目的各不相同，或寻找财富，或是教派或种姓冲突的失败者，或是寻找乐土的冒险家，更多的是生意人，国家无法把他们统一起来，且历史上印度长期处于分裂割据之中，根本无暇组织海外移民。理由之三，印度移民在东南亚建立的是居留地并非殖民地，从历史文献、碑铭资料和历史传说中，都没有发现宗主国与殖民地之间的那种宗藩关系。

3. 印度教传入东南亚的时间

关于印度教传入东南亚的时间，至今没有一个公认的说法。根据印度史诗《罗摩衍那》的传说和中国史籍推测，在公元1世纪时，爪哇已有一个印度人的王国存在；414年，东晋高僧法显在由印度取经回国途中曾到过爪哇岛的耶婆提，他在《佛国记》中记载："外道婆罗门兴盛，佛法不足言。"在爪哇发现的一块5世纪左右的碑铭提到一个叫做普那跋摩的国王开凿一条通往大海的运河戈马提河，把1000头牛作为酬金给了修运河有功的婆罗门；在婆罗洲发现的碑铭提到一个叫穆拉跋摩的国王曾把20000头牛作为礼物赠送给婆罗门。可见，在5世纪时，婆罗门教已经成为爪哇人的主要宗教信仰；婆罗门在爪哇已经成为一个人数众多的僧侣集团，在宗教和社会生活中占据着举足轻重的地位，以致国王不得不耗费巨资对他们进行安抚和拉拢。既然1—2世纪婆罗门教在东南亚地区传播并有了一定势力，4—5世纪时建立婆罗门教国家，婆罗门教最初传入东南亚必然是在很久以前。因此，婆罗门教传入东南亚的时间上溯至公元前的观点是可以站得住脚的。加之早在公元前的印度航海业就已经相当发达，印度典籍《梨俱吠陀》就有公元前印度商人派遣船队到外国进行贸易活动的记载；《旧约圣经》曾记载公元前145—公元前116年印度人用船载国王到阿拉伯海西岸后迷失方向的故事。阿拉伯海西岸远比马来半岛距离印度远，公元前2世纪印度人能驾船前往阿拉伯海西岸，一样也可以到达马来半岛。此外，成书于公元前的古代印度著作已有对东南亚的描述，最早的记载见于公元前4世纪末至公元前3世纪初孔雀王朝宰相侨底利耶《政事论》中提到出产伽罗木的苏伐那应台，有学者认为有可能是曼谷；《本生经》（成书于公元前3世纪）提到苏伐那蒲迷（意为金地，有学者认为该地是缅甸直通地区）；《往世书》（成书于公元前5世纪—公元6世纪）提到摩罗耶多毘婆和巴欣那多毘婆（这两地被认为是苏门答腊、婆罗洲）。这都说明早在公元前印度已经有人前去东南亚带回对当地的了解，这些人中很有可能包含婆罗门僧侣。另一方面，大多数学者认为佛教在公元前3世纪由印度传入东南亚，虽然学者或认为佛教先于婆罗门教传入东南亚或认为婆罗门教伴随佛教传入东南亚，但都可以说明婆罗门教传入东南亚的时间是在公元前。

综上所述，根据历史记载和考古及碑铭材料，印度教是由印度的婆罗门在公元前2世纪—公元1世纪以和平的方式，从陆路越过孟加拉或从海路越过印度洋传播到毗邻的缅甸、泰国、柬埔寨等国家，在此后的几个世纪中，东南亚的婆罗门教徒并没有完全割断与印度婆罗门教徒的联系。他们通过水路、陆路继续保持并加强了这种联系，迎来了4—11世纪印度教在东南亚的大发展。11世纪末叶以后，印度教在东南亚的影响逐渐衰落，13世纪末叶以后，在半岛地区为上座部佛教所取代，在海岛地区则让位于伊斯兰教。历史上，印度教的影响覆盖了古代骠国（室利差旦罗）、扶南、真腊（水真腊和陆真腊）、吴哥、占婆、爪哇、巴厘岛等国家和地区，并对这里的政治、思想意识、建筑艺术、语言文字和风俗习惯产生过重大影响。即使在佛教成为主要信仰形式的古代国家，印度教艺术形式，如神灵形象、绘画装饰等，仍然保留在佛教建筑和民间信仰当中。

二、印度教文化在东南亚地区各国的传播之旅

1. 柬埔寨、老挝和越南

在13世纪上座部佛教传入柬埔寨以前,柬埔寨、老挝、越南一带并存着婆罗门教、大乘佛教和原始宗教。

公元1世纪左右在湄公河畔建立的扶南国是东南亚历史上第一个大的王国,范围包括现在的柬埔寨和老挝南部、越南南部,其势力可能达到今日的泰国和缅甸南部。1世纪末期印度人混填入侵并随之传入婆罗门教。随着对外贸易的发展,信奉婆罗门教的人越来越多,婆罗门教在首都和对外贸易的港口更为流行,商人在其中起了重要的媒介作用。公元375年统治扶南的是竺旃檀王,据考证这是一个印度化的名字。5世纪下半叶,侨陈如在位期间,复改制度,用天竺法,大量使用印度的法律和行政制度,印度文化大规模向扶南传播。婆罗门教因而兴盛并广泛传播于民间。据《梁书》卷五十四《诸夷·扶南传》记载:"俗事天神,天神以铜为像,二面者四手,四面者八手,手各有所持,或小儿,或鸟兽,或日月。"这里的"天神",据《东南亚史》一书作者霍尔所言:"显然是指崇拜诃里诃罗。"诃里诃罗是婆罗门教中湿婆神与毗湿奴神的结合体。484年扶南国王侨陈如阇耶跋摩派遣天竺僧人那伽仙访问中国,在上表中说:"其国俗事摩醯首罗天神,神常降于摩耽山。"摩醯首罗就是婆罗门教三位一体神中的湿婆神,可见扶南王国在6世纪以前就普遍信奉婆罗门教的三种神。6世纪以后婆罗门教在民间更为流行,信奉婆罗门教的人更多,《隋书·真腊传》载其国"多奉佛法,尤信道士,佛及道士并立像于馆",《旧唐书·真腊传》也记载其"国尚佛道及天神,天神为大,佛道次之"。"道士"及"道",据研究即是指信奉婆罗门教义的苦行者,"天神"就是指婆罗门教的湿婆和毗湿奴神。这个时期婆罗门教与佛教传入,与柬埔寨原始宗教并存,婆罗门教占优势;具有原始宗教色彩的传统的习惯法被统治阶级利用,并在社会生活中起着法的作用。

7世纪时,位于湄公河中游、在今天柬埔寨北部和老挝南部地区,兴起一个高棉人的王国,中国史书称之为"真腊"。真腊原是扶南北部的属国,在征

服扶南后很快分裂为两部分，即上真腊（安南西部的老挝）和下真腊。真腊第一代国王拔婆跋摩，意为"被湿婆保护的人"。王国的历代国王也都崇信印度教。9世纪初，阇耶跋摩二世统一南北真腊后，大力推崇婆罗门教，把对婆罗门教毗湿奴神的信仰与帝王崇拜相结合，创造神王思想。他宣称是毗湿奴（婆罗门教的万物之主）的化身。从阇耶跋摩二世起，金字塔式的神庙就成为王城中心的标志。不仅"国王建塔以葬"，而且许多皇亲国戚、达官贵人们也为自己建立神殿，只是规模较小而已。这一时期佛教在宫廷中也占有很高的地位，国王在兴建婆罗门教寺院的同时，也兴建了大量的佛教寺庙。

9世纪至13世纪吴哥王朝统治时期，是印度教和佛教在这里同时盛行的时期。印度教在东南亚半岛地区的影响达到高峰，印度教的影响力覆盖了现在泰国、柬埔寨和老挝南部，中南半岛地区现今广泛存在的印度教遗迹，主要都是这个时期留下且带有明显的高棉艺术风格。例如，12—13世纪在柬埔寨修建的吴哥寺等著名宗教建筑，就体现出佛教和印度教两种宗教文化的融合。13世纪中叶，崇尚俭朴的上座部佛教传入，并逐步取代原来婆罗门教、大乘佛教和原始宗教的地位。但印度教在宗教和社会生活中留下显著的痕迹，至今柬埔寨仍有很多宗教仪式直接源自印度教，宫廷每年举行的大典，仍然采用婆罗门教的仪式，国王仍被人称为印度教的教主。新国王的加冕、各项宫廷仪典以及传国的宝剑等都由被尊为国师的印度教高僧主持和管理。

由于扶南、真腊都与老挝、柬埔寨历史相关，因而印度教在老挝也广为传播，为大多数民众所信奉。在公元8或9世纪，老挝成为柬埔寨帝国的一个组成部分，老挝尤其是万象和琅勃拉邦，也接受了印度婆罗门教的宗教思想，婆罗门教（湿婆派、毗湿奴派）在这些地区得到繁荣。古代婆罗门教影响的最早的证据资料，可上溯至大约公元6世纪。离巴沙大约9英里的普寺山的林伽钵婆山，最初有一座婆罗利神湿婆庙，里面竖着一个林伽。后来该庙成为佛教圣地，在此建立了一座寺院。普寺宗教艺术原型描绘的是伊罗跋陀上的因陀罗和绿玉石的毗湿奴，这提供了印度教曾广泛流行于老挝的最好证明。含有婆多利神（湿婆）的林伽钵婆山（林伽之山）的普寺遗迹，还存在于下寮占巴塞西南部地区。13世纪末叶或14世纪初叶，与柬埔寨一样，印度教在老挝也衰落下去。

在越南，根据越南美山发现的碑文记载，占婆王国（位于今越南中、南部）和真腊吴哥王朝的国王都是印度史诗《摩诃婆罗多》中阿奴文陀的子孙，在建国之初，为抵御中国势力南下，占婆王国积极地向扶南王国靠拢，它大量接受印度文化，形成了富有占城特色的婆罗门教文化。在范胡达统治时期（约380—413年），美山地区就开始成为印度教的圣地。7—10世纪，占婆的国力发展到鼎盛，印度教在占婆占据统治地位，占婆也成为东南亚印度教传播的中心之一。

2. 缅甸

婆罗门教在公元前3世纪或者更早一些时间就由印度传到缅甸，因而在古太公国时期已经有了婆罗门信仰。这是印度的婆罗门教在缅甸传播与发展的第一阶段。据敏悉都《缅甸信神史》（上古时期）称，婆罗门教从印度的阿萨姆随着到缅甸经商的雅利安人传入缅甸太公古国，雅利安人聘请婆罗门教僧侣来到太公国，在太公国修建婆罗门教庙宇，同缅甸人通婚，迫使一些缅甸人皈依婆罗门教，成为婆罗门教教徒。

公元1—10世纪的骠国是婆罗门教在缅甸发展的鼎盛时期。骠国经历了毗湿奴、汉林、室利差旦罗3个时期。在骠国，最早建立的是毗湿奴城城邦国家（1—5世纪），缅甸学者认为毗湿奴城是因婆罗门教大神毗湿奴使用魔法变幻出来而得名。考古工作者先后在1905年、1956年、1960年对毗湿奴城遗址进行考古挖掘，发现房柱灰烬，经测定距今1950年±90年，说明至少在公元1世纪毗湿奴城已经存在。此外还挖掘出陶念珠、珊瑚念珠、彩色石念珠、陶耳环、陶手镯、银项链、发簪、骨灰瓮、骠国钱币等，在毗湿奴钱币上发现有吉祥威萨图案、海螺图案和水波纹这些标志着婆罗门教的图案；在骨灰瓮上面，发现有两条鲤鱼、海螺吉祥图案、三叉矛、两条对称的龙等图案。鲤鱼是婆罗门教的吉祥物，海螺是毗湿奴的手持物，三叉矛是湿婆的手持物，龙是毗湿奴的坐骑，吉祥威萨图案是毗湿奴妻子的象征。可见，在毗湿奴城时期婆罗门教比太公国时期得到了更进一步的发展。汉林城时期是古骠国的第二个城邦国家（3—9世纪），古称汉达那咖罗。从汉林城遗址考古发掘的婆罗门教神像、婆罗门教象征物海螺、吉祥威萨图案等可见对婆罗门教的崇拜和信仰。室利差旦罗国（5—10世纪）是古骠国发展的第三阶段。历次考古发掘先后发现了佛像、婆罗门教偶像、写着骠文的骨灰瓮、尸骨、铁器、刻有字母的砖盆碎片、大乘佛教的佛像、陶念珠、铁刀、铁矛、装有骨灰的陶罐，以及大批室利差旦罗时期的古钱币，古钱币上画有三叉矛、海螺、吉祥威萨图案、水波纹等字形图案，都证明婆罗门教已经得到很大发展。

公元1044年统一的蒲甘王朝建立，佛教被定为国教，上座部佛教在缅甸迅速发展，成为缅甸人主要信仰的宗教。虽然在蒲甘王朝建立之初，缅甸人与印度的交往增多，并在蒲甘城修建了著名的印度寺庙卧神寺等（卧神寺内原来有躺卧在龙王身上睡觉的毗湿奴大神的神像，大神肚脐眼处长出3枝荷花，荷花上有梵天、毗湿奴、湿婆的偶像，如今该寺的湿婆立像已经搬到蒲甘古代研究展览馆内陈列），但印度教仍然受到限制和影响，并逐渐走向衰落。尽管如此，印度教在缅甸的影响仍然持续了很长时间，缅甸历代王朝的宫廷中都聘用婆罗门祭司，让他们用印度教的仪礼主持国家大典；印度教的宗教艺术影响以装饰艺术的形式出现在缅甸的佛教建筑上。

3. 泰国

由于地缘邻近的关系，泰国很早以前就跟印度有密切的联系。如果按照考古学的原则，一个民族的历史是从这个民族有文字记载时开始算起，泰人和印度人的联系应该是在泰人的历史之前。泰国使用的文字字母可以从考古发现的200多件石碑中找到，这些石碑出自泰国的东南西北各个地方，其内容大部分与建寺庙有关，这些石碑，有的使用梵文，有的使用摩伽陀文（即巴利文），有的使用孟族（缅甸南部一民族）文字，有的使用高棉文，蓝甘亨王碑文是第一块使用泰文的碑文。使用梵文、巴利文说明泰人与印度人之间的联系当在史前。

至于婆罗门教何时传入泰国，其确切年份目前难以考证。国内学者吴圣杨根据泰人各历史时期的思想意识推测泰人接纳婆罗门教始于吠陀文明时期（公元前1500年前后—公元前1000年前后），泰民族早在原始农耕社会就确立了以吠陀文明为基础的礼制；段立生引用中文典籍证明婆罗门教约于公元前2

世纪—公元前1世纪传入泰国；泰国学者敦拉亚拍·比利差叻认为婆罗门教传入泰国的时间约为公元前5世纪—公元前3世纪；缅甸学者敏悉都、北京大学教授姜永仁等也认为婆罗门教大约于公元前3世纪后首先传入缅甸然后再传入其他东南亚国家。

根据史书记载，公元5世纪，在扶南王朝占领的泰国地区，婆罗门教和佛教都很盛行。婆罗门教传入泰国，因符合政治的需要而被上层社会推崇，被用来构建政治制度及巩固统治。历史上的泰族统治者以婆罗门教的《摩奴法论》为法律范本，实行法制，维护君主专制的统治。

13世纪以后，印度教在泰国逐渐衰落。尽管如此，历代王朝统治者却仍然较为重视和宣扬印度教，并把印度教与佛教相结合进行传播。据考古发掘的大量石碑记载，素可泰王朝（1238—1438年）的统治者曾下令塑造各种印度教天神神像供奉于庙宇等重要场所；阿瑜陀耶王朝（1350—1767年）皇宫中的印度教士除了负责祭祀、皇家仪式等事务外还负责文学、艺术、教育及法律事务；1767年，阿瑜陀耶被缅甸攻陷后，宫廷内的印度教士被大量掳至缅甸，余下的散落民间，被吞武里王朝（1769—1782年）所收留；曼谷王朝（1782年至今）出于统治需要，一世王朱拉洛大帝再次宣扬印度教，出资整修印度教庙宇并重建曼谷印度教大秋千架。可见印度教对泰国的传统文化影响深远，印度教已经深深渗入了泰国的传统文化当中。直到现在，印度教英雄史诗《罗摩衍那》（泰语名为《拉马坚》）仍是泰国传统宫廷剧孔剧的唯一演出作品；王宫的重大活动仍保持着佛教和印度教仪礼。

4. 马来西亚、新加坡

早在公元前，印度教就传入马来半岛的马来西亚和新加坡。

马来西亚是一个具有多民族和多元文化的国家。最大的民族是马来族，其次是华族，第三是印度系的各族，即从印度来的移民，如泰米尔族、齐提族等，主要信仰印度教。马来族虽然信奉伊斯兰教，但在古代却深受印度教和佛教的影响。据考证，15世纪以前马来族主要信仰印度教和佛教，其后由于建立伊斯兰政权的马来王朝的支持和鼓励，马来族才逐渐放弃印度教和佛教，改信伊斯兰教。因此，马来族在衣、食、住、行等方面都含有印度文化的强烈色彩，在家庭制度、婚礼、医药、戏剧舞蹈等方面也有许多印度文化的古老形式。

马来西亚的泰米尔族和齐提族都是印度移民，都信奉印度教。早在公元前，这些印度人就已移居马来西亚并带来了印度文化。公元初期，随着大量印度泰米尔人移居马来半岛，他们在这里建立了几个印度式的封建王国；英国殖民者统治马来半岛以后，从印度南方招募大批的泰米尔人来这里充当劳工。这些泰米尔劳工和以前的泰米尔移民，构成了今天的泰米尔族。齐提族是指移居马来西亚的印度雅利安人。"齐提"一词出自梵文，其意是指贷款商人。据史籍记载，最早来马来西亚的印度人主要是商人，他们原属雅利安人种，在人数上比泰米尔人少，但是大多数都经营贷款生意，当地人称之为"齐提"。后来人们把信奉印度教的雅利安人称为"齐提族"。

新加坡是马来半岛南端的岛国，国内信仰印度教的居民也主要来自印度移民。

5. 印度尼西亚

印度尼西亚在历史上深受印度文化的影响。早在公元初，随着印度与印度尼西亚之间的商贸往来，印度教就传到这里，并得到很大的发展。印尼历史上三个最古老的王国，即3—6世纪的古泰王国（在今天的加里曼丹）、4—6世纪的多罗摩王国（在今天爪哇岛茂物附近）和诃陵王国（在今天爪哇），都是印度人所建，皆奉印度教为国教。古泰和多罗摩王国留下来的碑文使用的都是印度梵语，文字是钵罗婆字母，石碑上刻有笈多王朝时期流行的印度教神像，如湿婆神、象头神、神牛等，碑文上有国王赐予婆罗门黄金、土地的记载。公元414年，我国东晋高僧法显赴印度取经归来，途经耶婆提国（今爪哇），将当地居民信奉印度教的情况写在《法显传》里："外道婆罗门盛行，佛法不足言"。

7世纪在苏门答腊建立的室利佛逝王国主要信仰佛教，并在爪哇岛建造了举世闻名的婆罗浮屠佛塔。而印度教的影响力也主要集中在爪哇岛地区，一些人把印度教经典《摩诃婆罗多》的一部分译成爪哇语散文，成为印尼最早的散文。9世纪在爪哇中部建立的马打兰王国，有4位国王崇信湿婆教。其中有位国王历时数十年在巴兰巴南建筑了约 250 座供奉湿婆的神庙，这是印尼也是东南亚最大的印度教寺庙群。这些建筑物气势宏伟、工艺精良，其工程和艺术价值不下于婆罗浮屠。

爪哇岛的印度化进程深刻地影响着毗邻的巴厘岛。大约在 1001 年巴厘岛上出现了爱儿楞加王国，其国王爱儿楞加是巴厘国王和爪哇王后所生之子，由此开启了巴厘与爪哇之间政治文化上的亲密接触。随着 13 世纪满者伯夷的崛起，印度教的影响力进一步加强。14 世纪伊斯兰教开始大规模传播以后，印度教的势力逐渐受到打击，印度教和佛教的影响逐渐衰落。1515 年爪哇的满者伯夷王朝被信奉伊斯兰教的马打兰王朝所灭亡，大批信奉佛教、印度教的爪哇人逃往巴厘岛，巴厘岛成为印度教徒唯一的避难所。

三、印度教文化在中国的传播之旅

据研究，印度教大概与佛教同时传入中国。伴随着许多佛门高僧相继来中国布道，一些婆罗门教士来到中国。据《高僧传》载，有名有姓可考的具备婆罗门身份的高僧就有几人："佛陀耶舍，此云觉明，罽宾人，婆罗门种，世事外道。""求那跋陀罗，此云功德贤，中天竺人，以大乘学故，出号摩诃衍，本婆罗门种。幼学五明诸论，天文书算，医方咒术，靡不该博。后遇见阿毗昙杂心，寻读惊悟，乃深崇佛法焉。其家世外道，禁绝沙门，乃舍家潜遁，远求师范，即投簪落发，专精志学，及受具戒，博通三藏。……元嘉十二年至广州。"

根据中印史籍和考古发掘推断，印度教是通过海上丝路与陆上丝路传入中国的。渠道有四：一是通过东南亚，从印度科罗曼德耳海岸，经马六甲海峡、马来群岛，至广州、泉州或其他海港。这已为泉州发掘出来的大量印度教历史文物和中国沿海地区的地方史籍所证明；二是由印度阿萨姆（古代称为伽没洛国）进入上缅甸，再由缅甸通往云南省和西南地区。这条路线从云南省剑川县石窟中所见到的造像以及大理发现的印度密教的遗迹可以证实；三是众所周知的陆上丝绸之路，即从克什米尔，越葱岭，沿着天山南北两路，到达阳关和玉门关。在新疆克孜尔千佛洞、甘肃敦煌石窟的佛教艺术宝库中也可看到印度史诗《罗摩衍那》"助弥猴"的本生壁画（克孜尔石窟第179窟）和印度教象头神等画像（敦煌莫高窟西魏第285窟）；四是由印度经尼泊尔，越喜马拉雅山进入我国西藏的古道，这是印度佛教和印度密教传入藏地，同时也是藏传佛教反过来传入尼泊尔和其余南亚地区的孔道。

在《隋书·经籍志》中，有一些冠以"婆罗门"名称的典籍，主要分布在《经籍志》的子部、经部、史部：《婆罗门书》1卷，婆罗门舍仙人所说《婆罗门天文经》21卷，《婆罗门竭伽仙人天文说》30卷，《婆罗门天文》1卷，《婆罗门算法》3卷，《婆罗门阴阳算历》1卷，《婆罗门算经》3卷，《婆罗门诸仙药方》20卷，《婆罗门药方》5卷，《大隋翻经婆罗门法师外国传》5卷。这10部典籍虽然基本上都属于技艺类的，主要不是阐述思想学说，但这些医卜内容不可能不附带宗教色彩，婆罗门文化中的医卜之类也是婆罗门信仰的一个组成部分。这些书籍皆冠以"婆罗门"，说明都与婆罗门相关，这是中国古代史料中所保存的婆罗门教文化内容曾在东土流传过的证据之一。

在佛教传入的同时，印度教许多基本概念和禁制，如轮回、业报、化身、五戒等也在我国得到广泛传播。印度教的一些神祇也被佛教吸收为护法神，出现在我国的佛寺中，被佛教徒所崇拜。例如，阎罗王原为印度教神话中主管阴间的神，在《梨俱吠陀》中就已经出现。后来佛教继承这种说法，称它为管理地狱的魔王。佛教传入我国后，阎罗王也传入我国，被中国老百姓所接受，人们称他为"阎王爷"，一直延续至今。此外，佛教的密宗在崇拜对象和修持仪式方面更是吸收了印度教性力派的大量内容，所以印度教性力派的许多神灵和仪礼也自然而然地传到了我国，在我国的藏传佛教中表现得十分明显。大约在4世纪，印度教的瑜伽术已经传入我国。大批的印度教经典和文献流传到中国。许多印度教的梵文经典如《薄伽梵歌》《摩诃婆罗多》《莲花往世书》等大都是11世纪以后的抄本。南北朝时期高僧陈真谛把印度教六派哲学之一的数论派哲学经典《金七十论》由梵文译成中文，一直保留至今。这是印度教数论哲学经典中最古老的一种，学术价值极高，在印度已经失传，为了研究此经典，印度人不得不将这部书又从中文倒译成梵文。此外，唐玄奘所译的印度教胜论派哲学经典《胜宗十句义论》，在印度此书也已失传，却一直完好地保存在中国。

广州是印度教进入中国的前站。前所引《高僧传》所载南朝刘宋元嘉十二年（435年），婆罗门僧侣求那跋陀罗抵达广州。据《唐大和尚东征传》记载，唐天宝七年（748年）鉴真和尚第五次东渡日本时，因途中遇到风暴，乘坐的船只漂泊到海南岛南端的崖县，后被当地官员接到广州大云寺供养。鉴真和尚等人在广州亲眼看到"又有婆罗门寺三所，并梵僧居住"。"江中有婆罗门（指现在的印度一带）、波斯、昆仑等舶，不知其数；并载香药、珍宝，堆积如山。"可见当时广州至少有婆罗门寺三所，并有人络绎不绝地从印度乘船而来。这也是中国目前所见到印度教在汉地建庙的最早记录。

泉州古称刺桐，宋元时期是中国东南沿海的一个重要对外贸易口岸。印度商人聚集于此，建庙的时间可能要比广州稍后一些。据《诸蕃志》记："雍熙间（984—987年），有僧啰护那航海而至，自言天竺国人……买隙地建佛刹于泉州之城南，今宝林院也。"同书又云："王命国师作法，有诵咒书符。"啰护那的活动很像印度教徒的活动，他所建立的寺院早已不存，但有许多遗物被陆续发现。20世纪80年代，在泉州出土了约有200多件印度教的文物，有毗湿奴、湿婆、黑天、罗摩、吉祥天女的石刻雕像等神灵。另外，还发现了史诗《摩诃婆罗多》《罗摩衍那》和《往世书》中神话故事的浮雕，有用古泰米尔文写成的有关印度教的碑铭，还有大量石头制成的"林伽"像。林伽崇拜是印度教存在的一个重要标志。"林伽"一词源于梵文שיעם，英文作 Linga、Lingam 或 Shiva-linga，其中 Shiva 是指印度教信奉的大自在天王湿婆，他最初的形象就是一具被称为林伽（Linga）的男性生殖器，后来演变为一根象征性的石柱。据印度考古发掘证明，在公元前300年—公元前200年印度人使用的各种钱币上，都有湿婆像和作为其替身的林伽图案。在柬埔寨、泰国、新加坡、马来西亚、印度尼西亚等婆罗门教曾一度流行过的国家，几乎无一例外地保留着林伽和林伽崇拜。泉州也有林伽和林伽崇拜，并成为婆罗门教曾经在泉州地区传播的铁证。《泉州宗教石刻》记载说："大独石柱，龟山上，高3.15米，底座直径4米，六段白花岗石缀合而成。"这根石柱，其实就是一个林伽。《晋江县志》卷15《杂志·古迹》记载："石笋，在临漳门外山川坛西，石卓立二丈许，江在其下，故名笋江。"这个石笋也是林伽。如今泉州市鲤城区浮桥笋语村还遗存有被当地人称为石笋的林伽，用圆锥形的石柱堆砌而成。

第三节　当代海上丝路与印度教文化之旅

东南亚接受印度教的过程就是印度教逐渐本土化的过程，也是印度教逐渐东南亚化的过程。经过长期的发展，深刻影响东南亚各国文化，留下了众多物质和非物质的旅游资源。

一、当代东南亚地区印度教文化概况

1. 东南亚印度教分布状况

印度教文化绵延数千年，在漫长的发展岁月中，印度教的信仰与文化，伴随着商贸往来和移民迁徙，传播到东南亚以及世界其他地方，并对当地的社会文化产生一定的影响。直到近现代，印度教吠檀多思想还在欧洲北美广泛流传。20世纪六七十年代，在美国还建立起一些以印度教教义为主旨的宗教社团，其影响波及到欧洲，在西方青年中产生广泛的反响。当代印度教广泛流行于印度、尼泊尔、斯里兰卡、不丹等国。

（1）印度尼西亚的印度教分布与影响

东南亚海岛国家印度尼西亚，在历史上深受印度文化的影响。早在公元初，随着印度与印度尼西亚之间的商贸往来，印度教就传到这里，并得到很大的发展。印尼87%的人口都信仰伊斯兰教，只有居住在巴厘岛和龙目岛上的巴厘人信奉印度教，另有在爪哇岛上的两个少数民族信奉印度教与佛教的混合宗教，总数约200多万。据统计，1955年巴厘岛人口265万，其中印度教教徒占93.57%，近250万，相当于全印尼印度教徒总数的2/3左右。印度教与巴厘的原有文化和宗教相结合，形成具有特色的"巴厘印度教"。巴厘印度教历法规定：一年为310天，全年分为30周，每周有不同的节日。重要的节日有静居日、加隆安日、库宁安日、巴格尔威西日、沙拉斯哇蒂日等。其中，静居日已由政府规定为公共假日。加隆安日是驱邪扶正和庆祝战胜邪恶的喜庆之

日,是印度教徒最盛大的节日,每隔216天举行一次。巴厘岛上的"象洞"原是湿婆教僧侣修行之处,后来为佛教徒所用。洞内有4只手的象头神塑像,是印度教中的智慧神,集中了人和象的智慧,受到湿婆教和毗湿奴教教徒的崇拜。印度教的自焚殉夫等习俗曾在巴厘长期存在,有的节日则被利用为推动社会进步,例如巴厘有歌颂神通广大的梵天之妻智慧女神婆罗室伐底的"智慧节",节日期间,举行巴厘古书祭祀仪式,学校的老师也利用这个仪式教育学生如何热爱知识和苦学求知;还选举象征性的现代智慧女神:她必须具有动人的姿态,以象征知识永远吸引人们去追求探索,她一手拿着吠陀经典,以示知识为宝库,另一手则持钥匙,意味着"知识可以唤醒人们的心"。她项挂念珠,标志着永恒。在巴厘岛的不同地区,印度教的习俗也有所不同。随着社会现代化进程的深入,以及印尼宗教部印度教司的安排和有关印度教组织的工作,巴厘各地印度教习俗的区别将逐步减少,整个习俗也将臻于简化。

(2) 印度教在东南亚其他国家的分布与影响

在东南亚其他地区,由于历史上曾经一度盛行印度教,虽然后来其主导地位被其他宗教所取代,但仍然有一定数量的信徒存在。在缅甸、泰国、老挝、柬埔寨、越南、马来西亚、新加坡,历史上流行过的印度教,其宗教仪式仍保留在历代的王室宫廷,目前信仰者为少数的印度侨民。缅甸80%的国民信奉佛教,只有约3%的居民信奉印度教,他们居住在缅甸西部,主要是印度的移民。其组织有印度教友谊协会、罗摩克里希纳传教会等。罗摩克里希纳传教会总部设在印度,但是在缅甸非常活跃,建立了许多活动中心和道院。在缅甸,印度教对缅甸文化的影响很大。首先,印度教神明对缅甸人的宗教信仰产生很大影响,使缅甸人在主要信奉上座部佛教的同时,还信奉印度教神明,直到现在,缅甸人信奉的仍然是一种以佛教为主的伴有神祇崇拜的混合信仰。印度教神明帝释天仍然是缅甸人信仰的37位传统神中的第一位大神。其次,印度教的各种仪式和典礼深深地影响了缅甸封建王朝的历代国王,使得缅甸历代国王的登基典礼以及王子和公主的婚丧嫁娶各种仪式均采用印度教仪式,由婆罗门来主持。第三,印度教艺术对缅甸建筑艺术也有很大影响,至今在缅甸的佛塔以及世俗建筑中毕鲁班晒花纹图案仍被广泛应用,成为缅甸建筑中的主要装饰图案。第四，印度教对缅甸的雕塑艺术和绘画艺术也有较大影响，缅甸不少佛塔的墙壁上都有印度教3大神的绘画和雕塑像。第五，印度教经典《罗摩衍那》对缅甸文学以及戏剧有很大影响，据记载，缅甸出版的《罗摩衍那》作品就有10种之多，此外还有话剧《罗摩衍那》、演奏曲《罗摩衍那》等至今在缅甸长盛不衰。第六，印度教的星相占卜术对缅甸人影响较深，至今缅甸人仍然十分相信占卜术，占卜术仍然盛行于缅甸社会的各个角落，甚至影响到缅甸的政治领域。

在老挝，其社会和文化生活以及日常生活等各方面都深受印度教—佛教文化影响。神像和寺院遍布。公众庆典、风俗习惯和盛大节日中还保留着印度教的一些仪式，艺术和建筑方面也可看到印度教影响的痕迹，雕刻艺术也反映出许多印度教的原型。从老挝的塔、寺和建筑物的结构来说，其风格明显来自于经由缅甸而来的印度，高大建筑物的规划同印度教建筑一样，常常呈十字形，其窗户的结构明显地表现出印度教的影响：以曲线顶部为特征的古代印度教建筑的传统，在老挝许多非常古老的遗迹表面上都留下了踪迹。例如，坐落在首都万象以东5英里的佛教圣地塔銮建于1560年，是老挝建筑中的代表作，它的风格模仿印度，大体轮廓与中世纪印度的一些庙宇关系极为密切；帕鲁克寺上的绿玉石像和那伽浮雕以及老挝许多圣祠入口处的门神表现的也是印度教的主题，帕普寺也显露出同僧伽的古普塔的密切关系，印度教和佛教两种宗教的人物往往存在一起。建于17世纪的帕拉寺，在它的圆顶之上装饰有一个吉祥天女像，站立在莲饰之上，而寺庙内伫立着的是佛陀的塑像。不同的印度教神和女神的类似肖像与中心的佛陀塑像放在一起，在老挝的许多寺院中可以看到。老挝的古典戏剧、舞蹈、姿势和动作来源于印度，其主题同印度寓言一样，取材于印度教和佛教的故事史诗《罗摩衍那》和《摩诃婆罗多》、历史和传说中的情节。印度教充斥着老挝人的头脑，一些印度教仪式与佛教仪式同时并举，尤其是在出生、结婚和死亡等重大场合。印度教神灵的名字因陀罗、毗湿奴、湿婆等对老挝人来说相当熟悉，在他们对佛陀的祈祷中，从未忘记祈求这些印度神灵的保佑。

在柬埔寨，印度教的传入使历史上的国王得以借宗教神化自己，有些国王声称已到天堂见过最威严的湿婆神、毗湿奴神,他们通过印度教传达上天的旨意,进而大兴土木,修建都城,吴哥就是一例。国王不仅神化自己,还神化其先人,耶苏跋摩立了两个湿婆神像,就是按其父亲和祖父的名字来命名。在建筑雕刻方面,吴哥文化的雕像大多取材于印度神话及佛教诸神、印度教诸神,吴哥寺的浮雕也大多取材于印度的著名史诗《摩诃婆罗多》和《罗摩衍那》;吴哥城门的四周耸立着湿婆神像,并出现于各座石塔的顶端。在文学方面,吴哥时期柬埔寨作家根据印度史诗《罗摩衍那》改编成《罗摩传》,其中穿插了不少柬埔寨的风俗,反映他们的日常生活;还根据《摩诃婆罗多》改编了一些戏剧剧本。在风俗习惯方面,贯首是在印度影响下柬埔寨发展起来的最早服装,这种服装在以后一直被柬埔寨人穿着,直到19世纪,柬埔寨农民还穿着可识别的印度式服装,举止像印度人而不像其邻居越南人,戴的手饰珠宝也是印度式的;柬埔寨人也有崇拜石头、蛇及阳物的习惯,印度崇拜七个林伽,柬埔寨则崇拜八个;印度崇拜蛇(那伽),跋罗婆王朝有皇族是蛇王后代之传说,柬埔寨人还把崇拜蛇表现在艺术中,九头蛇是高棉肖像艺术中流行的主题;柬埔寨和印度一样,座位以面东为贵,国王也面东坐于王位之上。东方在印度教中是吉祥的方向,是太阳初升之处,按照印度教的规矩,宫殿、寺院、住宅都应面向东方。现存的吴哥建筑,如王城、王宫、巴戎寺、巴肯寺都是面东而建(仅有吴哥寺面西)。

在泰国,佛教是国教,90%以上居民信奉佛教,只有少量居民信奉印度教,也主要来自印度移民。印度教徒分属于毗湿奴派和湿婆派,最高领导中心是印度教达摩大会,总部设立在曼谷的毗湿奴神庙中。另外还有印度教徒平等协会、罗摩克里希纳传教会等组织。印度教徒平等协会是一个改革派组织,他们反对印度教的偶像崇拜,主张消除种姓歧视等。据称现任泰国王宫的太师就是一个婆罗门,他还是全泰国婆罗门的最高首领。婆罗门的最高领导中心是泰国婆罗门教会,辖下18位婆罗门教士,他们全部隶属于皇家婆罗门,其中的一些人还属于公务员编制。皇家婆罗门教士的主要工作是为王室和国家主持重大的节日庆祝活动及典礼仪式,替政府、大企业家和普通百姓占卜;他们还从事一些慈善工作,如利用印度教的影响力募集资金,资助教育,帮助弱势群体和印度移民社区等，受到一些民众的敬仰和尊崇。此外，泰国社会还存在着一种由高种姓印度族裔和普通种姓印度人后裔所构成的印度教家族社团，这些社团主要分布在曼谷市及泰南的洛坤府等地。这些家族的成员主要从事布匹加工、缝纫、零售业、房地产、金融投资等生意。他们喜欢聚居在印度教神庙的周围（曼谷的铅笔路、婆罗门大秋千架及世隆路印度庙附近），通过印度教神庙这个中心纽带来进行社交活动。由于这些家族的祖先曾在阿瑜陀耶王朝期间和曼谷王朝初期是属于国家公务员编制的婆罗门，因此他们仍保持有祖先的印度教传统。他们时常缅怀祖先，收藏印度教文物及灵器，但却已经极少有人从事婆罗门教士的工作。

马来西亚是一个具有多民族和多元文化的国家，其中印度系各族（即印度移民，包括泰米尔族、齐提族等）占全国总人口8%，数量位居全国第三（前两位分别是马来人、华人），约100万人，主要信仰印度教。他们对神灵特别虔诚，凡是在他们居住的地方，都集资修建一座印度教神庙，作为日常朝拜神灵和节日集会的神圣场所。这里的印度教徒十分注重宗教节日，主要节日有大宝森节、屠妖节和踏火节。每逢节日，他们皆热烈庆祝，其仪式之隆重、场面之盛大，都是其他民族节日难以比拟的。在大宝森节，信徒们都纷纷走出家门，送湿婆大神出游，并举行扶乩谢恩仪式。屠妖节是印度教徒欢庆黑天大神消灭恶魔，并迎接幸运女神的日子。在这一天，他们都涌到神庙中，向黑天大神顶礼膜拜，并设宴迎接幸运女神。踏火节时，人们举行隆重的踏火典礼，每个人都要赤脚走过火坑，以表示对玛里安曼女神的崇敬。

新加坡是马来半岛南端的一个岛国，75%以上的国民是华人，主要信奉佛教和道教；15%是马来人，信奉伊斯兰教；6.5%是印度移民，大多信仰印度教，信徒约15万。印度移民主要是泰米尔人，在英国殖民统治时期移居这里。英国人占领新加坡后，为了开拓这块殖民地，从南印度贩运大批泰米尔人充当劳工，开辟种植园，从事城市建筑、城市卫生等繁重苦役。这里共有神庙31座，其中最古老的有两座：一座是1843年建造的室利摩里亚曼寺，一座是1859年建的檀底楼特波尼寺。主要组织是印度教咨询会、印度教布施基金会和罗摩克里希纳传教会等。印度教咨询会成立于1917年，是一个行政组织，主要职能是督促政府关心印度裔的宗教、生活习俗和各种涉及印度裔公共福利的事务。印度教布施基金会是根据1968年的印度教徒布施法案而建立的，主要负责管理各大印度教寺院，以及布施财产的分配工作。

2. 东南亚地区印度教建筑文化特色

东南亚的印度教神庙建筑样式在长期的发展过程中经历了多次的建筑风格变化，在不同地区形成了独特的艺术表现形式，并呈现不同的艺术特性。但由于都具有印度教的统一源头，并根植于东南亚的文化土壤之中，印度教神庙也在建筑布局、空间利用、功能变化和外部关系方面呈现一些共同的特征。

在建筑布局方面，印度教神庙的内外空间是一脉相承的建筑原则，表达一种严格区分世俗与神圣之间界限的思想。实现这种区分的手段主要包括大门、围墙、围廊和环绕四周的水域。这些建筑元素不仅出现在印度教神庙的最外部，也可能出现在神庙内部的不同区域，例如核心神殿和其他建筑区域可能通过水池区分开。有的神庙单独运用一种建筑元素来进行分隔，也有神庙运用多种元素进行分隔。神庙最外部的分隔，主要表示神圣与世俗的界限，而神庙内部的分隔则主要划分不同的功能区域。通过平面空间上的分隔体现垂直空间上的层级，体现宗教世界中心与边缘的区别，极力突出主神在宗教体系中的中心地位。

在东南亚的传统中，只有受过宗教训练的婆罗门可以进入印度教神庙的主殿举行宗教仪式。大部分的信众只能在神殿的开放空间中参加宗教活动。神庙的外部区域按照不同的功能划分不同的格局，法力不同的神灵雕像摆放在不同的位置。和建筑的规模相比，东南亚印度教神庙的内部空间是微不足道的。神庙并不强调物质性的使用功能，更不考虑经济性，只强调其外在形体和整体空间的创造，注重外部观感的震撼效果，大量运用浮雕或雕刻的手法，主要目的是渲染强烈的精神氛围，强调对最多数信众的影响力。

印度教神庙的建造与自然环境之间的关系非常紧密，作为印度教传播的中心地带，吴哥、占婆和爪哇都尽可能地利用地理条件，创造广阔的视觉效果。从建筑风格上看，吴哥窟的建造与巨大的石料来源有关，爪哇岛的印度教神庙的建造与大量的火山岩来源有关，而沿海地区的占婆则主要依靠烧制红砖来建造神庙。自然环境的差异造成了建筑材料的差异，从而形成吴哥窟的宏伟与占塔的精美之间建筑艺术风格的鲜明对比。从浮雕的表现内容上看，吴哥窟、爪哇岛的印度教神庙规模较大，从而为浮雕提供了广大的空间，浮雕可以表现宏大的场面和复杂的史诗情节，而占塔以砖头结构为主，规模相对较小，浮雕可能占据的空间较小，因而占塔的浮雕只表现主要的神灵形象和史诗的中心情节。巴厘岛在保留印度教神庙建筑传统的同时，还充分利用地形的优势，将神庙建在悬崖和山腰上，并突出自然环境对修行活动的促进作用。巴厘岛的婆罗门认为，修行、瑜伽、冥思最好的地方应该是草木繁盛、鲜花盛开、靠近水源的地方，选择在这样的地方建造神庙，有利于提升印度教的精神影响，使更多的教徒提升修行的境界。

　　印度教神庙的建造往往和城市的建造有密切联系，和统治者的宗教信仰形式有密切联系。印度教在当代东南亚社会已经无法再获得统治者的大力支持，也不再是民众的主要信仰宗教，影响范围也有限，在局部地区维持影响力主要是依靠印度教和传统信仰形式的紧密结合。巴厘岛的印度教就是在与传统祭祀活动的结合中获得了新的活力，印度教神庙成功地将传统的祭祀活动吸引到神庙之中来进行，从而得到了当地民众的支持。越南的泰米尔裔印度教徒的宗教节日，也是和越南传统的祖先信仰相结合，形成了以祭祀亡灵为主要内容的宗教节日。婆罗门教占族就把印度教神灵崇拜与万物有灵信仰结合在一起，占族的祭祀活动不仅供奉印度教的主神，而且还供奉其他的本土神灵。在占人和巴厘岛民的印度教仪式中，充分体现了"祭祀万能"与"祖先崇拜"的有机结合，找到印度教与传统民间信仰之间的结合点，为印度教在东南亚提供了坚实的民众基础。在现在东南亚地区，印度教通过开放神庙，通过接纳其他宗教信仰的元素来吸引更多的信徒，维持宗教的影响力。

二、柬埔寨吴哥式印度教建筑文化之旅

　　古代柬埔寨是受到印度文化影响最广泛的地区，印度文化的影响力在吴哥王朝时期达到顶峰，吴哥窟成为东南亚地区印度教建筑的代表形式之一，是高棉古典建筑艺术的高峰。在吴哥王朝统治下的东南亚大陆地区形成了以吴哥窟

为代表的吴哥式（也可称为"高棉式"）印度教建筑风格。

吴哥建筑和艺术的特点大都来源于印度南部，今天柬埔寨建筑也和印度风格相似。吴哥式印度教神庙的建造样式经历了一个长期发展的过程。9世纪初，吴哥的印度教庙塔是一座座独立的密檐式塔，10世纪出现了排列在平台上的塔群，如豆蔻寺、东梅奔的小塔群。女王宫始建于967年，有三重寺墙，外墙与内墙之间以水池相隔。中心台基上并列三座神塔，中央供奉湿婆，南、北二塔稍低，供奉梵天和毗湿奴。11世纪初的茶胶寺在三层基座上建有5座宝塔。塔顶层层叠叠而上，正面朝东。塔布茏寺的宝塔和长廊结合成为塔门长廊，这里可见吴哥窟长廊原型。从这个时期开始，吴哥式回廊和宝塔的格局基本成型：在层台中央建一座大塔，四周各有一塔，全寺由矩形围墙围合。从早期单独的庙山到后来发展成为有护城河、围墙、轴线上的拱门以及层层台基上的塔，随着一系列空间序列的深入，一步一步达到神的所在地，吴哥式印度教神庙的建筑样式趋于成熟。吴哥窟就是印度本土以外世界上最大的印度教庙宇，一些最初的梵语术语也被保留下来。

吴哥式印度教建筑，体现了世俗王权与宗教神权的结合。国王通过一定的宗教仪式把自己与印度教的神王和佛教的转轮王、菩萨联系起来。1世纪柬埔寨兴起扶南国。扶南的古吉蔑（即高棉）词意为"山"，国王则称为"山王"，这可能源于东南亚古老的高山崇拜。像扶南这样深受印度文化影响的国家的建立，需要由婆罗门主持举行特殊的祭仪，以确立对某一印度主神的信仰和崇拜。神的雕像或象征物安奉的位置和仪式的地点选择在天然或人工建造的山上。在那里，神与王合二为一，权力与信仰得以统一。9世纪初，阇耶跋摩二世（802—850年在位）建立吴哥王朝，按照当时的宗教传统，如果他要成为一个独立的"山王"，就必须在一座山上安奉显示圣迹的林伽，昭示着国王至高无上的权柄。还需要一位婆罗门主持祭仪，并把林伽传授给国王。根据一块11世纪的《斯多卡通碑铭》记载，国王邀请了一位名叫希勒尼厄达默的婆罗门来主持这样的仪式，并把相关的仪轨和圣典传授给了国师湿婆逝利耶。这位在摩诃因陀罗山山巅建立起王宫的国王创造了一种新的宗教建筑形式——寺山。寺山体现了本土高山崇拜和印度教的圣山信仰，是二者融合的产物。寺山修建于都城的中心，象征着宇宙的轴心。寺山上的神庙内供奉着国王的林伽，被视为护国圣物。阇耶跋摩二世通过修建寺山的形式来与神相沟通，使自己成为世间的神，拥有无上的权威，从而获得执政的合法性。这种神王合一的信仰体系被称为提婆罗阇崇拜。像摩诃因陀罗山那样的天然高山在柬埔寨并不多，为了政治和信仰的需要把神庙修建得如同山一样高耸就可以理解了。寺山象征着众神居住的须弥山。在古印度神话中，须弥山位于世界的中心，周围环绕着重重无尽的海洋。

巴孔寺是第一座寺山型建筑，是阇耶跋摩二世的孙子因陀罗跋摩一世建造于9世纪晚期，属于国寺，用于陈放供奉国王的林伽。供奉国王林伽的金字塔形建筑，象征着孕育种子的胎室。寺山呈正方形布局，形成以围墙、护城河等层层环绕的同心结构。中心塔殿五层平台阶梯状逐步向上递进内收，形成一种透视效果，使寺山看起来更加高耸突兀，直逼云霄，把象征着无上权威的林伽置放在那里，愈加显得神秘而又安全。寺山型建筑的出现，使国王更符合"山王"的称号。

苏利耶跋摩二世（1113—1150年在位）时期，吴哥王国进入鼎盛时期，是当时东南亚疆域最辽阔、国力最强盛的国家。苏利耶跋摩二世崇奉毗湿奴教，认为自己就是毗湿奴的化身，号称帕拉马——毗湿奴洛卡。他修建了一座举世闻名的庙宇来供奉毗湿奴神像，这就是吴哥窟。寺内不再供奉林伽，代之以毗湿奴像，即毗湿奴罗阇。苏利耶跋摩二世去世后，这里便是他的陵庙。整个吴哥窟可视为一座大型寺山，分为三层，逐层缓慢上升，构成了金字塔形的外观。吴哥窟又称吴哥寺，由回廊、通道、正门、主殿（祭坛）构成。主殿和回廊是吴哥窟建筑群的两个主要组成部分，也是体现吴哥式印度教神庙的主要建筑样式。吴哥窟祭坛由三层长方形有回廊环绕的祭坛组成，一层比一层高，象征印度神话中世界中心的须弥山。在祭坛顶部矗立着按五点梅花式排列的5座宝塔，象征须弥山的5座山峰。回廊内壁上排列雕工精细的8幅巨型浮雕。每幅浮雕高2米余，长近百米，全长达700余米，绕寺一周。浮雕描绘印度神话、史诗《罗摩衍那》和《摩诃婆罗多》中的故事和吴哥王朝的历史。西面回廊展示《罗摩衍那》中罗摩击败罗刹魔王罗波那的场面以及《摩诃婆罗多》中俱卢族和班度族战争的故事。东面回廊描绘古印度神话"翻转乳海"的故事。北面回廊展示毗湿奴第八化身黑天战胜阿修罗班那的神话故事。南面回廊浮雕表现的是高棉军队英勇杀敌的历史场面。

柏威夏寺是另一座体现吴哥式建筑风格的印度教神庙。这个古代神庙遗址分布在长800米、宽400米范围的峭壁上,四面有长长的阶梯上下。寺有4层,每层都有山门和围墙,体现了吴哥王朝时期独特的建筑艺术风格。在第一层和第二层之间,甬道两旁有28米长的蛇王那伽石雕,遗址每层都有山门和围墙。由于柏威夏寺的修建过程持续很长时间,从残存的遗迹上,可以看出柏威夏寺的建筑风格兼具吴哥式印度教神庙不同时期的建筑元素。

三、越南占婆式印度教建筑文化之旅

占婆,中国古籍称象林邑,简称林邑。占婆王国圣地美山寺庙位于距会安40公里的越南广南省维川县维富乡美山村。

占婆文化包括很多领域,其中以建筑雕刻著名于世,而建筑中最典型的成就是作为宗教活动场所的塔寺庙建筑。宗教在占人的生活中有着非常重要的地位,占人通过建筑和雕刻体现自己的宗教、审美观和艺术造诣。在受到印度古文化的影响之前,占婆人不建造庙塔,建筑也不使用如岩石之类的坚固材料,也没有在石头上雕刻出图形。占婆人是接受了印度的建筑和雕刻艺术影响之后,才学会了此类建筑和造型艺术。占婆庙塔设计与浮雕、雕像的制作都是在印度文化的影响下形成和发展的。

4世纪末,占婆国王范胡达(也称作"拔陀罗跋摩一世")在美山地区修建了一座木结构的神庙,从此开启了美山建造印度教神庙的历史。7—13世纪,美山作为宗教圣地繁盛一时,占婆的印度教艺术也逐渐迎来发展的高峰。占婆每一个国王登基都要建一座印度教神庙(塔庙)。直至今天,在越南的中南部,从沿海地区到西原中部高原,只要是有占人居住的地方就会看到巍峨峻拔的占塔、占碑和遗迹,展示着占婆文化的灿烂和辉煌。随着高棉人逐渐放弃印度教,皈依佛教,一部分占人在与马来世界频繁的文化联系中,逐渐皈依伊斯兰教或婆尼教。只有一部分居住在古占族地区的占人仍然保持着印度教的信仰。学术界把现在越南信仰印度教的占人称作为婆罗门教占人。

与印度一样，占婆大寺庙塔都是须弥山的象征。最初占塔建筑群呈长方形，后来逐渐转变为正方形，只有一个正门，常是面向东方。南、北、西方向的门都是假门。主塔建于神庙的中间位置，高度一般为 15～35 米。塔的建筑经常有 3 个主要部分：塔基、塔身和塔顶。塔基非常坚固，可以支撑塔身，塔基有通往正门的阶梯，通常带有附属建筑物，附属建筑物基本包括 3 个部分，上面是菩提叶形的顶部，中间部分为长方形，底部是用砖和石头建造的较大底面。塔身呈方形，高高耸立，内部空间很小，内部封闭黑暗，在狭小、高耸的空间内制造一种神秘的氛围；在柱子、门框和门拱上雕刻有各种神像和图案，研究者都根据塔身的大部分构件，尤其是门拱的形式来评价占塔建筑年代和风格。塔顶急剧上升，有很多不同的造型，主要为杨桃形或更特别的大莲炬形。因占塔的职能是供奉神灵和他们的化身，所以塔心被认为是整座神庙最神圣的地方，一般摆放一个祭台，祭台上有供奉主神的神像和他的化身像。由于占婆的宗教以印度教特别是湿婆派占主导地位，所以多数塔核心部分摆放一个林伽或林伽—约尼偶像。现存最高的占塔是平定省阳龙的印度教神庙主塔，高 39.4 米。

在不同的地区和不同的历史阶段，占婆的印度教神庙形成了不同的样式。根据 P·斯特恩于 1942 年的报告分类，占婆印度庙塔可分为 7 种风格：美山 E1 风格（也称为古典风格），年代约 7 世纪初到 8 世纪；和来风格，约为 8 世纪到 9 世纪前半叶；同阳风格，从 9 世纪中期到 10 世纪初；美山 A1 风格，约为 10 世纪；过渡型风格，在 11 世纪；平定风格，从 12 世纪到 14 世纪；晚期风格，从 15 世纪到 17 世纪初。

位于越南宁顺省的首府藩朗的婆克朗加莱神庙是古代占婆王国印度教建筑艺术的代表之一。该塔位于昔日占婆王国首都宾瞳龙（也译作"宾童龙"）附近。婆克朗加莱神庙建筑群呈 3 座神殿砖石结构，并列格局，主塔靠前，屋顶呈山形，中间占塔的屋顶部分被有意拉长，两头呈马鞍形翘起，可能是摆放祭品的地方。主殿前门处有六臂湿婆的浮雕。婆克朗加莱塔非常独特的艺术成就在于其延伸了"林伽崇拜"的形式，面具林伽（林伽石柱上附加湿婆的立体青铜面具）、发髻林伽（林伽石柱上部雕刻湿婆的发髻）、分层式林伽（林伽石柱从下至上共分为三层林伽，分别代表婆罗门教的三大主神：最底层成正方形代表梵天，中间层成八边形代表毗湿奴，最顶层为圆形代表湿婆）。有的林伽雕刻会融合上述几种林伽的元素，例如在分层林伽的上部雕刻湿婆的发髻。同时占婆印度教神庙的浮雕也表现出极高的艺术成就，占婆的浮雕规模虽然比吴哥窟相对较小，但采用立体浮雕的手法，使浮雕中的人物仿佛要从神庙上走下来一般，具有强烈的视觉冲击力。

  总体来看，占婆庙塔的建筑体现出印度文化的影响。首先，庙塔建筑观念来自印度神王思想。受印度宗教和神王合一观念影响，诸国王在各地建塔，表示自己与神的同一，崇拜印度教的某个神，特别是湿婆神，就意味着服从国王的权力。其次，占婆的庙塔建筑形状与布局深受印度教哲理的影响。从形状上看，占婆庙塔都是山顶的形状，象征须弥神山。在湿婆神占据占人最高崇拜位置后，占塔的形状还象征着湿婆神的林伽像。从布局来看，有两种样式：一是在南、北轴线上连续建设三座塔，用来祭祀印度教中的三位大神梵天、毗湿奴和湿婆，如广南省的姜美群塔、让坛群塔和宁顺省的和来群塔；二是祭祀湿婆神的中心塔和周围的一些小塔等建筑群体，突出湿婆神地位，让其居于梵天、毗湿奴之上，反映出印度教传入占婆后，从梵天、毗湿奴、湿婆受到一样重视，到逐渐演变为视湿婆为众神之主。最后，占塔受印度影响，非常注重庙塔雕塑的震撼效果，雕像一般在室内，而浮雕则出现在外墙或祭台上，通过直观的艺术形象，使信众感受印度教的感召。

四、印度尼西亚爪哇式、巴厘式印度教建筑文化之旅

  历史上，印度尼西亚深受印度文化的影响。随着早期印度与印度尼西亚之间的人员往来，印度教传入爪哇、苏门答腊、加里曼丹及其周边地区，后来佛教也传入这里，因而这里流行着掺杂佛教因素的印度教。印度教对印尼的影响主要集中在语言、文字、文学、艺术、历法、建筑以及民众的思想观念等诸多方面，其中建筑中所体现出的影响是最为直接和显著的。特别是爪哇岛、巴厘岛历史上盛行印度教的地区，留下了丰富的印度教建筑，其中巴厘岛因遍布印

度教庙宇，遂有"庙宇之岛"的称誉。

1. 爪哇式印度教建筑文化

在爪哇岛，印度教建筑随着统治中心自西向东发展，建筑风格也在发生变化。4—6世纪间的西爪哇曾建立有信奉印度教的多罗摩王国。其后中爪哇的日惹地区和东爪哇的泗水地区先后成为政治中心；7—10世纪在中爪哇先后建立信奉印度教的森贾亚王国（7—8世纪）、信奉佛教的夏连特拉王朝（8—9世纪）及信奉印度教的马打兰王国（9—10世纪）；13世纪以后的新柯沙里王朝（1222—1292年）和麻惹巴歇王朝（1293—1520年）流行印度教和佛教的混合信仰。政治中心成为当时宗教信仰主要是印度教信仰的中心，并建造了具有风格差异的宗教建筑。爪哇岛神庙在5—7世纪是印尼的古典建筑风格的代表，8—9世纪则是印尼传统习俗与印度教精神的结合。8世纪（730年前后）是中爪哇宗教神庙建设的黄金时期，卡拉桑神庙、普兰班南神庙以及大量的小神庙都是在这个时期建成的。

中爪哇的艺术基本上是在印度思想文化和发达的海上贸易的推动下发展起来，开放而充满活力，不论建筑或雕刻艺术，都气势宏伟，充满想象力和创造力。以普兰班南神庙为例。该庙大约建于900—930年间，外围是一个长方形广场，内墙是一个正方形，中心广场是一个正方形。每个广场都由约1米高的矮墙围成，3个广场之间有石门相通。中间广场有6座神庙，主庙是湿婆庙，北边是毗湿奴庙，南边是梵天庙。在3座主殿的前面有3座较小的神殿，分别供奉湿婆、毗湿奴和梵天的坐骑公牛南迪、加鲁达和鹅。湿婆庙是一个四边形的回廊式建筑，神庙的外墙共分6层，每层都雕刻有"窣堵波"，从基座一直延伸到神庙的最顶部，形成一个金字塔形的塔顶。从侧面看，主殿与门廊互相交错，造成一波三折的感觉。从整体上看，湿婆神庙就像一枝含苞待放、亭亭玉立的花朵。普兰班南神庙回廊上的浮雕主要取材于印度史诗《罗摩衍那》。在湿婆庙外壁上雕刻着24幅《罗摩衍那》史诗故事，在大梵天神庙的外墙上有30幅浮雕。每幅浮雕用半露的壁柱隔开，有的一幅浮雕由一个以上的画面组成。故事由湿婆庙东门左侧开始，顺时针延续。

东爪哇的艺术则倾向于民族化，许多在印度化时期隐藏起来的本土因素抬起头来。传统的对称观念被抛弃，神庙不再处于建筑的中心而是靠近整个建筑群后门的地方，距离前门较远。典型的代表是帕纳塔兰神庙。帕纳塔兰神庙分成3个独立的院落，每个院落的建筑风格各不相同，主建筑处于建筑群的最东边，朝向西边。神庙四周的浮雕也被皮影戏的装饰图案所替代，形式上比中爪哇的雕刻更巧妙。总体来看，东爪哇由于靠近内陆，提倡文化本土化，比较内向封闭，艺术发展受到局限，远没有达到中爪哇时期的成就。

爪哇岛印度教神庙中神像与现实人物相似，是印尼传统祖先崇拜的一个突出表现。许多神像都被冠以印度神话中神祇的名称，如湿婆、毗湿奴、吉祥天女、雪山女神等，但在体形和面貌上却具有典型的爪哇人的特点。例如，普兰班南的湿婆神庙中供奉着湿婆的妻子杜尔伽的雕像。杜尔伽的原型来自宗格兰公主，普兰班南神庙也被称为罗拉·宗格兰，爪哇语的意思是"窈窕淑女"，指的就是宗格兰。这样的例子在爪哇岛的印度神庙中很常见。不仅如此，这里的印度教神庙还体现了印度教与佛教、原始宗教的结合。印度教和佛教都传播到爪哇岛之后，两者与当地的原始宗教结合在一起，形成了独具特色的宗教信仰，并直观地反映到宗教建筑物上。在印度，印度教艺术的发展晚于佛教艺术，最古老、严格的婆罗门式印度教，其各种献祭宗教仪式并不要求要有永久性的设施，因此印度教传播到爪哇岛时，相关建筑物的外形就吸收了很多佛教建筑的因素，最突出表现就是"窣堵波"雕刻形式的广泛运用。在832年帕塔潘的甘达苏利的碑铭上，一开始就写道"敬奉湿婆，献身于大乘佛教"。君王被认作是所信仰神的化身，其塑像除面容之外，外形与特征都是按照信奉的神灵来雕塑，或者说这些神灵以君王的面容出现。人们到庙宇祭拜，与其说拜祭神灵不如说是对君王灵魂的拜谒。这种塑像文化是把印尼的原始祖先神灵崇拜与新传入的印度教—佛教文化巧妙地融为一体。

爪哇岛印度神庙的建筑材料都是以石砖为主。古代东南亚只有神庙和神灵的雕像才采用石头和砖等坚固的材料建成，普通人的居所只能采用木材作为建筑材料。爪哇岛的石质为灰色火长岩，表面上有颗粒，不像印度砂石材料那样易于磨光细致。爪哇雕塑家们根据石质的特点，创作出另一种风格的雕像和浮雕作品，表现出粗悍、挺拔的特点，与印度的纤细、柔美形成鲜明对比。印度教寺庙外表美观复杂，基本样式却十分简朴，在寺庙的围墙或居室内往往放置着祭祀的神物，常常是湿婆的林伽，也可能是雕像。无论是佛塔还是印度教陵庙，建筑结构都普遍存在着阶梯状的造型元素。戈东嵩欧陵庙（建于8世纪中期）和加维陵庙（建于14世纪）代表了印度教发展的早期和中晚期两种差异很大的建筑风格，在陵庙的上部都呈现出明显的阶梯状逐层缩小的结构特点，这是印尼原始祖先崇拜与印度教相融合的重要体现。

2. 巴厘式印度教建筑文化

巴厘岛以印度教信仰著称，但同时融合了大量的本土文化元素，自然崇拜、祖先崇拜、二元世界观、大乘佛教、传统的湿婆崇拜、满者伯夷王朝遗留下来的爪哇印度教思想都交织在一起，共同影响着巴厘岛艺术的发展。

巴厘的印度教神庙不追求高大肃穆，而是以乡间庭院的样式给人亲近平和的感觉。神庙的大门分为两种类型：刀劈式和金字塔式。刀劈式是巴厘岛印度教神庙大门常见的样式，呈对开式，外观像被切成两半的火焰。民居或公共建筑也多采取这种样式，几乎成了巴厘的一种标志，若不仔细辨认，外来者一时难以分清哪是神庙，哪是民居。按照建造位置和功能不同，巴厘印度教神庙主要分为建于山顶、海边、民居中间三种类型，功能各有不同。和普通的民居不同，巴厘岛的印度教神庙设计成一个个开放的、围墙环绕的建筑群样式，并通过装饰精美的大门互相联系在一起。神庙建筑群中一般包括祭祀的大殿、宝塔和凉亭。神庙在空间分布上主要分为3个部分：外区是指神庙的大门之外，直接与外部空间联系的区域，这个区域通常需要一个开放的空间，或作为一个宗教节日期间的筹备工作的外部空间，可用于宗教舞蹈表演。中区一般指神庙的中间地带，用于举行宗教仪式的场所。在这个区域通常包括木质鼓楼、乐亭（演奏加美兰音乐的场所）、议事亭、休息亭和厨房。内区是建筑群中最神圣的区域，一般位于最中心或最高的位置，主要建筑是象征主神的大殿和宝塔。在巴厘岛的印度教系统中，大殿是神灵来到人间的居所。大殿内一般供奉印度教的三大主神，有的则供奉湿婆和本地化的湿婆雕像。印度教的宝塔造型奇特美观，外形类似于中国密檐式的宝塔。重叠的塔檐用棕榈叶覆盖，渐次由大变小，直插天际。塔的层数常保持奇数，最高11层。此外，内区还建有吠陀诵经馆和文物库房等。

巴厘岛上最神圣、最壮观、最大、最重要的寺庙是百沙基神庙，通常被称作"母庙"，位于印度尼西亚巴厘岛东部，修建于号称"大地肚脐"的阿贡火山南坡之上的百沙基村，祭祀湿婆神，香火终年不断。15世纪被定为国家神庙。母庙建筑群由22座寺庙组成，是巴厘岛上唯一一座可以供任何种姓祭拜的神庙。母庙的中心大殿供奉着印度教三大主神，母庙的阶梯延伸到通向主庙大神殿的各个小院与砖门，全部沿主轴对称设计，引导信徒不断攀登接近神山。

五、印度教泰米尔式建筑文化之旅

泰米尔式的印度教神庙主要集中在东南亚的泰米尔人社区，相较于东南亚其他地区的印度教神庙，泰米尔式建造的时间都比较短，样式也和其他地区的印度教神庙有很大的不同。

泰米尔式印度教神庙的主要建造者是南印度的泰米尔移民。英国人、法国人殖民统治东南亚期间，为了开拓新殖民地，从南印度贩运了大批泰米尔人到东南亚的殖民地充当劳工，开辟种植园，从事城市建筑、城市卫生等繁重体力劳动，从而形成了一个新的泰米尔人群体。泰米尔人在定居之后，将泰米尔式的印度教神庙建筑带到了新的社区。因而在15世纪伊斯兰教逐渐取代印度教和佛教之后，印度教重新返回这个地区。

马里安曼神庙是东南亚最常见的泰米尔式印度教神庙，在新加坡、吉隆坡、曼谷和胡志明市都建有马里安曼神庙。马里安曼神庙一般修建于18世纪后期，有的甚至是在20世纪后期才兴建的。作为达罗毗荼风格的典型特点，高大的门塔是马里安曼神庙最直接的表现形式，也是泰米尔风格的直接表现。神庙主殿的屋顶外部装饰了层层叠叠的雕像。每层的雕像逐渐向上缩小，印度教诸神、动物、人物的雕像都被涂上了鲜艳的颜色。神殿内供奉了马里安曼女神，神殿外面还有整齐排列的印度教神像，包括湿婆和毗湿奴的雕像，有的神像来自印度。神庙的围墙上也装饰着各种不同的雕像。神庙内还有一些圆拱屋顶的亭子，亭子上装饰着杜尔加、象头神、黑公主等在南印度地区流行的天神的雕像。在曼谷的马里安曼神庙中还有佛陀的雕像，一些佛教徒也到这里拜佛、上香并供奉花果。马里安曼神庙也被当地人称作"Wat Khaek"，意思是"过客的神庙"，表示泰米尔移民对自身社会角色的定位。

新加坡的马里安曼神庙建于1827年，是新加坡最古老的印度教寺庙，供奉的马里安曼女神在南印度具有保护民众免受疾病折磨的神力。最初为砖木结构，历经多次重修、扩建之后形成现在的建筑规模。马里安曼印度庙所在的位置是18—19世纪很多亚洲移民登陆新加坡岛的地点。很多印度裔的移民到达这里以后，第一件事情就是找一座印度神庙，感谢神灵保佑他们安全抵达。因而，这座神庙在早期的泰米尔移民中具有重要的象征含义。神庙门塔共包括6层印度神灵的雕像，每层的雕像逐渐向上缩小，据说所有的雕刻工作都是由来自南印度工匠完成的。

参考文献

[1] 卓新平."一带一路"上的宗教历史积淀与现实处境 [J]. 中国宗教,2015,(06):30—31.

[2] 闫红霞. 跨界旅游:文化共生视野下的中国与东南亚 [J]. 社会科学家,2012,(08):72—75.

[3] 邓颖颖. 21世纪海上丝绸之路建设的有效路径:中国—东盟旅游合作 [J]. 东南亚纵横,2015,(10):15—21.

[4] 保继刚,陈云梅. 宗教旅游开发研究——以广东南华寺为例 [J]. 热带地理,1996,(01):89—96.

[5] 杨文棋. 略论宗教文化与旅游业的关系 [J]. 华侨大学学报(哲学社会科学版),1995,(04):76—80.

[6] 许晓光. 试论宗教与旅游的密切关系 [J]. 西南民族学院学报(哲学社会科学版),1999,(S6):110—112.

[7] 赵伯乐. 宗教文化是一种值得重视的旅游资源 [J]. 学术探索,2000,(06):90—93.

[8] 颜亚玉. 宗教旅游论析 [J]. 厦门大学学报(哲学社会科学版),2000,(03):69—73.

[9] 刘翠. 试论宗教文化与中国旅游 [J]. 清华大学学报(哲学社会科学版),2003,(06):39—44.

[10] 杨久炎,林涛,陈少华,李启华. 广东在海上丝绸之路形成和发展中地位与作用 [J]. 广东造船,2015,(03):25—28.

[11] 方立天. 佛教哲学 [M]. 北京:中国人民大学出版社,1991.

[12] 贺圣达. 东南亚南传上座部佛教文化圈的形成、发展及其基本特点

[J]．东南亚南亚研究，2015，(04)：74—82+110．

[13] 惟善．缅斯两国佛教的相互依存和发展 [J]．佛学研究，2007，(00)：301—318．

[14] 王士录．关于上座部佛教在古代东南亚地区传播的几个问题 [J]．东南亚纵横，1993，(01)：46—51．

[15] 陆芸．海上丝绸之路在宗教文化传播中的作用和影响 [J]．西北民族大学学报（哲学社会科学版），2006，(05)：10—11．

[16] 杨学政．南传上座部佛教在中国与南亚、东南亚各国文化经济交流中的作用 [J]．云南社会科学，1994，(02)：53—56．

[17] 聂德宁．魏晋南北朝时期中国与东南亚的佛教文化交流 [J]．南洋问题研究，2001，(02)：58—68．

[18] 李庆新．唐代南海交通与佛教交流 [J]．广东社会科学，2010，(01)：118—126．

[19] 黄云静．中国对东南亚的佛教交流 [J]．公共外交季刊，2011，冬季号：21—27．

[20] 段召阳．浅析佛教对泰国旅游业的影响 [J]．剑南文学（经典教苑），2011，(12)：208—209+211．

[21] 刘永焯．柬埔寨宗教概况 [J]．印支研究，1983，(01)：49—53+55

[22] 汤先营．缅甸人崇尚朝佛旅游 [N]．光明日报，2012—06—24(008)．

[23] 聂爱华．泰国佛教旅游发展研究 [D]．黑龙江大学，2013．

[24] 孔志坚．缅甸旅游业发展现状、问题及其前景 [J]．东南亚南亚研究，2013，(04)：55—58+109．

[25] 李晨阳．中缅佛教文化交流的特点和作用 [J]．佛学研究，2003，(00)：322—328．

[26] 梁晓芬．南传佛教中国与东南亚交流的天然纽带 [J]．中国宗教，2016，(04)：67—69．

[27] 张庆松．发挥云南佛教与东南亚、南亚国家文化交流的作用 [N]．

中国民族报, 2014—11—18 (007).

[28] (美) 皮尤研究中心. 2010年世界主要宗教群体规模和分布报告 (一) [J]. 谢荣谦, 雷春芳 (编译). 世界宗教文化, 2013, (04): 32-47.

[29] 中华人民共和国驻缅甸联邦共和国大使馆网站. 缅甸佛教的历史沿革 [EB/OL]. [2009—08—18]. http://mm.china—embassy.org/chn/ljmd/mdzj/t256869.htm.

[30] 通灵佛教网. 东南亚佛教史 [EB/OL]. http://read.goodweb.cn/news/news_view.asp?newsid=63578.

[31] 净海. 老挝佛教史 [EB/OL]. [2011—10—25]. http://www.mzb.com.cn/html/report/246958—1.htm.

[32] 中穆网. 柬埔寨宗教概况. [EB/OL]. [2013—5—18]. http://www.2muslim.com/forum.php?mod=viewthread&tid=471963.

[33] 中国民族宗教网. 越南佛教 [EB/OL]. [2013—1—21]. http://www.mzb.com.cn/html/report/364298—1.htm.

[34] 佚名. 广州佛教界重走"古代海上丝绸之路"取得丰硕成果 [EB/OL]. [2015—12—18]. http://www.mzb.com.cn/html/report/1603285949—1.htm.

[35] 许晓光. 旅游与宗教 [M]. 成都: 四川人民出版社, 2002: 385—387.

[36] 施雪琴. 西班牙天主教在菲律宾: 殖民扩张与宗教调适 [D]. 厦门大学, 2004.

[37] 蒲瑶. 文明交往与宗教传播——以伊斯兰教在东南亚的传播为个案研究 [J]. 新疆社会科学, 2007, (03): 53—57.

[38] 马丽蓉. 中国"丝路战略"与伊斯兰教丝路人文交流的比较优势 [J]. 世界宗教文化, 2015, (01): 27—31.

[39] 俞亚克. 东南亚伊斯兰教传播和发展中的若干问题 [J]. 世界历史. 2005, (03): 73—83.

[40] 卢光盛. 东南亚的伊斯兰教: 现状与特点 [J]. 南洋问题研究, 2001, (03): 46—52.

[41] 卓新平. 丝绸之路的宗教之魂. 世界宗教文化 [J], 2015,

(01): 25.

[42] 徐汎. 开发穆斯林专项旅游产品的尝试 [J]. 旅游学刊, 1993, (05): 13—15+59.

[43] 王玉霞. 试论广州穆斯林在"一带一路"发展战略中的作用 [J]. 回族研究, 2016, (01): 128—132.

[44] 张胜波. 穆斯林在广州 [N]. 中国民族报, 2011—01—25 (007).

[45] 马强. 远去的船队: 广州伊斯兰文化千年血脉 [J]. 寻根, 2004, (03): 48—60.

[46] 敏贤良. 东南沿海穆斯林流动人口激增 [N]. 中国民族报, 2010—06—22 (006).

[47] 李世宏: 国家旅游局将支持宁夏 以扩大中穆旅游合作 [EB/OL]. [2015—09—08]. http://travel.news.cn/2015—09/08/c_128207337.htm.

[48] 吴杰伟. 东南亚教堂艺术的表现形式与本土化特点 [J]. 南洋问题研究, 2010, (04): 70—77+90.

[49] 陈才俊. 基督宗教在东南亚的传播与现状 [J]. 东南亚纵横, 2005, (07): 62—66.

[50] 方倩华. 试论美国统治菲律宾时期的宗教政策 [J]. 东南亚, 2003, (02): 38—43.

[51] 施雪琴. 菲律宾天主教宗教节日的文化特征与功能嬗变 [J]. 东南亚研究, 2003, (06): 72—76.

[52] 薛熙明, 朱竑, 唐雪琼. 城市宗教景观的空间布局及演化——以1842年以来的广州基督教教堂为例 [J]. 人文地理, 2009, (01): 48—52.

[53] 李四龙. 基督禅与佛教自觉 [J]. 北京大学学报 (哲学社会科学版), 2010, (01): 76—83.

[54] 广州年鉴编纂委员会. 广州年鉴2009 [M/OL]. 广州: 广州年鉴社, 2010. [2011—04—07]. [http://www.guangzhou.gov.cn/node_450/node_724/2010nj/html/1385.htm.

[55] 孙亦平. 从跨文化视域看道教在越南传播的特点 [J]. 西南民族大学学报 (人文社会科学版), 2013, (03): 70—78.

[56] 许永璋. 道教在东南亚的传播和演变 [J]. 黄河科技大学学报, 2005, (03): 76—80.

[57] 郑青青. 浅析中国道教对越南宗教信仰的影响 [J]. 创新, 2009, (09): 27—30.

[58] 田烨. 略论道教海外传播中的本土化 [J]. 北方论丛, 2016, (04): 69—72.

[59] 林琳. 当代新加坡华人宗教信仰研究 [D]. 福建师范大学. 2015

[60] 聂清. 道教在马来西亚的新发展 [J]. 世界宗教文化, 2005, (04): 56—57.

[61] 张禹东. 关于东南亚华侨华人宗教文化与现代化问题的理论思考 [J]. 华侨大学学报, 2002. (03): 121—125.

[62] [日] 合田美穗, 司韦. 新加坡华人的宗教信仰 [J]. 南洋资料译丛, 2012, (04): 63—65.

[63] 佚名. 道教文化与东南亚 [N]. 光明日报, 2014—04—01 (16).

[64] 欧阳镇. 发展中的马来西亚道教 [J]. 中国道教, 2012, (06): 52—53.

[65] 百度百科. 马来西亚道教 [EB/OL]. http://baike.baidu.com/link?url = FHcKD48nHLUOCFOpS3wQmZ0F4i0FkNmk1a3YCVusxrppGUIVU2MwcDOFgkciNsVakpL6gcfA1o—FUzjs—I45C—Ssb90G3P _ 4B660PY8AYIUooaTsegoPeQ10wGAT_—CmaonPmXxGPfYQpqoyJeRiYK.

[66] 朱明忠. 论印度教的特点及在印度社会发展中的作用 [J]. 当代亚太, 2000, (07): 53—61

[67] 朱明忠. 印度教在世界的传播与影响 [J]. 南亚研究, 2000, (02): 44—51 + 58.

[68] 王士录. 婆罗门教在古代东南亚的传播 [J]. 东南亚, 1988, (01): 21—27.

[69] 罗桂友. 柬埔寨宗教的演变 [J]. 印度支那, 1987, (04): 58—60.

[70] 申旭. 老挝的婆罗门教 [J]. 印度支那, 1989, (03): 53—55.

[71] 吴杰伟. 东南亚印度教神庙的分类及特点 [J]. 南洋问题研究,

2013，(04)：78—85．

［72］吴杰伟，王妍．印尼爪哇岛印度教神庙研究［J］．东南亚研究，2007，(01)：77—82．

［73］段立生．印尼巴厘岛的印度教文化［J］．世界宗教文化，2006，(02)：56—58．

［74］段立生．婆罗门教在中国传播之新证［J］．世界宗教文化，2012，(06)：1—4．

［75］姜永仁．婆罗门教、印度教在缅甸的传播与发展［J］．东南亚，2006，(02)：35—43．

［76］苏梯翁·蓬沙拜布拉，杨光远．泰国的婆罗门教和佛教［J］．云南民族学院学报，1989，(04)：38—40．

［77］林志亮．浅析泰国婆罗门教的现状、特点及发展趋势［J］．东南亚之窗，2013，(03)：60—67．

［78］黄心川．印度教在中国的传播和影响［J］．宗教学研究，1996，(03)：80—86．

［79］严耀中．《隋书·经籍志》中婆罗门典籍与隋以前在中国的婆罗门教［J］．世界宗教研究，2009，(04)：107—116+157．

［80］孔远志．印度教在印度尼西亚［J］．东南亚研究，1991，(01)：59—62．

［81］郭洁．神圣与苍凉——吴哥的建筑和雕刻艺术［J］．长安大学学报（建筑与环境科学版），2004，(03)：45—49．

［82］黄家庭．浅析吴哥建筑雕刻艺术的宗教内蕴［J］．南京艺术学院学报（美术与设计），2015，(01)：142—145．

［83］陈英德（TRAN ANHDUC）．印度文化在占婆的传播及影响［D］．云南大学，2015．

［84］胡西元．试论印度文化对柬埔寨文化的影响［J］．河南教育学院学报（哲学社会科学版），1998，(02)：66—70．

后 记

《21世纪海上丝绸之路与宗教文化之旅》一书终于完稿。掩卷长思，禁不住感慨万千。

广州是海上丝路的发祥地，在古今中外海上贸易史上占据重要地位。海上丝路既是一条重要的商路，也是一条重要的文化交流之路。世界几大宗教都在广州留下重要足迹。基于个人兴趣，很早就有意写一部关于宗教与广州及海上丝路的册子。但由于种种原因，这个计划一直未能完成。

感谢广东旅游出版社《21世纪海上丝绸之路与区域旅游合作丛书》提供机会，让我得以集中精力、抽出时间对书稿进行写作与完善。但由于世界各大宗教历史悠久，教理博大精深，加之个人水平有限，时间匆忙，写作中难免挂一漏万。希望这本册子能够抛砖引玉，有更多同仁参与到海上丝路与宗教文化旅游研究，共同迎接21世纪海上丝路的建设。

2017年4月于广州